高島道枝選集
雇用・労働における男女平等をめざして

第 **1** 巻

第1部 **賃金の平等へ（上）**

高島千代●編

日本評論社

2002 年 8 月 22 日 白金台の都ホテルにて

序文にかえて

　本書は、高島道枝（1932 〜 2015）が残した論稿のうち、主に、性別によ
る賃金・雇用格差問題を直接扱った研究論文を収録した。

　高島は、1932 年 8 月 6 日広島県呉市に生まれた。その後、父の実家、鳥
取県倉吉町尾田に移り、鳥取県立倉吉高等女学校（1951 年の卒業時は鳥取
県立倉吉高等学校）から東京大学経済学部、同大学大学院社会科学研究科を
経て、1961 年 4 月には中央大学経済学部に職を得ている。以後、1997 年 9
月脳卒中で倒れるまで、同大学で教鞭をとり、主にイギリスをフィールドと
して、労働における男女平等というテーマを追い続けた。

　高島は 1985 年 5 月、翌年の男女雇用機会均等法施行を前に、次のように
書いている。「遠からずわが国にも問題を残しながら雇用平等法が成立する
であろう。たとえ、そのような法律が成立するにせよ、最終的に法の実効性
を保障し、その不備を補い雇用平等への道を拓くことを可能にするのは、職
場の女子労働者自身の自分たちの当然の権利として平等を要求する自覚と、
男子組合員との協力に基づく労働組合運動である。また、雇用上の平等と、
さらに広くあらゆる分野での男女の平等が実現するためには、小中学教育に
おける家庭科共修を含む性別分業観の克服、男女の家事分担を可能とする労
働時間の短縮や社会的施設、環境の整備などの条件が必要である。男女平等
への道は険しく、気が遠くなるほど長い。しかし、いつの日にか必ずや実現
されることは疑いない。女子差別撤廃条約が狙っているような労働権の確立
を伴った真の男女雇用平等が、資本主義経済の枠内で実現するか否かは、今
後日本を含めた各国に課せられた課題であろう。」（「女子の就業と家庭生活
──現代女子労働者の当面する諸問題」関谷嵐子・魚住麗子・高島道枝編『家

庭生活論——現代家庭の構造分析』勁草書房、1985 年、292 頁）。ここに示されたいくつかの課題は既に実現している。しかし、それでは果して現在の日本社会において、女性労働者・男性労働者の自覚と協力による「労働組合運動」、「性別分業観の克服」やこれを可能とする「労働時間の短縮や社会的施設、環境の整備」は実現しているだろうか。「同一価値労働同一賃金」ではなく「同一労働同一賃金」がしきりに語られる今、本書が「労働権の確立を伴った真の男女平等」の実現に取り組む一助になれば幸いである。

　高島の原点には、自身が育った戦前日本の農村が「なぜ、いくら働いても貧乏なのか」という問いがあったようだ。女学校へ進学するのも、家の農作業を疎かにしないという条件で許してもらったと聞いたことがある。

　現在、女性が自由に生きていくことを阻むハードルは、彼女の時代のようにあからさまなものではなくなっている。しかし、女性に限らず、「性」をめぐる様々な制約がいまだに存在するのも事実である。それは制度や組織のあり方に止まらず、生活の中でのちょっとしたふるまいや言葉の中にもある。ただし、こうした壁のうち、高島が最も取り去りたいと考えていたのは、「労働」におけるそれだったと思う。「働くこと」、またそれがどのように評価されるのか——それが、人間の生活でいかに重要な部分を占めているのか、鳥取の小さな自作農の家で育った彼女は、実感として理解していたのではないだろうか。本書は、「労働」における男女平等という、今でも忘れられるべきではない課題を追いつづけた、高島道枝の記録でもある。

　なお本書に収録した論文の初出は右記の通りである。本書では各論文を章、論文の各章を節とし、注で引用された本書所収の論文については本書の章名を新たに記した。また、科研費利用の断り書きなど、内容にかかわりなく特に再録する必要がないと考えられる箇所は省略、明らかな誤字脱字、わかりにくい文章なども修正したが、それ以外は、原文のままである。第 1 巻第 1 章と補論 1 など、かなりの重複を含む部分もあるが、本人にとって重要な論考をできるだけ掲載するという趣旨にたち、あえてそのまま収録した。この点、やや冗長な構成になっているかもしれないが、読者にはお許しいただきたい。

（高島千代）

［初出一覧］

第 1 巻————————

第 1 章　「イギリスの『同一賃金法』（Equal Pay Act 1970）の成立と問題点」
　　　　（一）（二）完（『経済学論纂』19 巻 5・6 合併号、1978 年 11 月、
　　　　20 巻 1・2 合併号、1979 年 3 月）

補論 1　「イギリス『同一賃金法』（Equal Pay Act）の研究——その機能と問
　　　　題点」上・中・下（総合労働研究所『季刊労働法』112 号、1979
　　　　年 6 月、113 号、1979 年 9 月、114 号、1979 年 12 月）

第 2 章　「イギリスの雇用平等立法をめぐる最近の動向——同一賃金法（Equal
　　　　Pay Act）の改正に寄せて」（『社会政策学会研究大会社会政策叢書』
　　　　第 9 集、啓文社、1985 年）

第 3 章　「男女の賃金格差と『同一価値労働同一賃金』運動」（『社会政策学
　　　　会年報』37 集、御茶の水書房、1993 年）

補論 2　「カナダ・オンタリオ州の公正賃金政策（Pay Equity Act of 1987）
　　　　について——同一価値労働同一賃金政策の新たな試み」（『経済学論
　　　　纂』36 巻 4 号、1995 年 10 月）

第 2 巻————————

第 4 章・補論 3
　　　　「賃金委員会法（Trade Boards Act, 1909）の成立——イギリス最低
　　　　賃金制史」（一）（二）（三）未完（『経済学論纂』30 巻 1・2 合併号、
　　　　1989 年 3 月、33 巻 3 号、1992 年 7 月、41 巻 3・4 合併号、2000
　　　　年 12 月）

第 5 章　「イギリス最低賃金制の現状——その機能と問題点、第二次大戦後
　　　　の賃金審議会制度を中心に」（一）（二）（三）完（『経済学論纂』22
　　　　巻 6 号、1981 年 11 月、23 巻 5 号、1982 年 9 月、23 巻 6 号、1982
　　　　年 11 月）

第 6 章　「イギリスにおける最低賃金制（賃金審議会制度）改革の意義——
　　　　1986 年賃金法の成立」（『経済学論纂』29 巻 3・4 合併号、1988 年
　　　　7 月）

序文にかえて　iii

補論 4 「イギリスの女子労働と社会保障——所得保障に限定して」(『季刊 社会保障研究』27 巻 1 号、1991 年 6 月)

第 3 巻————————
第 1 章 「イギリスにおける『性差別禁止法』(Sex Discrimination Act, 1975) の機能と問題点——雇用分野に限定して」(一)(二) 完 (『経済学論纂』20 巻 5・6 合併号、1979 年 11 月、21 巻 1・2 合併号、1980 年 3 月)

補論 「イギリスにおける雇用平等への道」上・下 (日本労働協会編『日本労働協会雑誌』26 巻 2 号、1984 年 2 月、26 巻 3 号、1984 年 3 月)

第 2 章 「イギリス労働組合による組合活動上の性差別——機会均等委員会の「印刷関連労働組合」(SOGAT) に対する公式調査」(『中央大学経済研究所年報』20 号、1989 年)

第 3 章 「イギリスにおける『労働の柔軟性』問題 (一)——パートタイム労働」未完 (『経済学論纂』29 巻 1・2 合併号、1988 年 3 月)

第 4 章 「現代パート労働の日英比較」(上) 未完 (『経済学論纂』31 巻 1・2 合併号、1990 年 3 月)

第 5 章 「女子パート・タイム労働と雇用平等法——日英比較を中心に」(『社会政策学会年報』34 集、御茶の水書房、1990 年)

第 4 巻————————
第 1 章 「女子労働・女子賃金と経済理論——イギリスにおける同一労働同一賃金論史」(一)(二)(三)(四) 未完 (『経済学論纂』34 巻 5・6 合併号、1994 年 2 月、35 巻 1・2 合併号、1994 年 3 月、35 巻 5・6 合併号、1995 年 2 月、35 巻 3 号、1994 年 5 月)

第 2 章 「イギリス・19 世紀中葉のバーバラ・L.S. ボディションのフェミニズム——女性の経済的自立の実現を目指した実践運動家」(『経済学論纂』40 巻 1・2 合併号、1999 年 10 月)

高島道枝選集
第1巻

目次

序文にかえて　　*i*

[Ⅰ] 1970年イギリス「同一賃金法」（Equal Pay Act 1970）の成立と課題

―――第**1**章―――
「同一賃金法」の成立と問題点　　1

はじめに……………………………………………………………………………1

第1節　同一賃金獲得運動の展開………………………………………………6

　1　前史――1945年以前　　6

　2　第二次大戦後の同一賃金獲得運動

　　　――戦後の婦人労働の地位と公務員非現業部門への

　　　同一賃金の導入　　15

　3　1963年以後の運動と1970年の「同一賃金法」の成立　　36

　4　フォード女子労働者のストライキ　　42

　5　「同一賃金法」をめぐる2つの問題

　　　――労働保護法と全国最低賃金制　　53

第2節　「同一賃金法」の成立とその内容……………………………………66

　1　「同一賃金法」の内容　　67

　2　法案をめぐる論議――政府の意図とそれへの批判　　72

　3　「同一賃金法」の段階的実施（1970～75年）の状況　　77

第3節　「同一賃金法」の機能と問題点………………………………………92

　1　「性差別禁止法」（Sex Discrimination Act）の成立　　92

　2　「同一賃金法」の問題点　　97

　3　「同一賃金法」の効果　　120

　4　「同一賃金法」実施に対する労働組合運動の対応　　130

補論 1
「同一賃金法」の機能・問題点・効果　　　139

はじめに………………………………………………………………139

第1節　第二次大戦後の同一賃金要求運動とその背景………………142

　　1　第二次大戦以前の運動と同一賃金に関する
　　　　2つの委員会　142

　　2　戦後の婦人労働の特徴　143

　　3　第二次大戦後の同一賃金獲得運動と
　　　　「同一賃金法」の成立　146

第2節　「同一賃金法」の内容 …………………………………………155

　　1　「同一賃金法」（1970年）の主内容　155

　　2　性差別禁止法その他の立法に伴う修正──EOCの成立　160

第3節　「同一賃金法」の段階的実施（1970〜75年）…………………163

　　1　EP法審議過程での問題点　163

　　2　準備期間中（1970〜75年）における同一賃金実施状況と
　　　　その問題点　165

第4節　「同一賃金法」の機能と問題点 ………………………………168

　　1　「同一労働」の定義の限界　168

　　2　「同一労働」に関するITの狭い解釈と
　　　　EAT・EOCの役割　172

　　3　労働協約などにおける集団的救済の問題　183

　　4　EP法から除外された問題　186

第5節　「同一賃金法」の効果 …………………………………………191

　　1　賃金格差の縮小とその頭打ち　191

　　2　EP法の低賃金女子労働者への影響　197

第6節　労働組合運動の「同一賃金法」への対応 …………………201

　　1　EP法修正要求と労働組合自身の取組み方の改善要求　201

　　2　むすび　203

追記………………………………………………………………………205

目　次　　*vii*

──第2章──
「同一賃金法」の改正1
1983年「同一賃金法」改正令 207

はじめに──問題の限定 ……………………………………207
第1節　1983年同一賃金改正令の成立と背景 …………………215
第2節　改正令の内容と問題点………………………………221
むすび──改正令の意義 ……………………………………231

──第3章──
「同一賃金法」の改正2
1992年まで 235

はじめに…………………………………………………………235
第1節　男女同一労働同一賃金をめぐる問題 …………………238
第2節　同一価値労働同一賃金運動の現状と問題──イギリス ………243
　　1　賃金格差とJSSの改善の現状　　243
　　2　イギリスの同一価値規定の全面的適用への改正、
　　　　その機能と問題点　　245
　　3　賃金格差縮小策としての同一価値規定制度をめぐる
　　　　諸問題　　246
　　4　雇主の対応　　251
　　5　むすび　　254

viii

──補論 *2*──
同一価値労働同一賃金政策の新たな試み
カナダ・オンタリオ州の公正賃金政策（Pay Equity Act of 1987）　261

はじめに……………………………………………………………………………261

第1節　**Pay Equity Act of 1987 の成立とその内容**………………263

　　1　成立の経緯　　263

　　2　1987 年の Pay Equity Act の内容　　265

第2節　**法の実施と 1993 年の改正法**……………………………………273

　　1　実施過程　　273

　　2　改正法の内容　　278

第3節　**「性に中立な」職務評価制度の要件**……………………………281

第4節　**オンタリオ法の特徴と問題点**…………………………………286

むすび……………………………………………………………………………292

初出一覧　　301

人名索引　　302

[I]
1970 年イギリス「同一賃金法」(Equal Pay Act 1970) の成立と課題

第 1 章

「同一賃金法」の成立と問題点

はじめに

　周知のように、男女同一労働同一賃金の要求は、資本主義諸国の労働運動に課せられた、古くして新しい問題として存在しつづけている。

　わが国においては、この要求は敗戦後いちはやく、1947 年の労働基準法第 4 条「女子であることを理由として賃金について男子と差別的取扱い」をすることを禁止する規定（男女同一賃金の原則）で法的に認められ、国籍、信条、社会的身分による賃金、その他労働条件の差別を禁じた第 3 条の精神によって補足されている。またこの要求の資本主義的合理性についての理論的裏付けをめぐる試みが、「同一労働同一賃金論争」として、1940 年代末から 50 年代のマルクス経済学界を賑わした[1]。しかしながら、法的に認められたこの原則は、実際には、主として公務員や専門職を中心に実現されたに止まり、戦後、女子労働者の労働市場への進出が増大し、76 年には女子労働者は約 1200 万、全労働者の 32.4％を占めるにもかかわらず、女子の平均賃金は、定期給与をとってみても、男子の 56.6％にすぎない。大部分の民

第 1 章　「同一賃金法」の成立と問題点　　1

間女子労働者については、第4条は宣言的意味しかもたず、絵に描いた餅であった[2]。また女子労働者もこの規定を楯に同一賃金の実現を求めて大々的に運動を組織してこなかった。

ところが、1970年に入って、とりわけここ数年来、この沈滞を打ち破って、第4条に依拠して、企業を相手に同一賃金要求を行い、裁判でも争う動きがとくに銀行の分野で現れはじめ、勝訴して多額のバックペイを獲得するのに成功している。この要求の当初の契機が、第1組合と第2組合の男子行員の差別賃金に触発されたといわれているとはいえ、女子労働者の権利意識の昂揚を示すものとして注目すべき現象である[3]。

立法者の意図としてはきわめて先進的であった（ILO100号条約「同一価値労働に対する男女同一報酬の原則」が締結されたのは、労基法成立後4年の1951年である）[4] 労働基準法第4条が、「同一労働」における男女の著しい賃金格差という現実を前にしながら、なぜ大部分の女子労働者にとって死文化したのであろうか。その理由は、その規定の成立の事情、及び法律を実体化してゆくための労働運動における同一賃金要求の弱体さ、わが国の属人的要素の強い賃金体系を前提とした「同一労働」の規定の狭い解釈などに基づくものと推定される。

すなわち、この規定は、後述するようにイギリスの永年の執拗ともいえる「同一賃金法」獲得運動史にみられるような、賃金格差除去のための、とりわけ女子労働者による労働運動に譲歩して成立したものではなく、占領軍により、いわば上から与えられたものであった。そのため、この条項を適用する上で最も本質的な問題である、同一賃金要求の根拠としての「同一労働」の文句すら条文中に用いられておらず、従ってまたその当然の帰結として、「同一労働」についての具体的な定義を与えることを避けるという、法律上、根本的な欠陥があることを特徴とした[5]。また労働省が1950年に与えた解釈（行政命令昭25・11・22、婦発31号）では、「同一労働」を、職務、能率、技能、年令、勤続年数が同一であること、と理解している。つまり「同一労働」とは、単に行う職務内容が同一であるだけではなく、同一職務を行う労働者の労働能力以外の人格に係る要因（年令・勤続）も同一であることが求められている[6]。してみれば、ここでの同一労働とは極めて狭い概念であって、こ

の規定に該当して同一賃金を主張できる女子労働者は、同一学歴、同一勤続
年数で、同一の昇進機会をもって男子と同一の職務を行いうる少数の職場、
専門職や、属人的要因にかかわりなく、職務自体によって賃金が決められた、
たとえば公務員の指定職のような場合に限られる。したがってそれは微々た
る数であったと推量して差支えないであろう。この解釈を動かしがたい与件
とすれば、そしてまた多くの女子労働者が、男子と異なり全く同一の職務に
就くという点であらかじめ制限されており、戦後一貫している労働組合にお
ける男子の支配的地位を考えるなら、同一労働同一賃金要求が労働運動の課
題としてその前面に出てくることがあまりなかったのもいわば当然といえよ
う。「同一労働」のこのような定義自体を変え、それを職務そのものの内容
に限定することから、同一賃金要求は出発する必要があろう。

　そこで目を日本から海外に転じて、欧米諸国での同一賃金の実施状況を眺
めるならば、先進諸国では、両大戦中、とくに第二次大戦中および戦後の女
子労働者の労働市場への顕著な進出と雇用人口に占める婦人の比率の増大に
基づき男女賃金格差が重要な問題としてクローズアップされたことを背景と
して、1951 年、ILO100 号条約「同一価値労働に対する男女同一報酬の原則」
（the principle of equal remuneration for men and women workers for work
of equal value）、1960 年の雇用に関する ILO111 号条約、1957 年のヨーロ
ッパ共同体設立に関するローマ条約第 119 条「男女の同一労働に関する同
一報酬の原則」（the principle of equal remuneration for the same work as be-
tween male and female workers）が締結された。そしてとくに 1960 年代から、
これらを国内法として具体化する運動がはげしくなり、アメリカでは 63 年
に「男女同一賃金法」が成立し、70 年にはイギリスで「同一賃金法」が、
その他カナダ（1972 年）、フランス（1972 年）、ニュージーランド（1974 年）、
アイルランド（1974 年）、イタリア（1977 年）という風に続々と 70 年代に
成立している。その他労働協約を通して同一賃金を獲得したスウェーデン（1960
年）、ノルウェー（1961 年）などがある。

　本稿[7]では、これら諸国の中で、約 1 世紀に近い同一労働同一賃金獲得運
動の歴史を誇り、ねばり強い運動の中で漸くにして「同一賃金法」（Equal
Pay Act 1970）を成立させたイギリスを対象にとりあげ、主として 1960 年

代以後の運動の中で獲得された同法の成立過程と、この法律の機能を分析する中で、同一賃金実現にあたっての問題点を明らかにし、わが国での実質的な同一賃金実現のための一助としたい。

---

1) この論争については、さしあたり、下山房雄『日本賃金学説史』（日本評論社、1966年）、後篇第1章〜第3章を参照のこと。なお、同一労働同一賃金要求はイギリスでは第二次大戦前は同一職務同一賃金率（the rate for the job）という意味で要求されたが、第二次大戦後は同一価値労働同一賃金（equal pay for the work of equal value）のように、異種職務でも同一の価値をもつ労働における同一の賃金という意味に用いられている。この場合 pay とは賃金率をさすものと一般には理解されている。しかし、第3節でふれるようにイギリスの労働運動は賃金収入総額における男女の格差のないことを運動の目標としているものと、基本賃率の同一を目標としているものと2つに分れる。

2) 労働省婦人少年局編『婦人労働の実情』（昭和52年版）、2頁、63頁の表27を参照。日本的同一賃金の定義に従い、学歴、年令、勤続を同一にした場合の格差をみると、中卒、高卒、大卒のいずれについてもほぼ同一の仕事をしていると思われる初年度は、格差は90％台にすぎないが、勤続年数の増大に従い格差は広がり、30年勤続では中卒65.7％、高卒62.8％、大卒58.7％と半分近くに下る。これは、昇進の差、職務の差によるものが大きいと考えられよう。同上、66頁、表30を参照せよ。

3) 1971年7月、秋田相互銀行の女子行員が、第4条違反として同行を相手どり訴訟をおこした。75年4月10日判決で、秋田地裁は、女子行員の訴えを認め、女子行員に男子行員との賃金差額に相当する過去の損害の賠償請求権を認めた（赤松良子編『解説女子労働判例』（学陽書房、1976年）、247-254頁。これが47年の基準法実施以来、第4条に基づく最初の判例である。また73年4月、国会で、「共産革新共同」の田中議員が、日本信託銀行における女子差別賃金を問題にしたのがきっかけで、実情調査が行われ、4月9日中央労働基準監督署は同銀行に対して第4条違反として是正を勧告した。この勧告がでる前、第1組合所属の女性行員41名が男子との差額を2年前にさかのぼって支払うよう東京地裁に提訴し、8月18日、同行はそれをうけ入れる方向で和解を申し入れた。このように差別賃金が裁判で争われるようになったのは、第1組合と第2組合の男子労働者の不当な賃金差別問題が契機だといわれている。2つの事例とも、原告の女性は、第1組合所属である（「賃金　男と女」『朝日新聞』1973年9月1日、9月5日参照）。さらに、労働基準局レベルでの是正勧告による賃金差別を除去する運動は、72年から地銀連（全国地方銀行従業員連合会）により進められてきている。滋賀銀行、泉州銀行、七十七銀行など11の地方銀行が労基局による、昇格、家族手当など各種手当の是正勧告でバックペイを支払ってきている。その上、この運動は、三和、第一勧銀などの都市銀行にも波及した。このような同一賃金獲得運動の経過については、甲賀邦夫「第一

勧銀における男女差別賃金の是正」(『労働法律旬報』第 952 号、1978 年 5 月 25 日)
をみよ。

4) この 100 号条約では「同一価値に対する男女同一報酬」の定義にあたって、職務内
容を基とした同一価値労働に対する同一の賃金率という考え方(政府、労働者側)が、
女子雇用は生産原価を高めることをあげて女子の低賃金を正当化する使用者側との
対立の末、採用された。高崎愛子「ILO 条約第 100 号(同一価値の労働に対して男
女労働者に同一の報酬)の採択過程と問題点」(『季刊労働法』第 37 号、1960 年)、
154 頁参照。

5) この条項の成立の事情について一言すると、1946 年 7 月の対日理事会の席上ソ連
代表が行った労働立法改正に関する勧告の第 3 項に同等技能の男女に同額の賃金を
支払う、ことがあげられている。しかしアメリカの労働諮問委員会の「労働保護立
法に関する勧告」の中には、この点はふれられていない。7 月、政府が労働保護に
関する法案について事業主団体、労働組合に意見を求めたところ、賃金計算方法に
ついて同一労働同一賃金の原則を求めたものは、649 の組合中の回答 155 件のうち、
4 件にすぎなかった(しかし 46 年のメーデーのスローガンには男女同一労働同一
賃金のスローガンは掲げられていた)。これらの意見をうけて労務法制審議会が起
草した原案の段階では、次のようになっていた。「使用者は同一価値労働に対しては、
男女同額の賃金を支払わなければならない」(労働省『資料労働運動史 昭和 22 年』
1952 年、931-940 頁、948 頁)。

この案に対して、公聴会で使用者側は、(1) この原則は、男女に制限するべきで
はなく、能率による賃金支払原則がこの条項で打ちたてられるべきである。(2) 同
一価値の評価が困難であり、男子は女子より能率がよいから、この条項は本質的に
重要な意味をもたない、との意見が出された。つまり「同一価値労働」とは、「同
一価値を生みだす労働能力」と解釈され、月給や日給の日本では単に労働の性質が
同一であるだけではなく、労働能率も同一であること、従って男女間には同一価値
労働は実際にはあまり存在しないと考えていたことを示している。労働者側からの
意見としては、この原則が女子の雇用に阻止的に働くことを防止するための規定を
将来設けること、年令による差別も禁止することなどの要望が出された。同一職務
においては男子間、女子間では同一の時間賃率、出来高賃率が協定される職務給の
欧米の場合と異なって、属人的な諸要因も含めて構成される日本の賃金体系では、
同一とは、同一労働の職務内容だけの問題ではなく、賃金を構成する属人的諸要因
の各々も同一の労働力であると一般にみなされていたものと考えられ、とりわけ年
令による賃金の差別を労働者が意識していたことを示すものであろう。また、労働
者側が、「同一価値労働」とは具体的には何を意味するのか、具体的な適用にあた
って生じる問題をこれ以上につめて考える姿勢がみられないのは、現実の差迫った
問題として考える態勢のないことを示すものと推量される(『中央労働時報』1946
年 10 月 25 日号、6 頁参照)。しかしこの原案は、47 年 3 月 7 日に出された基準法
案では、現行法の如く修正され「同一価値労働」の文言は削除されており、議会で
もこの原則についての質問は全くなかった(『第 82 回帝国議会衆議院議事速記録』
自 1 号〜 32 号をみよ)。公聴会の原案から法案までの間に、同一労働についての解

第 1 章 「同一賃金法」の成立と問題点　5

釈をめぐって論議があったものと思われるが、その経緯は筆者には不明である。な
お第4条の現実の機能と問題点については大羽綾子「男女平等と労働基準法」(『ジ
ュリスト』第637号、1977年5月1日)をみよ。

6)　労働省労働基準局監修『労働基準法解釈総覧』(1970年)、35-36頁。なお、基準法
成立直後の行政命令（昭22・9・13発、基17号）によれば、第4条の趣旨は、「わ
が国における従来の国民経済の封建的構造のため、男子労働者に比較して一般に低
位であった女子労働者の社会的、経済的地位の向上を、賃金に関する差別待遇の廃
止という面から実現しようとするものであること」とされている。第4条には、「同
一労働」の積極的定義は与えられていないが、1947年のこの行政命令は、女子労
働者が、社会通念として、又は当該事業場で一般的又は平均的に能率が悪いこと、
知能の低いこと、勤続年数が短いこと、扶養家族が少ないことを理由とした賃金差
別は禁止しているが、職務の能率、技能による賃金差は差別待遇でない旨の解釈を
示した（同上、35頁）。属人的要因を含む日本の現実賃金体系により適合した形で、
それゆえ、より後退した解釈を示したのが50年のこの行政命令だといえよう。

7)　世界各国の同一賃金に向けての法体系と実施状況については、Cf. ILO, Equal
remuneration: General Survey by the Committee of Experts on the Application of
Conventions and Recommendations, 1975.

第1節　同一賃金獲得運動の展開

1　前史——1945年以前

1

　イギリスの労働組合のナショナル・センターである労働組合会議（Trades
Union Congress ―以下、TUC）が男女同一労働同一賃金の決議を初めて採
択したのは1888年の第21回大会においてであった。ブラッドフォードで
開かれたこの大会で、女子労働組合連盟の書記、クレメンティア・ブラック
女史が提案した決議の内容は、「女子が男子と同一の仕事をしている職種では、
女子が〔男子と〕同一の賃金をうけとることは、男女双方の利益にとって望
ましい、というのが、この大会の見解である」[1] というものであった。

　この決議によって同一賃金問題が、労働運動の1つの課題であることが明
確とされ、以来、1968年までTUCは約40もの同様な決議をくり返し可決
してきた[2]。しかしこの最初の決議が法律の形で一般労働者を対象に漸くに
して成立したのは労働党政権のもと、1970年5月29日であり、完全実施を

みたのは 1975 年 12 月 29 日のことである。法律が成立した瞬間、担当大臣であったバーバラ・カースル女史が、ひとしおの感慨をもって、「まさに歴史的瞬間である」と演説したのもまた当然のことであった[3]。

　TUC が 1888 年以来採択した約 40 もの決議のうち 17 が戦後の時期（1945 ～ 68 年）の 23 年間に集中していることからも推察されるとおり、同一賃金をめざす運動は第二次大戦後とくに活発にくりひろげられた。

　一般に、同一賃金問題が、男子によって主として指導されている労働運動の統一的要求となるには、次の 2 条件が必要である。第 1 に、女子労働者の労働市場への進出、とくに男子の職場への進出が行われ、男女が労働市場で競合関係にあること、この事情によって男子労働者が自己の労働条件を防衛するためにも、女子労働者を組織から排除するのではなく、むしろひき入れて共闘することが必要だと認識すること、である。1888 年の第 1 回の決議の背景には、19 世紀の独占段階以降の技術革新により大量生産方式が導入され、安い女子労働者が男子に代わって雇用されるに伴い、男子労働者が女子労働者との競争にさらされたという事情がある。そこで、男子組合が、それまでの女子への排他的政策を再検討せざるを得なくなり、1980 年代初期には多くの組合が女子に門戸を開き[4]、男子組合の指導者は、婦人の指導者と同じく、同一賃金を男子組合の当面の目的である現行の賃金水準維持の手段と考えるようになったのである。その結果が、満場一致の TUC の先の決議となって現れたのである。両大戦中、とくに、第二次大戦中は、イギリスは軍事生産の増強と徴兵によって著しい労働不足に見舞われた。そこで兵役についた男子に代わり、低賃金の女子が否応なく、従来男子の職場とされた分野、とりわけ機械産業部門の熟練職種に進出せしめられた。このダイリューションの問題が、男子組合をして同一賃金を切実に自らの問題としてとりあげざるを得なくせしめた事情であった。第一次大戦後の状況とは異なり第二次大戦後には、戦争の終結にもかかわらず、女子労働者は、予想外に減少せず、むしろ戦後の完全雇用政策の下で増大しつづけた。

　第 2 の条件は、第 1 の条件の結果として、女子労働者の組織化が進み、実際の労働と他の労働者との連帯の中で女子労働者自身が、家計補助的低賃金に甘んじ、自らを被扶養者、第二市民として男子より劣った存在とみなす諦

第 1 章　「同一賃金法」の成立と問題点　　7

観から脱皮して自立し、教育水準の上昇ともあいまって男子との平等意識を
もつようになること、である、この2つの条件は、第二次大戦後とりわけ顕
著にみられた。とくに第二次大戦後には、夫や父を失い、女子労働者が、単
に娘や妻として家計補助者の立場に止らず、自ら主たる家計支持者として扶
養家族を支えねばならなくなってきたこと、教育水準の向上による自立平等
意識の向上が指摘されねばならない。

　本稿では——イギリスにおける同一賃金獲得運動の歴史を描くことは別稿
の課題とし——既述のように、この運動が急激に展開され、やがて同一賃金
立法の獲得に直接結びついた第二次大戦後、とりわけ1960年代の運動に焦
点をあて、成立過程を概観することにした。

　だがその前に、この問題への戦後の政府の対応を論じるにあたって、歴史
的前提としての、両大戦中に設置された同一賃金問題に関する2つの委員会
について簡単にふれておく必要があろう。1918年の「戦時内閣産業婦人問
題委員会」（The War Cabinet Committee on Women in Industry）と、44年
設置の「同一賃金問題王立委員会」（Royal Commission on Equal Pay）がそ
れである。

2

　前者は、1918年9月のロンドンのバス・市街電車会社と全国運輸労働者
連合との賃金紛争に際して「生産委員会」（Joint Production Committee）（1915
年の軍需品法により設置され、戦争初期の労働供給問題の処理を担当）が行
った裁決を不満とし、労働者が戦時ボーナスを含めた男女同一労働同一賃金
を要求して行ったストライキを契機として設立された。というのも労働者が、
男女の賃金の関係という原則的問題についてさらに考慮するよう求めたから
である。すなわち「生産委員会」が、このような賃金の一般的原則に関する
問題は特別調査委員会で扱うよう勧告したのをうけた政府が、戦争遂行と将
来の婦人の福祉に影響を及ぼす問題の重要性に鑑みて設立したものであった。
委員会の第1の任務は、男女の利益と、彼らの仕事の価値との関連で男女の
賃金の間にある関係を調査、報告することで、その勧告は、戦時の生産増大
と産業の将来の進歩と福祉を考慮したものであるべきとされた。第2の任務

は、委員会設立後発生したもので、1915 年 3 月の大蔵省協定に基づいて政府が行った約束——L2 通牒とよばれるもので、男子の仕事を代わって行っている全女子労働者は従来の男子の賃金全額を（昇給を含めて）うけとる——が守られていないという婦人労働者の申立ての是非について調査をすることであった[5]。

　委員会の調査によれば、戦時中の就業女子労働者数は、1914 年の 553 万余人から 18 年の 684 万余人、すなわち約 130 万も激増し、とくに直接男子に代わって就業した女子労働者は約 70 万、軍需産業では女子労働者の増加は 60 万を超えたことが明らかにされた[6]。男子と同一の労働を行ったこの約 70 万の女子労働者を背景にして戦時中の同一労働同一賃金問題が発生したのである。

　委員会では、見解が二分した。多数派報告は男女の賃金決定の原則については、婦人組合や、合同機械工組合（ASE）が主張する「職務賃金率」（the rate for the job）または同一時間賃金率（equal time rate）を、主に能率の低い女子労働者は雇用から排除されるという理由で拒否し、生産能率に比例する賃金、つまり出来高賃率として一般に採用されている賃金をより厳格な意味での「同一労働同一賃金」（equal pay for equal work）の解釈として採用し、この原則を時間賃率へ拡大することを歓迎した[7]。

　これに対しベアトリス・ウェッブ夫人だけは多数派報告と真向から対立する少数派報告を提出した。夫人は、「女子を法律や慣習によって高給の地位、専門職、熟練職種から排除することは、女子を低賃金職種に追いやることであり、低賃金職種では、男子と同等な仕事をしている女子は男子とは別の階級であるとの口実——女子は家族扶養の義務がない、少ないニーズ、劣った能力、低い知的水準にあり、男子とは別の階級であるという、いずれもすべての個人にはあてはまらないような事情——の下により低い賃金が支払われていること」を問題とし、性や信条、人種にかかわりなく、能力のある者に公共部門・民間をとわずあらゆる地位、職業を同一の資格、同一の雇用条件、同一の職業賃率（occupational rate）の下に開放することを主張した。そして、（1）多数派報告のいう「同一労働同一賃金」という公式、厳密には「量質において同等の価値労働、同一賃金」はあいまいで、雇主によりたやすく回避

されるが故に、男女の賃金関係を決定する原則とはなりえないこと、（2）あらゆる報酬を規制すべき基本的原則は、明確に定義された——出来高または時間ぎめをとわず——職業別賃率、または標準賃率であり、それは労使代表による団体協約によって同様なグレードのすべての個人に対して規定されるべきであること、（3）最高の生産性、種族の維持のため、休息時間、教育、衛生、生存について国民的最低限（ナショナルミニマム）が、性の平等の上に、法律により体系的に規定され、実施されるべきことが主張された[8]。

ウェッブ夫人の同一労働同一賃金の定義[9]は、1944年の王立委員会が同一労働同一賃金についての自らの解釈を打ち立てるにあたって参照したもので、先駆的、古典的価値を有する。

この報告は、終戦後の1919年に出されたが、あるべき賃金原則についての勧告を具体的に実施する措置は何らとられなかった。平和の回復は女子労働者の失業、組合員の減少という結果をもたらし、女子労働者の立場は弱くなったからである。しかし、15年の大蔵省協定が軍需産業で男子の仕事を代替した女子に対し同一賃金を認めたことは、他の女子労働者の同一賃金要求を力づけた。さきの委員会設置のきっかけを作ったロンドンの市街電車・バスの女子労働者のストライキもこの影響の1つであり、「全国ジャーナリスト組合」、「全国合同生活協同組合従業員組合」も同一賃金を確立し、3つの地方自治体が女子教員に同一賃金を譲歩した[10]。また20年5月19日、下院は、公務員の女子に対して同一賃金（イコールペイ）を支払うべきであるとの決議を成立させた。

なお同一賃金要求に今一つの刺激を与えた出来事として、第一次大戦後の平和条約、ヴェルサイユ条約の第27条第7パラグラフが示した「男女は同一価値の労働に対し、同一の報酬をうけねばならないという原則」、すなわち同一価値労働同一報酬原則の宣言がある。これは、従来の「職務賃率」（the rate for the job）よりも同一労働の解釈の幅が広く、女子労働者の同一賃金要求を理論的に強化するものであり、イギリスでは、戦闘的な女子労働組合員が数年間にわたってこの原則を討議し広くその賛同を得たといわれている。

同一賃金については男子組合員と女子組合員との間に理解の対立があるばかりでなく、その対立は女子労働者相互間にも存在した。雇主としての労働

党、協同組合は、第一次大戦の終わりまでは、被用者としての女子に対し同一賃金を支払わなかった。男子への保護としての同一職務同一賃率の要求は、1930年代後半に、公共部門だけでなく、種々な民間筋肉労働者の組合によってもなされつつあった。たとえばイギリスの代表的な組合であるASE（合同機械工組合）は、1935年の年次大会で女子労働者の同一賃金賛成の決議を行い[11]、43年、遅ればせながら女子の組合加入を認めた[12]。

また女子労働者間の見解の相違は、独身女子と既婚女子の間に存在した。同一賃金の最大の支持者は、事務職、銀行、保険会社の女子職員にみられたが、その支持の根拠は、独身女子の家族への扶養責任にあり、夫と生活する既婚女子労働者は同一賃金要求の根拠を弱めるものとみなされたのである[13]。

また1930年代は、失業の脅威の増大する中で婦人の労働の権利に攻撃がしかけられ、同一賃金問題は複雑化した[14]。すなわち、同一賃金要求は、女子の失業を引きおこすものだと懸念され、女子労働者自身がこれに反対した事例も発生したのである[15]。

3

1939年にはじまった第二次大戦は、前大戦のように女子労働者の協力を必要とした。開戦1年後の41年1月、ベヴァン労働保健相は婦人労働者の戦時体制協力を必要とする段階の到来を宣言し、9月、機械産業では労働者の35％を女子が占めた。43年のASEの女子の加入公認はこの背景の産物であった。

第二次大戦中、女子は今までよりも多種類の職業に大量に進出した。この状況は女子のより高い経済的、社会的、政治的地位を求める傾向を生みだしたが、この見地からみて戦時中を通して未解決の主要問題は、女子の低賃金と男女の賃金格差であった[16]。後年TUCは、とくに1939年以降を経済的平等を求める婦人の闘争の時期として特徴づけている。43年、労働党のスタフォード・クリップス卿は男女の平等問題について戦後を予見する次の興味ある演説を行った。すなわち、彼は、戦争の経験が男女は真に平等であることを理解させたとのべた後、「両性の平等についての理論的問題は解決している。今われわれは、それを実行するという問題に直面している。その唯

第1章 「同一賃金法」の成立と問題点　11

一の解決は、すべての人々に対し門戸を開くこと、両性間の経済的競争をさけることである。これは戦後の大きな政治問題である。……もし解決に成功すれば、われわれは両性の平等の実際的問題を解決するのに成功するだけではなく、わが国民のためにその他多くの改良と進歩をすすめることができるであろう」[17]と。はたして、労働党は、戦争直後政権をとった時、この問題の解決を迫られたが、しかし男女平等問題を法律上解決するのにその後、なお30年の歳月を必要としたのである。

TUCは、翌1944年、この問題に対し取組みを開始し、加盟組合に対し、男子の仕事に従事している女子のために「同一職務同一賃率」の戦時要求をするようよびかけた。44年の教育法案の討議で、教員は、同一賃金問題を下院に提起し、下院は1票差でこの要求を法の修正として支持した。当時の挙国内閣の首相チャーチルは、この決議を自分への不信任とみなすことにより、それ以上の行動をとることを阻止した。しかし、約50の全国的組織よりなる「同一賃金運動委員会」の結成と、その活発な活動の圧力の下に、政府は労働組合と婦人組織の要求を調査するため王立委員会の設置を余儀なくされた。先述の44～46年の「同一賃金問題王立委員会」がそれである[18]。

委員会の目的は、公務員その他の雇用分野での男女の報酬の比率の事実調査と、同一労働同一賃金実施に伴う、社会的、経済的、財政的結果の考察であって、勧告を出すことは求められていなかった[19]。委員会はアスキス卿を長とし、TUCからアン・ローリン女史他1名の計7名より構成され、2年後の1946年に報告書を提出した。委員会は、男女の賃金格差の理由の説明と、同一賃金がもたらす予想結果に関する見解について分裂し、多数派は、教員を含む公務員の非現業部門に限定した同一賃金の適用を認め、一般の産業部門については失業を招くものとして否定的であった[20]。これに対し、少数派は、次の2点について少数派メモを発表した。つまり、多数派が、女子の低賃金の理由として、その組織力の弱さよりも、婦人労働への保護規制、劣った体力の自然的要因などに基づく低い需要をあげたのに対し、それを批判し、男女の賃金格差の要因として女子の肉体的、知的能力の要因や短期就業などよりむしろ、男子に比して、女子労働者の組織力の弱さ、高賃金の職種からの女子の排除などを強調[21]、短期的にはともかく、長期的には同一賃金は最

適の職業につく自由を通して生産能率に有利な結果をもたらし、女子の雇用
増大に有利であると主張[22]した。また同一賃金実施による賃金率の一般的
増大が完全雇用政策を危険に陥れるとの懸念から同一賃金実施に反対した多
数派の見解とは、対立した[23]。

　しかし、委員会の実態調査などによれば、すでに法律、新聞、演劇、下院
などでの大抵の専門職や従来男子の職務とされている職種での婦人の基本的
な雇用条件に関する団体協約では、同一賃金の原則が採用されていることが
明らかにされた[24]。委員会の調査によると、教員では、基本給で女子は男子
のそれと 80％の格差がみられ、一般の産業では、男女が同一職種で働く分
野は少ないこと、民間の筋肉労働者の男女の賃金格差をみれば、出来高賃率
においては、男女同一の場合が多いが、時間賃率では、男子と類似または同
一の労働を行っている女子は男子の 60 〜 90％で、一般に 70％台の格差が
多くみられることが判明した[25]。男女の賃金収入の格差は、女子における残
業時間の少ないこと、低熟練、低賃金職種への多くの女子の就業から発生し
ているのである[26]。

---

1)　　Cf. Report of the Twenty-First Annual Trades Union Congress, 1888, p.43.

2)　　全日本労働総同盟『男女同一労働同一賃金の実現をめざして――英国の 1970 年男
　　　女同一賃金法を中心に――』（同盟資料 19、1973 年）、41 頁。

3)　　Hansard Parliamentary Debates House of Commons（以下、Hans. Parl. Debates）,
　　　vol.800, col.770. なお本稿での議事録はすべて下院のものである。

4)　　たとえば、1884 年、全国靴工組合は、靴製造業で働く女子は同一条件で組合加入
　　　を認め、男子と同一の条件を得る資格があると決議した。しかし、女子との競争が
　　　きびしくない職種では男子は、この要求を支持しなかった。Sheila Lewenhak,
　　　Women and Trade Unions, 1977, pp.89-91.

5)　　Report of the War Cabinet Committee on Women in Industry（cmd.135）, 1919（以下、
　　　Report 1919）, pp.1-2. 申立てたのはメアリー・マッカーサ夫人がひきいる婦人労働
　　　者連盟（Federation of Women Workers）と婦人参政権協会（Women's Suffrage
　　　Association）であった。Lucy Middleton ed., Women in the Labour Movement,
　　　1977, p.105. L2 通牒の内容については Cf. Report 1919, pp.110-111 および、大森真
　　　紀「研究ノート　第一次大戦と労働問題」（『日本労働協会雑誌』1978 年 11 月号所収）
　　　を参照。

6) Cf. Report 1919, pp.80-81.

7) Ibid., pp.185-190. 委員会は J・アトキン卿を委員長とする 6 人より構成され、うち 2 人は女性であった。

8) Ibid., Minority Report, p.254.

9) 同一労働同一賃金の解釈としてウェッブ夫人は次の 3 つを示した。(1) 等しい努力と犠牲に対し同一の賃金、(2) 同一生産高、同一賃金、(3) 雇主にとっての同一価値労働、同一賃金、がそれで、第一の解釈を夫人の主張する「時間労働を基礎とする職業または標準賃率」と同一視した。Cf. Report 1919, pp.288-289. この解釈はILO100 号条約の審議にあたって ILO の当局が紹介した同一労働同一賃金についての解釈にとり入れられている。高崎、前掲論文、148 頁をみよ。

10) S. Lewenhak, op.cit., p.157. 女子教員への同一賃金も、教員給与を交渉するための 1919 年設立のバーナム委員会によってくつがえされ、女子は男子の 5 分の 4 を支払われることが決定された。Ibid., p.171. バーナム委員会については、Cf. Royal Commission on Equal Pay 1944-1946, Report（cmd.6937), 1946（以下、Report 1946), paras.86-87.

11) S. Lewenhak, op.cit., p.225.

12) TUC, Women in the Trade Union Movement, 1955, pp.84-85.

13) S. Lewenhak, op.cit., p.226.

14) Ibid., p.229.

15) たとえば全国地方自治体職員組合では、1932 年と 36 年の大会で女子代議員が同一賃金要求の決議に反対した。Ibid., p.226.

16) 1935 年には、イギリス男子労働者の平均賃金は 65 シリング 2 ペンス、女子はその半分以下の 31 シリング 10 ペンスであった。TUC, op.cit., p.85.

17) Ibid., pp.86-87.

18) S. Lewenhak, op.cit., p.247.

19) Report 1946, pp.1-2.

20) Ibid., p.171, para.515.

21) Ibid., p.192, para.18.

22) Ibid., p.195, paras.25, 27.

23) Ibid., p.196, paras.30, 32.

24) 戦前には公共部門での同一賃金分野は、閣僚、国会議員、国連機構の職員、治安判事、BBC の職員（Report 1946, para.134.）、工場監督官の基本職階、医官と一定の歯科医官であった。非現業公務員では、女子は最高、男子の 80％の格差が規則であった。Report 1946, pp.12-13, paras.41, 45.

25) Cf. Report 1946, Part I, Factual Survey. この調査結果についての分析は、別稿で行う予定である。

26) Central Office of Information of British Information Services, Women in Britain, 1972, p.7.

2 第二次大戦後の同一賃金獲得運動
――戦後の婦人労働の地位と公務員非現業部門への
同一賃金の導入――
1

　第二次大戦後の同一賃金獲得運動の歴史は、2つの時期にわけることができる。すなわち、1950年代後半、保守党政権の下で非現業部門の公務員に対し同一賃金原則が適用された1945～61年までの時期と、62年以降、TUCがとくに「婦人労働憲章」を掲げ、より広い視野で精力的に同一賃金獲得運動がすすめられた63年以後、70年の「同一賃金法」成立までの時期である。

　1945年、第二次世界大戦が連合軍の勝利の裡に終結し、戦後初の総選挙で労働党が政権についた時、女子労働者にとって同一賃金実現の見通しは明るいものと期待された。しかしその期待はたちまちにして裏切られた。というのも、46年10月、「同一賃金問題王立委員会」（Royal Commission on Equal Pay, 1944-46）の報告が公刊されたが、翌47年6月、ドルトン蔵相は下院で労働党政府の同一賃金問題に対する見解を明らかにし、同一賃金原則は認めるが、その即時実施は出来ないと言明したからである。その理由は、公共部門だけでも年約3500万ポンドに上る実施コスト、それに加え、女子の同一賃金実施に伴って既婚男子が要求するであろう家族手当などのコストが莫大な額にのぼり、その負担は国民の利益ではないという点に求められた。国民保険、公的扶助など当時実施中の社会保障制度を優先することが表明され、コスト負担とインフレの懸念の2点から、同一賃金原則の当面の実施を見送ることを明らかにしたのである[1]。以来、保守党政府と大差ない労働党政府のこの態度は続き、多くの女子組合員を失望させることになった[2]。

　一般的にいって、膨大な在外資産を失い、世界資本主義における一層の地盤沈下を背景とした戦後のイギリス経済は、労働党・保守党の歴代政府の下で追求された完全雇用政策と、それがイギリスの経済事情と労使関係の中で必然的に要請した賃金抑制政策（＝所得政策）という経済的風土におかれ、女子の賃金上昇を結果する同一賃金原則の導入にとって有利な状況には決してなかったといえよう。

第二次大戦後のイギリス政府が保守、労働党をとわず一貫してその経済政策の公準としたものは、戦時下に到達した完全雇用状態の平時における維持＝完全雇用政策であった。このような戦後とるべき政策の骨組みを与えたものは、戦時中の 1944 年 5 月、挙国一致内閣により発表された「雇用政策白書」Employment Policy（cmd.6527）である。しかし、イギリスの強力な労働組合の団体交渉力にとって有利な労働市場を創出するこの完全雇用政策が、在外資産の喪失により著しく存立基盤を狭められ国際収支の悪化に悩まされたイギリス経済を舞台に展開される時、それがイギリス労働組合の自由な団体交渉にもたらす帰結は明白であった。すなわち、賃上げと合理化を阻む制限的労働慣行の自粛の要請である[3]。国際収支の赤字に悩む戦後イギリス政府がとった金融、財政政策の特徴は、ストップ・アンド・ゴー政策であった。インフレ制止を目的とするデフレ的ストップ策、生産を刺激し完全雇用維持のための拡張的ゴー政策が交互に行われたが、この政策は意図どおり「輸出を改善することも物価上昇も止めることもできなかった」[4]。そこでインフレを回避しつつ完全雇用を達成するための所得政策が登場することになる。戦後まもない 1940 年代末から、賃上げ抑制策はいち早く登場し、67 年以後強制的な手段をとって出現する[5]。このような状況をみる時、同一賃金原則の実施が戦後 30 年近くもかかった理由は、何よりもそれがイギリスの経済事情の悪化を背景とした所得政策という枠内でなされねばならなかったという事情をあげねばならないだろう。

　このようなイギリス経済の一般状況を前提とし、戦後の同一賃金獲得運動を考えるためには、その前にこのような運動を生みだす背景として、戦後イギリスの労働市場における婦人労働の地位を必要な限りで明らかにしなければならない。

2

　戦後のイギリス婦人労働の特徴の第 1 は、女子労働者の絶対数と全就業労働者に占める女子労働者の割合の増大である。1911 年のセンサスでは、女子の労働者数は 483 万、14 年の女子労働者の比率は約 26％、第二次大戦後の 51 年には約 730 万、34％となって全雇用労働者の 3 分の 1 を占めた。こ

の増大傾向は戦後一貫しており、76年には、女子労働者は約900万、40.6％という全体の半数に迫る大きな比率を占めるようになった（表1.1を参照）。

　第2の特徴としては、この増大する女子労働者のうち既婚女性の占める比率の著しい増加である。第一次大戦前の1911年のセンサスでは、483万の女子労働者中独身女子は77.4％で大半を占め、既婚女子は14.1％、寡婦8.5％にすぎなかった。しかし第二次大戦後の54年には、女子労働者735万人中、既婚女子は337万、45.9％、58年には、ついに女子労働者の半数を占める50.4％に上昇、63年、52.9％、72年には、絶対数は約540万、63.8％となった。この女子労働者の増大の要因は、既婚女子労働者の再登場であると考えられ、育児から解放される35才から54才の婦人に著しい増加がみられるのである[6]（表1.2、図1.1および図1.2を参照）。

　第3に、パートタイム労働者の比率の高いことである。1976年には、女子労働者の40％、約350万人が週30時間以下のパートタイマーとして働いており、上の既婚女子労働者の増加がパートタイムの形態をとっているのである。産業別では、71年の時点では、サービス産業の女子労働者の40％、専門、科学産業の30.2％、販売業の21.4％の女子がパートタイムで働いている[7]（表1.3）。因みに76年の男子のパートタイマーの比率は全産業で5.3％である。

　1965年の政府調査によれば、このような既婚女子労働者の就業の動機について、面接調査の既婚女子労働者の5分の4以上が金銭上の理由をあげ、また同時にこれ以外に、退屈凌ぎのために出ることをも理由としてあげている[8]（非筋肉労働者の31％、筋肉労働者の24％）。一般に最終学歴が高い程、外に出て働くようになることが明らかにされている[9]。

　第4、次に一歩たち入って女子労働者の産業分布をみると、女子は特定の産業分野に集中していることが判明する。また1971年の調査時点で女子が同一産業内の労働者中過半数を占める産業は、（1）専門、科学部門（教育・看護・ソーシアルワークを含む）の67.5％、（2）様々なサービス産業（ケータリング・ホテル・美容など）、55.4％、（3）販売業、53.6％、（4）保険・銀行など52.8％で[10]、全女子労働者のうち23.1％が専門的科学サービス部門に、17.1％が販売業、11.7％がケータリング・美容・雑業など特定産業に集

表 1.1　全労働者に対する女子労働者の比率

(連合王国)

年次	雇用労働者総数 (1,000)	男子労働者 (1,000)	女子労働者 (1,000)	女子の比率 (%)
1914	8,479.6	6,301	2,178.6	25.7
1928	11,881.5	8,621.9	3,259.6	27.4
1938	15,742.9	11,357.8	4,385.1	27.9
1945	14,150	8,570	5,580	39.4
1948	20,732	13,778	6,954	33.5
1951	21,177	13,906	7,271	34.3
1954	21,658	14,123	7,535	34.8
1957	22,334	14,487	7,848	35.1
1960	22,817	14,719	8,098	35.5
1961	23,112	14,869	8,242	35.7
1962	23,432	15,064	8,368	35.7
1963	23,558	15,144	8,414	35.7
1964	23,706	15,163	8,543	36.0
1965	23,920	15,243	8,677	36.3
1966	24,065	15,220	8,845	36.8
1967	23,807	15,056	8,752	36.8
1968	23,667	14,901	8,766	37.0
1969	22,083	14,442	8,642	39.1
1970	22,928	14,282	8,646	37.7
1971	21,648	13,424	8,224	38.0
1972	21,650	13,319	8,331	38.5
1973	22,182	13,478	8,705	39.2
1974	22,297	13,363	8,933	40.1
1975	22,213	13,240	8,973	40.4
1976	22,048	13,097	8,951	40.6

注 1.　1914 年の雇用労働者数は、Report of the War Cabinet Committee on Women in Industry, 1919, p.10、
　　　7 月の数値。
注 2.　1928〜45 年の雇用労働者数は、British Labour Statistics 1886-1968, 1971, pp.212-215 より引用、
　　　失業者を含む。6 月時点の数値。
注 3.　1948〜68 年の雇用労働者数は、ibid., pp.228-233 より毎年 6 月の数値（失業者を含む）。
注 4.　1969〜75 年の雇用労働者については、E. & P. Gazette, D. E. Gazette より毎年 6 月の census of
　　　employment の数値（失業者を含む）。
注 5.　1945 年、1969〜76 年の数値は大ブリテンの数値である。

表 1.2 既婚女子労働者の全女子労働者に占める割合

(大ブリテン)

年次	女子労働者 (1,000)	既婚女子労働者 (1,000)	既婚女子の割合 (%)
1914	4,830	680	14.1
1954	7,350	3,370	45.9
1955	7,500	3,570	47.6
1956	7,600	3,723	49.0
1957	7,650	3,770	49.3
1958	7,600	3,830	50.4
1959	7,640	4,000	52.4
1960	7,850	4,090	52.1
1961	7,980	4,210	52.8
1962	8,120	4,290	52.8
1963	8,160	4,320	52.9
1964	8,290	4,440	53.6
1965	8,488	4,632	54.6
1966	8,651	4,807	55.6
1967	8,558	4,838	57.0
1968	8,572	4,948	58.0
1969	8,642	5,255	61.5
1970	8,646	5,388	62.0
1971	8,584	5,378	62.7
1972	8,553	5,460	63.8

注 1. 1914 年の数値は、Report 1919, p.23 より。

注 2. 1954～63 年については小林巧「イギリス婦人労働の現状と問題点」(『日本労働協会雑誌』
1966 年 1 月号) より引用。

注 3. 1964～72 年は M. L. Gazette, E. & P. Gazette, D. E. Gazette 各年より作成。

第 1 章 「同一賃金法」の成立と問題点　　19

図 1.1 1921〜71 年の女子就業者

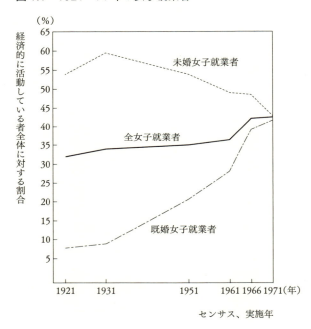

出所：Working women, *D. E. Gazette*, Nov. 1974.

図 1.2　年令別グループの既婚女子の就業率（1971 年）

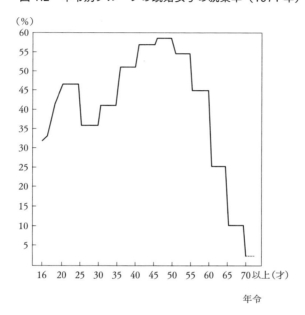

出所：D. E. Gazette, Nov. 1974.

第 1 章　「同一賃金法」の成立と問題点　　21

表 1.3　就業女子労働者に対する女子パートタイマーの割合

（大ブリテン）

年次	製造業(%)	全産業・サービス(%)
1950	11.8	
1951	12.2	
1952	10.5	
1953	9.7	
1954	10.3	
1955	11.4	
1956	11.8	
1957	12.0	
1958	11.9	
1959	11.7	
1960	13.2	
1961	13.7	25.0
1962	13.8	
1963	13.8	
1964	15.0	
1965	15.9	
1966	17.7	32.0
1967	17.0	
1968	17.7	27.8
1969	18.9	
1970	19.7	
1971	20.1	31.1
1972	20.1	34.6
1973	22.2	36.3
1974	24.9	38.3
1975	24.1	39.6
1976	23.5	40.1

注 1. 1950〜68 年の製造業の比率は、British Labour Statistics 1886-1968, 1971 より。
注 2. 1969〜76 年の製造業および全産業・サービスの比率は、1969 年、70 年は、E. & P. Gazette から、他は D. E. Gazette の annual census of employment 各年より算出。
注 3. 1961 年、66 年、68 年の全産業・サービスの比率は、British Labour Statistics, p.275 より。

中しているのに対し、男子の場合はどの産業をとってみても10％をこえる産業はない（表1.4）。このことは、女子の場合、性的アパルトヘイトの作用の存在することを意味し、そのことが、婦人労働者が直面している低賃金と就業機会の制限の主要な要因である。

また、婦人が圧倒的多数を占めている産業の内部をさらに検討すると、男子の仕事と女子の仕事のパターンの相異が明確にみられる。男子は、卸売業や、会計、調査研究、開発の分野で働き、それらはすべて高給の職業である。これにひきかえ女子は、低給の、昇進の見込のない職務についていることが判明している[11]。

第5、さらに細かく女子の職業分布をみると、女子労働者の大半は、労働力が主として女子であるような少数の職業、すなわち「婦人の仕事」のゲットーに集中している。1966年の人口標本センサスには、全女子の労働者の過半数、60％が、全雇用者の3分2が女子であるような職業に集中しており、女子労働者280万人が、女子が90％以上を占める職業に従事していることがわかった（表1.5を参照）。このことは女子の職業選択の幅がきわめて狭いことを明瞭に示している。

すなわち、全労働者の29.1％は事務員（秘書・タイピストなど）、23.1％はサービス、スポーツ、娯楽（食堂の店員^{キャンテーン・アシスタント}、オフィスの掃除人を含む）関係に従事し、11.9％が専門職、技術または芸術労働者（教員・看護婦などを含む）、10.7％が販売労働者^{セールス}やカウンターで働く労働者である。これらの職業の内部では、食堂アシスタントの96.8％、オフィス掃除人などの91.6％、全看護婦の91.6％が女子である。

このことからわかるように女子が行っている職務の多くは、家庭内の女子の役割を反映したものなのである[12]。また生産労働者の中でも、男子は過半数が熟練工であるのに対し、女子は、過半数が半熟練工、不熟練工を占めている（表1.6参照）。

第6、また賃金をみると、1971年現在、女子労働者の過半数の52.2％が最低位賃金産業グループに属するのに対し、男子の比率は22.0％、最高位賃金グループに男子の31.5％が就業しているのにくらべ、女子は12.5％がこれらの産業に働いているにすぎない（表1.7参照）。

第1章　「同一賃金法」の成立と問題点　23

表 1.4 抽出産業の雇用者数の全産業に対する割合

産業別	1961 年		1971 年	
	女子 （%）	男子 （%）	女子 （%）	男子 （%）
専門職、科学サービス	17.2	4.9	23.1	7.0
販売業	18.3	9.0	17.1	8.3
雑サービス	13.6	5.3	11.7	5.9
保険など	4.0	2.5	6.0	3.4
公共部門	4.5	6.1	5.5	7.0
食料・飲料・タバコ	4.7	3.4	4.1	3.6
衣服・履物	5.3	1.1	4.1	0.9
機械工業	2.4	6.5	2.2	7.0
建設業	0.9	9.8	1.0	8.6
運輸など	3.3	9.8	3.3	9.5

出所：J. Hunt, Organising Women Workers, 1975, p.6 より転載。

表 1.5 婦人労働者の職業別集中度

（10 万人以上の女子が従事している職業、1966）

職務	女子の人数 （1,000）	全雇用者に占める比率 （%）
事務員・出納係	1,297	51 − 75
タイピスト・秘書	767	91 +
店員	590	76 − 90
女中など	484	91 +
派出婦など	465	91 +
ウエイトレス	374	76 − 90
看護婦	347	91 +
教員	300	51 − 75
店員—食品	249	76 − 90
縫子、ミシン工	246	91 +
荷作人など	225	51 − 75
Office Machine Operator	145	91 +
コック	109	51 − 75
美容師など	101	76 − 90

出所：J. Hunt, op.cit., p.7 より転載。

表 1.6　男女雇用者の職業別比率

（1971.4、大ブリテン）

職業別グループ	全雇用者に対する割合（%）					
	男子			女子		
1.　経営者	6.0			1.0		
2.　監督、職長	5.5			1.9		
3.　技師、科学者、科学技術者	3.2			0.1		
4.　技術者（Technician）	3.3			0.9		
5.　研究、教育	2.5			4.9		
6.　医学、歯学、看護、福祉	1.0			7.0		
7.　その他の専門職技術職	3.1			0.6		
8.　事務、通信	8.8			30.8		
9.　販売	4.4			9.3		
10.　保険	2.3			0.3		
11.　ケータリング、家事、 　　その他のサービス	2.1			19.9		
12.　農業、林業、漁業	1.7			0.4		
13.　運輸	6.7			0.4		
14.　生産的職業						
a）熟練工	26.2	53.0		5.2	23.3	
b）半熟練工	13.5	27.3		9.2	41.3	
c）不熟練工	9.7	19.6		7.9	35.4	
（小計）	49.4	100.0(%)		22.3	100.0(%)	
全職業	100.0			100.0		

（New Earnings Survey）

出所：Office of Manpower Economics, Equal Pay: First Report on the Implementation of the Equal Pay Act, 1972, p.9 より作成。

表 1.7 男子平均週収入によりランクされた産業別グループの
筋肉労働者の割合

(1971.4、大ブリテン)

産業別グループ	男子平均週収入(1) （ポンド）	全雇用者との割合 （%）	
		男子	女子
[高賃金7産業グループ]			
自動車	34.9	6.8	2.3
紙、印刷、出版	34.1	3.5	4.0
石炭、石油製品	33.7	0.4	0.1
造船、海洋機械業	33.5	1.8	0.2
煉瓦、陶器、ガラス、セメント等	31.3	2.5	2.0
金属製造業	31.3	5.3	1.3
運輸、通信	31.2	11.2	2.6
（合計）		31.5	12.5
[中位賃金産業グループ]			
化学、関連産業	31.0	2.8	2.6
機械工業	30.8	7.9	3.6
その他の製造業	30.4	2.0	3.3
食料、飲料、タバコ	30.0	4.3	7.4
電気工業	29.9	3.9	9.5
他に特定されぬ金属製品	29.9	3.7	4.4
鉱業、石切業	29.6	4.8	0.1
ガス、電気、水道	29.6	2.7	0.3
工作機械	28.7	0.7	1.3
建設	28.5	10.9	0.3
木材、家具など	28.2	1.7	1.1
保険、銀行、金融、ビジネスサービス	28.0	0.9	0.7
（合計）		46.3	34.6
[最低位賃金7産業グループ]			
繊維	27.4	3.1	9.7
衣服、履物	25.9	1.0	10.7
販売業	25.6	5.0	5.1
専門職、科学サービス	25.0	2.9	12.8
公共、行政	24.5	4.6	3.6
雑多なサービス	23.8	3.8	9.6
農業、林業、漁業	23.0	1.6	0.7
（合計）		22.0	52.2

出所：New Earnings Survey, OME, op.cit., p.51.
　(1) 欠勤により影響されるものを除外した平均週収入。

また、1968 年の時点で、18 才以上の女子労働者の筋肉労働者の 86.2%、非筋肉労働者の 55.5% が TUC が最低賃金と設定した週 15 ポンド以下の収入しか得ていないのに対し、男子は、各々 9.4%、4.6% にすぎないのである（表 1.8 参照）。これらのことから、女子労働者が低賃金産業に、また同じ産業の中でも低熟練＝低賃金の特定職業に集中していることが判明する。

　第 7、女子が低賃金、低熟練職種に集中していることは、結果として、男女の平均賃金収入の大きな格差となって現れる。男女間の賃金格差は、筋肉労働者、非筋肉労働者のいずれをとってみても、1950 〜 71 年の間、女子は男子のほぼ 50 〜 60% に止まっている（表 1.9 参照）。非筋肉労働者中、公共部門を含む 3 産業での格差が少ないのは、55 〜 61 年の同一賃金導入の効果を反映している――とくに 55 年と 60 年を比較せよ――（表 1.10 参照）。

　男女の平均時間賃金収入の格差を生みだす要因は（残業時間の格差――表 1.9 をみよ――を除く）、（1）全く同一の職務および同一グレードにおける ①基本賃率の男女格差、②多様な付加給（ボーナス、勤続給、交代給など）[13] における男女格差、③これらの付加給をうける機会の男女格差、④低賃金、低熟練職種への女子の集中がある（同一労働同一賃金要求は、このうち（1）の①②についての性差別の禁止を要求するものである）。これらの総合の結果、全収入に占める基本給の割合は女子は平均 92.5% に対し、男子は 78.7% に止まり（表 1.11）、基本給だけの男女格差は、他の付加給を加えるにつれ広がっていく（表 1.12 参照）。

　労働条件の性別格差は、賃金に関するものに止らない。たとえば疾病手当、年金など福利厚生手当などについても存在する（表 1.13 参照）。

　第 8、目を女子労働者の組織活動に転ずるならば、男子労働者の場合、戦後一貫して 50 〜 60% 台の高い組織率を示しているのにくらべ、1960 年代末までは、女子労働者の組織率は男子の半分以下の 23 〜 29% を低迷しているのである（表 1.14 をみよ）。しかし、戦後、1970 年まで男子労働組合員数は停滞ぎみで組織率は低下傾向すら示している。けれども女子組合員数はほぼ増大の一途を辿り、とくに 63 年以降、組織率も上昇しつづけ、「同一賃金法」成立後の 70 年以来の組織化の進展は著しいものがある。これは、――TUC 代表アン・ローリン女史を含む 44 年の同一賃金問題王立委員会の

表 1.8　常用婦人労働者の収入の分布比率

(18 才以上)（%）

週当り収入（1968.9）	筋肉労働	非筋肉労働	合計
6 ポンド以下	1.5	0.4	0.8
6 ポンド～7 ポンド	3.7	0.5	1.9
7 ポンド～8 ポンド	7.0	3.2	4.7
8 ポンド～9 ポンド	12.0	4.1	7.4
9 ポンド～10 ポンド	14.8	6.4	9.8
10 ポンド以下の比率合計	39.0	14.6	24.6
10 ポンド～11 ポンド	13.5	8.5	10.6
11 ポンド～12 ポンド	11.8	8.5	9.9
12 ポンド～13 ポンド	9.9	7.8	8.6
13 ポンド～14 ポンド	7.0	9.0	8.2
14 ポンド～15 ポンド	5.0	7.1	6.2
10 ポンド～15 ポンド以下の比率合計	47.2	40.9	43.5
15 ポンド以下の比率合計	86.2	55.5	68.1
15 ポンド以上	13.8	44.5	31.9

出所：TUC, Women Workers, 1970, p.8.

表 1.9　常用筋肉労働者・全産業平均週収入と実働労働時間

(21 才以上の男子、18 才以上の女子、1950.10 = 100)

10 月	平均週収入			平均実働労働時間			平均時間収入		
	男子 (index)	女子 (index)	男子収入に対する女子の収入比（%）	男子 (index)	女子 (index)	男子労働時間に対する女子労働時間比率（%）	男子 (index)	女子 (index)	男子収入に対する女子の収入比（%）
1950	100 (£7.52)	100 (£4.12)	55	100 (47.6)	100 (41.8)	88	100 (£0.16)	100 (£0.10)	62
1955	148.8	140.0	52	102.7	99.5	85	143.8	140.0	61
1960	193.2	180.1	51	100.8	96.9	84	187.5	180.0	60
1965	260.5	233.0	49	98.7	92.6	82	262.5	250.0	60
1970	373.0	339.6	50	96.0	90.7	83	381.2	370.0	61
1971	411.3 (£30.93)	383.5 (£15.80)	51	93.9 (44.7)	90.2 (37.7)	84	431.2 (£0.69)	420.0 (£0.42)	61

出所：D. E. Gazette, OME, op.cit., p.11.

表 1.10　男女俸給雇用者の平均週収入

10 月	書記及び類似職種の雇用者 （公共部門、保険、銀行のみ）			全俸給雇用者 （製造業を含めた全産業）		
	男子 （£）	女子 （£）	男子に対する 女子の比 （％）	男子 （£）	女子 （£）	男子に対する 女子の比 （％）
1955	10.22	7.05	69	n.a	n.a	n.a
1960	13.11	9.84	75	19.10	10.15	53
1965	16.15	12.48	77	25.53	13.75	54
1970	22.58	17.49	77	36.12	19.59	54

出所：D. E. Gazette, p.13.
注 1.　1954 年および 1963 年に対象に関してわずかの相違がある。

表 1.11　1 週間フルに働いた常用成人男女労働者の賃金収入において
　　　　構成項目の占める比率

（1970.4、大ブリテン）

	全賃金に占める割合（％）						
	基本給	残業給	交代およびその他のプレミアム給	出来高給	ボーナス	手数料	休日、疾病手当を除くその他の給与
筋肉労働							
製造業							
男子	65.7	15.7	4.0	9.9	3.8	0.2	0.6
女子	77.5	3.2	1.0	14.5	3.2	—	0.3
非製造業							
男子	72.9	17.1	1.9	3.7	2.8	0.3	1.0
女子	89.5	4.4	2.1	0.9	1.2	0.7	0.7
全産業・サービス							
男子	69.1	16.4	3.0	6.9	3.3	0.2	0.8
女子	82.1	3.7	1.4	9.3	2.5	0.3	0.5
非筋肉労働							
男子	91.3	2.8	0.3	0.1	2.2	2.5	0.6
女子	96.5	1.0	0.4	—	0.9	0.3	0.4
全労働者							
男子	78.7	10.5	1.8	4.0	2.8	1.2	0.7
女子	92.5	1.7	0.7	2.6	1.5	0.3	0.4

出所：New Earnings Survey, OME, op.cit., p.54 より転載。

第 1 章　「同一賃金法」の成立と問題点　　29

表 1.12　常用成人男女労働者の週賃金の構成項目の累積割合および
　　　　男子の賃金に対する女子の賃金の割合

(1970.4)

		基本給	基本給＋残業給	基本給＋残業給＋交代、その他プレミアム給	全給与
筋肉労働					
男子	(£)	18.5	22.9	23.7	26.8
女子	(£)	11.0	11.5	11.7	13.4
男子に対する女子の給与の比(%)		59.5	50.2	49.4	50.0
非筋肉労働					
男子	(£)	32.7	33.7	33.8	35.8
女子	(£)	17.2	17.4	17.5	17.8
男子に対する女子の給与の比(%)		52.6	51.6	51.8	49.7
全労働者					
男子	(£)	23.6	26.8	27.4	30.0
女子	(£)	15.1	15.4	15.5	16.3
男子に対する女子の給与の比(%)		64.0	57.5	56.6	54.3

出所：New Earnings Survey, OME, op.cit., p.55.

表 1.13　疾病計画および職業年金計画の対象となっている
　　　　男女雇用労働者の比率

(常用労働者、1970.4)（％）

	筋肉男子労働者		筋肉女子労働者		非筋肉男子労働者		非筋肉女子労働者	
	疾病計画	職業年金計画	疾病計画	職業年金計画	疾病計画	職業年金計画	疾病計画	職業年金計画
全産業・サービス	64.9	49.9	47.9	19.0	93.0	78.0	89.5	50.4
全製造業	49.0	51.1	33.7	11.7	92.8	77.2	89.4	34.1
全非製造業	81.4	48.7	73.2	93.1	93.1	78.5	89.6	54.8

出所：New Earnings Survey, OME, op.cit., p.56.

表 1.14　戦後における男女労働者の組織率の変化

（連合王国）

年次	男子			女子		
	雇用者数 (1,000)	組合員数 (1,000)	組織率 (%)	雇用者数 (1,000)	組合員数 (1,000)	推定組織率 (%)
1948	13,778	7,677	55.7	6,954	1,685	24.2
1949	13,828	7,644	67.4	6,954	1,674	24.1
1950	13,937	7,605	54.6	7,118	1,684	23.7
1951	13,906	7,745	55.7	7,271	1,790	24.6
1952	13,966	7,797	55.8	7,286	1,792	24.6
1953	14,001	7,749	55.4	7,351	1,778	24.2
1954	14,123	7,756	54.9	7,535	1,810	24.0
1955	14,224	7,874	55.4	7,689	1,867	24.3
1956	14,389	7,871	54.7	7,791	1,907	24.5
1957	14,487	7,935	54.8	7,848	1,894	24.1
1958	14,512	7,789	53.7	7,778	1,850	23.8
1959	14,565	7,756	53.6	7,864	1,868	23.8
1960	14,719	7,884	53.6	8,098	1,951	24.1
1961	14,869	7,905	53.1	9,242	1,992	24.1
1962	15,056	7,860	52.2	8,368	2,027	24.2
1963	15,144	7,859	51.9	8,414	2,075	24.7
1964	15,163	7,936	52.3	8,543	2,143	25.1
1965	15,243	8,084	53.0	8,677	2,241	25.8
1966	15,220	8,006	52.6	8,845	2,256	25.5
1967	15,056	7,905	52.5	8,752	2,285	26.1
1968	14,901	7,831	52.6	8,766	2,361	26.9
1969	14,442	7,968	55.2	7,642	2,504	29.0
1970	14,282	8,440	59.1	8,646	2,740	31.7
1971	13,424	8,378	62.4	8,224	2,750	33.4
1972	13,319	8,449	63.4	8.331	2,904	34.9
1973	13,478	8,446	62.7	8,705	3,003	34.5
1974	13,363	8,582	64.2	8,933	3,174	35.5
1975	13,240	8,508	64.3	8,973	3,442	38.4
1976	13,097	8,816	67.3	8,951	3,560	39.8
1977		8,953			3,753	

注 1. 雇用者数 は、1948～68 年 は、British Labour Statistics, Historical Abstract, 1886-1968, table 125-127（毎年 6 月）の数値。1969～70 年 は、E. & P. Gazette の annual employment statistics, 1970～76 年 は、D. E. Gazette の annual census of employment に基づく。

注 2. 組合員数は 1948～64 年は、British Labour Statistics, table 196（毎年末の数値）のもの。この数値にはアイルランド共和国、その他連合王国外の支部の組合員数も含められている。

注 3. なお、TUC 傘下の女子労働組合員の、全女子組合員に占める割合は、1966 年で 77.4%、76 年には 85.2% に上昇している。

第 1 章　「同一賃金法」の成立と問題点　　31

少数派報告がかつて女子の低賃金の主原因として女子の組織力の弱さをあげたことに示されるように——TUC 婦人大会が 63 年「婦人労働憲章」を掲げ、同一賃金獲得、賃金格差縮小には女子労働者の組織化が最も重要な手段であると認識し、鋭意努力した結果なのである。低賃金と労働者の組織率には密接な相関関係がみられることについては、TUC が 70 年に出した報告書が指摘している。すなわち TUC の設定した最低賃金 15 ポンド以下の女子の 10 人中 9 人は、組織率が低く、賃金審議会を必要とする産業に属していることが明らかにされているのである[14]。

　戦後、絶対数においてはもちろん、比率においても増大している女子労働者、このことは女子労働者の間にまさに産業においても天の半分を担っている不可欠の重要な存在であるとの自負を生みだした。それにもかかわらず上に明らかにしたように、女子労働者の収入が男子労働者の半分にすぎないような男女の賃金格差が依然として存在する現実、これが戦後の教育水準の上昇による女子の男女平等意識の昂揚を媒介として、同一労働同一賃金要求——男女賃金格差の解消——運動を生みだしたものと思われる。

　　　　3

　ところで、このような同一賃金運動を生みだす基盤として、婦人の労働市場、賃金格差の特徴を背景にしながら、TUC および TUC 婦人組合員代表者大会（Conference of Representatives of Trade Unions Catering for Women Workers——以下、TUC 婦人大会、1931 年より開催）は、戦後つねに一貫して同一賃金獲得運動を積極的に推進してきたわけではない。

　先にのべたように終戦直後労働党が単独で政権の座についた時、その経済政策と同一賃金要求が矛盾すると政府がみなした場合、TUC は労働党を支持する立場からこの要求をおろして、政府の経済政策を優先させた。この TUC の態度は戦後第 1 期労働党政権（1946 ～ 51 年）の時期に顕著にみられた。たとえば、1948 年、完全雇用政策の促進による対外収支の改善のため労働党政府が賃金凍結策をとった時、TUC の総評議会（TUC. General Council——以下、TUC・GC）はこれに追随して同一賃金要求を自己抑制した[15]。そこでこの時期には、種々の混乱が発生した。たとえば、49 年の

TUC 大会では、同一賃金要求決議と、賃金抑制策賛成決議が同時に成立した。また、あくまでも同一賃金実施を要求する戦闘的な女子組合員と、労働党政府の政策に従順な TUC のリーダーたちの間に対立が生じた[16]。TUC 婦人大会では、同一賃金は要求するが、その時期を特定しないという妥協的な決議案が出され、また、全国婦人諮問委員会（NWAC）——TUC の婦人組合員代表大会の執行部——は、国内では同一賃金要求を抑え、51 年の ILO の国際舞台では、この原則を推進するという矛盾した二重の役割を演じたのである[17]。

　1951 年、53 年の総選挙で労働党は敗北したが、53 年の選挙綱領「イギリスへの挑戦」（Challenge to Britain）は同一賃金に言及しなかった[18]。

　戦後一貫して同一賃金運動を推進してきたのは、教員、地方・中央自治体職員など公共部門の非現業労働者、民間事務職員であった。とくに 1920 年から問題となった公共部門への同一賃金の導入の鍵は、労働市場が握った。戦後の社会保障の充実は、公共部門のホワイトカラー労働者の需要を増大させたが、訓練されたスタッフをめぐる個人企業との競争に直面して、労働党支配下の地方自治体が、まず同一賃金原則を採用した。52 年、ロンドン市議会は教員を含む普通職階（コモン・クラス）の全女子に対し、即時完全に実施し翌年他の自治体もこれに続いた[19]。

　一方、1951 年 10 月、労働党に代わって政権についた保守党は、当初この運動に耳をかさなかったが、下院で労働党議員が提出した公共部門の普通職階の労働者に同一賃金を導入する決議が成立した時、保守党政府は、経済の回復に重大な障害とならぬ限り、この要求を実施することに同意した。この譲歩の背景には、戦後の社会立法により膨脹した有資格の女子職員を確保することと同時に、55 年の総選挙で女子の投票を獲得する意図が働いたといわれている[20]。54 年バトラー蔵相は、女子組合員だけよりなる「同一賃金運動委員会」（Equal Pay Campaign Committee）、女子自治体職員や中央政府公務員の組合代表、および専門職婦人代表と会見し、普通職階に対し 55年度から 6 年間の段階的導入を認めた[21]。同様な政策が教員や地方自治体の行政部門、看護婦、政府統制の公共企業体のガス・電気・保健サービス部門に拡大された[22]。これらは主に男女双方が雇用されている職種であったが、

公務員書記組合（Civil Service Clerical Association）が、タイピストのように女性だけの職種の賃金をもし男子が同様な仕事をした場合うけとるであろう収入にまで引上げるために、女性だけのグレードに対する、「観念上」の男子賃率をこの時点で確立したことは、1970年の「同一賃金法」との関連で注目されてよい。女性のみの職務における、「観念上の男子賃率」の確立は、同一労働同一賃金の恩恵を、男女双方が雇用されている職場から、女子労働者の大半が就業している女性だけの職場に拡大するための有力な武器となり得るからである[23]。

　1950年代にTUC婦人大会では、書記交代に伴って戦闘的組合員の出した決議案は、壇上のNWACに反対されるか、またはTUC・GCに付託され成立しなかった。GCの婦人大会への統制は強化された。しかし50年代には、60年代に向かって、いくつかの変化が芽生えていた。戦闘的な組合員は、福祉に関する女子組合員の要求に対する組合の支持と、組合運営への女子の参加の増大を求めて、活動しはじめていた。組合役員選挙で女子は勝利を収めはじめていたし、また、職場で女子のショップ・スチュワードやコンベナー（Convenor）が選ばれはじめた[24]。またTUC婦人大会の議題も従来の女子だけの問題から外国へも目が向けられた[25]。完全雇用政策の下での労働不足による戦後の既婚女子労働者、パートタイマーの増加は組合に新たな課題を投げかけた。男子や独身女子に比べて既婚女子の失業手当上の不平等の是正が要求された。しかし保育所や保険は組合の要求の中で低い順位しか与えられなかったし、組合内での既婚女子への差別が存在した。彼女たちには、解雇に関する規則——勤続年数の少ない者順に解雇される——先任権は適用されなかった[26]。筋肉労働者の労働協約では、男子には、熟練、半熟練、不熟練の賃金率が決められるのに対し、男子最低の率より下に、女子の賃率が決められていた。このような組合内の賃金その他労働条件での女子労働者に対する差別、女子の雇用機会への制限[27]、職業訓練の不平等など、山積する問題を抱えて、1963年、婦人の経済的平等（就業のあらゆる局面における平等）と組合内平等を要求する運動は新たな段階に入った。

1) Cf. Hans. Parl. Debates, vol.438, cols.1070-1074.

2) 1948年「公務員書記組合」（Civil Service Clerical Association）は、公務員への同一賃金の即時実施に代わり、段階的実施を要求した。しかし当時の労働党内閣のクリップス蔵相は、それを拒否しただけでなく、段階的実施についての方法を検討する、政府の調査委員会 Court of Inquiry の設立要求すら拒否した。そこで、この組合の役員は、ドルトン前蔵相や当時のクリップス蔵相の態度は、過去25年間の保守党政府の蔵相と全く同じであると憤慨したのである。Cf. S. Lewenhak, op.cit., p.251.

3) 栗田健『現代労使関係の構造—イギリスにおけるその展開と破綻—』（東京大学出版会、1978年）、152頁、221頁参照。

4) G. M. Edelman and other, the Politics of Wage Price Decisions, 1965, p.148f. 栗田、前掲書、220頁より引用。

5) 戦後の所得政策がとられた歴史的経過とその内容については、栗田、同上、221-222頁の整理、とくに1956〜62年期の所得政策とその背後にある経済理論、その問題点について、高橋克嘉「イギリスにおける所得政策（1956-62）と賃金決定構造（上）」（『日本労働協会雑誌』1965年2月号）を参照。

6) 戦後のイギリス婦人労働の状況を論じたものに小林巧「イギリス婦人労働の現状と問題点」（『日本労働協会雑誌』1966年1月号）がある。既婚女子労働者の増大の理由として、（1）経済発展に伴う労働不足、（2）早期結婚による未婚女子労働の減少、（3）家事責任の縮小と平均寿命の延長があげられている。同、15頁。35〜54歳の増加については戦後の労働者、雇用生産性省、雇用省の6月実施の雇用センサスの年令別統計をみよ。なお1911年のセンサスは、Report of the War Cabinet Committee on Women in Industy, 1919, pp.22, 23.

7) J. Hunt, Organising Women Workers, 1975, p.7.

8) Cf. A. Hunt, A Survey of Women's Employment, H. M. S. O., 1968, p.181.

9) Ibid., p.143.

10) 11) 12) J. Hunt, op.cit., p.6.

13) たとえば機械工業での1974年の全国協約でも、男子不熟練組立工のシフト・ボーナスは、第1、第2シフトで4ポンド63ペンス、女子労働者はすべて3ポンド37ペンス（第1・第2シフト）である。Cf. Confederation of Shipbuilding and Engineering Unions, Handbook of National Agreement, see.3, 42. これに加え、男女格差に結果するような賃金の企業間格差がある（第3節参照）。

14) TUC, Women Workers 1970, pp.7-8.

15) 1948年、TUC・GCと「全国婦人諮問委員会」（National Women's Advisory Committee —これはTUCの婦人大会の執行部である。以下、NWAC）は、政府の賃金凍結策を支持し、48年のTUC婦人大会で議長のフローレンス・ハンコックは、前年の47年の大会で、同一賃金はTUCの政策であると言明したのをひるがえして、出席の代議員たちに対し、同一賃金要求よりも国の経済政策を優先させる必要を説いたのである。S. Lewenhak, op.cit., p.250.

16) この対立については、Cf. Norbert C. Soldon, Women in British Trade Unions, 1874-

1976, 1977, p.158, S. Lewenhak, op. cit., p.151.

17)　　 S. Lewenhak, op.cit., pp.250, 252.

18) 19)　　 Ibid., p.252.

20)　　 Ibid., p.253.

21)　　 この女子代表は、郵便局では 12 年以内、他の公共部門は 18 年の段階的導入を要求
したのに対し、政府は、予期に反して早期完全実施を認めたのである。Ibid., p.253.
しかし男女の現金収入の格差は、1955 ～ 63 年の間に 3 ポンドに達した。これは男
子に有利なように家族手当その他の工夫がなされ、以前の格差が維持されたからで
ある。Ibid., p.282.

22) 23)　　 Ibid., p.253. 1970 年の「同一賃金法」は、比較し得る男子のいない女性だけの
職場の労働者には適用されなかった。そこで後述するように、76 年の TUC 婦人大
会で「観念上の男子賃率」を設けて、これとの比較でこの部門の女子労働者の賃金
引上げを認めるよう AEUW の代議員から提案された（第 3 節 4 参照）。

24)　　 Ibid., p.272. 労働組合における婦人組合員の活動状況全般について調査された結果が、
1954 年の報告にのせられている。それによると、地方レベルでの女子組合員の活
動はかなり活発で、ある組合では 81 名のショップ・スチュワード中 35 人が女子で
あると報告している。しかし主として女子の職業でも、地方レベルの役員の過半数
以上がまた男子であり、これが全国レベルになるとますます女子の活動は狭まって
いること、しかし 30 ～ 45 歳の女子が活動的であること、若年女子労働者、パート
タイマーの組織化に苦労していることも明らかにされた。Cf. TUC, Women
Workers 1954, pp.11-16.

25)　　 S. Lewenhak, op.cit., p.274.

26)　　 Ibid., p.266.

27)　　 従弟計画や昇進機会に関する平等の権利を含む、女子労働者への雇用機会均等の決
議が 1954 年に出されている。TUC, Women Workers 1954, pp.5, 27.

3　1963 年以後の運動と 1970 年の「同一賃金法」の成立

　この新たな段階を特徴づけたものは、闘争の目的の拡大であった。すなわ
ち、長年婦人組合運動の主目的となっていた同一賃金の問題だけに運動を集
中させるのではなく、運動の目的をより広く、同一賃金の実現にも不可欠な、
職業機会の平等にまで広げた。それは、1963 年に採択された TUC の 6 項目
の「婦人労働者憲章」（Industrial Charter for Women）によって示された[1]。

　この憲章の目的は、830 万の全女子労働者のうち、組合員は 200 万、組織
率 25％たらずの現状を前に、組織化を促進することにあった。この憲章は、
1962 年の TUC 婦人大会で「全国仕立服労働組合」（NUTGW）が動議とし

て提起したもので、婦人の近代産業への貢献の重要性についての認識の上に、それにふさわしい賃金と労働条件の改善を考慮すべきであり、その第一歩として労働組合運動の政策と目的を明確に示すものとして提案され、採択されたことが契機となった[2]。その内容は次のようなものである。

　一、性に基づくのではなく、職務の価値に基づいた同一賃金
　一、婦人の昇進機会
　一、少女のための徒弟計画
　一、熟練労働につけるよう若年女子労働者への訓練の機会の増大
　一、再復帰する年長女子労働者の再訓練施設
　一、婦人労働者の健康と福祉に対する特別の配慮[3]

　この憲章は、のち1974年の、10項目にわたるロンドン組合会議労働婦人憲章、および75年のTUC婦人大会決議の憲章「働く婦人の12の目的」の中で、より一層具体化され、要求内容は、女子労働者中過半数を占める既婚女子労働者の要求を反映して、老人、子供の世話のできる労働時間、子供のための保育所、結婚を理由とする差別反対、地域社会での女子の差別反対を加えて、ますます幅広いものとなった[4]。しかしここではスウェーデンと異なり、まだ男女の性別分業の考え方が前提されていることに注目しておきたい。

　運動の要求は広がったが、焦点はやはり同一賃金であった。1962年、TUCは、加盟組合が同一賃金到達の一手段として賃金交渉で男女同一額の賃上げを獲得する政策をとるよう求める動議を可決した。一方NWACは、加盟組合について、同一賃金の協定数の調査結果を公表し、自主的交渉による同一賃金の獲得状況を明らかにした。回答を寄せた48組合、103万余の女子組合員（TUC加盟女子組合員の77%）中、19組合、約20万人が一般協定か特別交渉により同一賃金を得ており、この組合の約半数が、公務員の組合であること、残り28の組合は、同一賃金への進展の兆しがほとんどないことなどが示された[5]。

　急速な技術革新の影響で女子の低賃金に不安を増しつつあった機械工業・金属産業では、AEUは戦時同様、男子の側から、同一賃金要求を復活させ、

第1章　「同一賃金法」の成立と問題点　　37

1959 年の TUC 大会は、この決議を可決した。これを支持して 61 年 11 月、TUC・GC の経済委員会は、保守党政府の労働相と会見し、同一賃金原則の実現のためには、意欲的でない雇主に対して立法も必要であると主張、ILO100 号条約の批准、現業公務員へのこの原則の導入を求めた。政府は、とくに、立法による同一賃金の実施方法については、この原則の実施を自主的団体交渉事項とした従来の政策を変更するものとして難色を示した[6]。

　1964 年の総選挙の時、労働党の選挙綱領は、同一労働同一賃金実施を掲げた。しかし選挙に勝利し 13 年振りに政権についた時、労働党政府は、前回と同様また保守党同様の経済問題に直面し、12 月新設の全国価格所得委員会は、とくに低賃金部門での生産性の増大した場合と、労働力募集を刺激する必要のある場合を除いて 3.5% 賃金凍結策をとって、この政策を棚上げした。すでに 62 年に男女の現金収入格差が増大しており、女子の賃金水準を引上げる必要が TUC 婦人大会で報告されていたが[7]、TUC・GC や組合の指導者たちは保守党政府の時には所得政策に反対したのにもかかわらず、「われらの政府」である労働党政府に対しては「国民的利益」を優先し、前回と同じく労働党のこの賃金凍結策を支持した。

　一方、団体交渉の中で同一額の賃上げにより男女の格差を縮める努力を払うよう 1962 年の TUC 大会で決議がされた。同一賃金実施に熱意をもった機械産業では、64 年末の長期賃金交渉の中で、特別に低い女子賃率を撤廃し、女子の大半を占める半熟練工の賃率を男子の最低の格付けである不熟練工の賃率に近づけることが同意され、一歩前進がみられた。しかし、男女の比較が同じ半熟練工同士の間ではないことに限界がみられた。

　女子の職業機会不均等問題については、1960 年、中央教育諮問協議会のクローサー報告は、女子校での科学教育の不十分さと、少年より低い学力水準の仕事に少女が就業していることを確認した。NWAC は、雇主により徒弟や見習として少女の 4 倍もの多くの機会が少年に与えられていると推測しており、64 年の産業訓練法は理論上は少年と同じように少女にも訓練機会が与えられることになったが、不平等は依然残っていた[8]。

　同一賃金原則を求める運動は 1965 年以降、ピッチが速められた。65 年の TUC 大会は労働党に対し選挙綱領に基づいて同一賃金の約束の実施を迫る

決議を行った。同年および 66 年の TUC 婦人大会では、同一賃金をめぐる多数の決議が成立したが、NWAC（執行部）が同調する 3.5％に賃上げを制限する政府の所得政策に反対する戦闘的な組合員の動きが目立った[9]。

1966 年の夏には、国際収支の赤字累積に伴うポンド危機を前にして、政府は所得政策を従来の任意制から強制的なものに転換した。66 年の価格・所得法である。これに抗議して閣僚を辞任した TGWU（運輸一般労組）のカズンズ書記長は、政府に協力する TUC・GC を批判した。67 年には、労働党政府の所得政策に対する組合の反撃がはじまった。68 年 7 月の価格・所得法は、多くの労働党議員の反対を押し切って成立したが、労働相はこの立法に抗議して辞職した。この年の TUC 大会は、はじめて明確に政府に対し所得政策の廃棄を要求する決議を可決したのである。所得政策は破綻をつげ、TUC と労働党の蜜月時代は終わりを告げる[10]。

このように所得政策をめぐって TUC との関係が悪化の兆しをみせはじめた 1967 年、政府は漸く重い腰をあげ、労働党、TUC、CBI（英国産業連盟）の代表よりなる作業部会を設け、同一賃金の定義、実施方法、費用、実施時期について検討を開始した。12 月に作業部会は声明を出し、現今の経済事情に鑑み即時実施はできないが、好転した暁には実施準備を行う意のあることが明らかにされ、次の結論を示した。（1）同一労働同一賃金の定義については、ILO100 号条約とローマ条約 119 条の解釈に従う、（2）自発的な同一賃金の実施方法が立法よりも優先する。EEC 加盟の際には、現行賃金立法の再検討が必要となる、（3）コストは産業により異なる、（4）実施ペースは、各産業部門の特殊事情を考慮する。

さらにコスト研究のため、同一賃金の定義として equal pay for the same work の狭い定義をとることが同意され、TUC、CBI はこの研究に協力を約した。TUC・GC は、さらに、イギリスの義務は自らが一員である ILO に対してであり、EEC にではないこと、EEC 内での狭い同一賃金解釈は 119 条の意図に合致しないことを指摘した上で、政府に対し、女子への賃金差別除去のため不可欠な最低条件として次の 4 つを提案した。（1）政、労、使三者による同一賃金実施の意志の宣言、（2）現業公務員の不平等賃金の除去、（3）協力しない雇主に対し政府が強制する権限をもつ立法、（4）ILO100 号条約

第 1 章　「同一賃金法」の成立と問題点　　39

の批准。GC はさらに当面の同一賃金達成のための実際的対策として、団交機構を通して女子組合員のため同一賃金を要求する組合を助けるため、TUC の自主的所得政策の運用を規制する基準には柔軟性をもたせること、そして1967 年 7 月 TUC の所得政策委員会は、女子の不平等除去要求に好意的配慮をすることを定めた[11]。

翌 1968 年は、国際人権年、イギリスでの婦人参政権 50 周年にフォード女子労働者のストライキが重なり、同一賃金実現に向かって大きく前進した年である。このフォードのストライキは、女子労働者のおかれている現状を浮彫りにするものとして興味深いので、後に節を改めてとりあげることにしたい。

まず、4 月の TUC 婦人大会では、政府の緩慢な取組み方に不満が続出し、さしあたり労働協約中の女子賃率の廃止要求、同一賃金についての特別全国大会開催要求決議が成立した。5 月、所得政策に抗議して辞任したギュンター労相のあと、改組されて雇用・生産性省となった省を担当したバーバラ・カースル女史は、かねてから同一賃金提唱者として知られていた。6 月、フォードのストの最中の下院での質問に答えて、カースル女史は 7 年間の段階的実施の意図をもっていることを発表した[12]。これをうけて 7 月、同相と TUC・GC との会合が開かれた時、同相は、同一賃金は、あくまでも所得政策とその基準の範囲内に含まれるべきであると主張し、GC は 7 年は長すぎると批判した。このやりとりの後 9 月の TUC 大会では、このストに鼓舞されて、同一賃金実現のための実力行使を行う組合に対し、加盟組合が支持することを求める決議修正案が GC の反対をおして成立した。この動議を出した「製図工関連技術職員組合」（DATA）の J・オコンネル女史は、次のように激しい焦立ちをぶちまけた。彼女は 1888 年以来、毎年の TUC 大会に男子組合員の支持を乞うて廻る婦人代議員の光景以上に何ら革命的なことは起こらなかったと自嘲し、今や行動の時であり、バーバラ・カースル大臣も同一労働同一賃金を得ているのだから残りの女性が得られぬわけはない、とした。この動議を支持して ASTMS のハント夫人も、自分の組合では実力行使を行うことをすでに宣言しているとのべた。またこの大会では、TUC の政策決定を行う大会で男子の出席代議員が 1000 人を超える中で女子は 46 人

にすぎないという現実が注目された。この大会で強調されたことは、同一賃金問題は労働問題だから組合の側の努力によって達成されること、目的達成の方法として婦人労働者の組織化と、婦人の役員の増加が必要であること、であった[13]。

　婦人大会の決議をうけて、1968 年 11 月には同一賃金問題の第 1 回大会がもたれたが、この時、政府は同一賃金の法的権利を与えることになおも気乗り薄であった。この年、TUC は再度同一賃金の実態調査を傘下組合を対象に行った。回答を寄せた 125 万余の女子組合員（TUC の女子組合員の約 70%）が属する 65 組合の調査では、大多数が、同一賃金の定義としては ILO 条約の同一価値労働同一賃金をとるとし、少数が、同一職務同一賃金の目的への一歩として、より狭い定義をうけ入れることを認めた。男女各々の最低賃金の格差の現状については、3 分の 1 以上の数の最低賃率は、格差がなおも 25% かそれ以上であることがわかった。同一賃金への進展状況については、半数の 34 組合が、やや進歩したと回答し、19 組合は、同一賃金獲得についても、賃率の格差縮小のいずれについても全く進展がないとしており、残り 12 組合が、長年同一賃金を得ているとか、女子が少数で有益なコミットができないと回答した。前回の調査は、少数組合だけが格差縮小に進展のあったことを示したが、68 年の調査はやや事態が改善されたことを明らかにはしたものの、進歩はゆっくりであることが明白となった[14]。同一賃金を得ている婦人は全体の 10% をこえない程度と測定され、その大半は依然として公務員の非現業労働者に止まっていた。さらに 1 年後の 70 年 1 月現在の調査では、同一賃金を得ているもの約 140 万、うち 10 万が男子集中産業の女子筋肉労働者で、残りが非現業公務員であった。同一賃金に賛成しない民間組合の存在とも相まって、労働組合の自主団交方式による同一賃金獲得への道はなお遠く、この方式に大きな限界のあることがますます明白となった[15]。

---

1)　　S. Lewenhak, op.cit., p.276.

2)　　この決議とそれをめぐる論議については、Cf. TUC, Women Workers 1962, pp.17-
　　　18.

3) TUC, Women Workers 1963, p.24. この憲章に盛られた要求には、長い間にわたる女子労働者の辛抱強い主張が潜められていた。すでに 1944 年の TUC 婦人大会は、科学教育の欠けた学校のカリキュラムを非難して、義務教育修了の少女たちを低賃金、低い格付けの狭い範囲での補助労働にしかつけなくしていると指摘。S. Lewenhak, op.cit., p.276.

4) この各々の内容については、Cf. J. Hunt, op.cit., p.23.

5) TUC, Women Workers 1962, pp.1-2.

6) 労働相は、同一賃金問題が加盟国に同一報酬原則を義務づけたローマ条約の下での EEC 加盟交渉の中で発生すること、この交渉によって不可避となるまでこの問題について行動をおこすことは考えていないことを明らかにした。Cf. ibid., p.2.

7) S. Lewenhak, op.cit., p.280. Cf. TUC, Women Workers 1963, p.2. この現金収入の不平等は、銀行、保険などホワイトカラー職種にもみられ、問題なのは、同一賃金が適用されている公共部門にも存在したことである。この部門では同一賃金適用の原則は、家族手当その他子に有利な格差維持の方法によってふみにじられたのである。

8) Ibid., p.278.

9) 1966 年大会では、同一賃金に関する動議が 6 つも出された。Cf. TUC, Women Workers 1966, pp.41-46. この戦闘的な組合員たちは、所属組合内部でのランク・アンド・ファイルの支持者の増大に力づけられたものである。S. Lewenhak, op.cit., p.283.

10) 所得政策をめぐる 1960 年代後半の労働党政府と TUC および傘下組合との関係については、熊沢誠『国家のなかの国家』(日本評論社、1976 年)、第 4 章を参照せよ。

11) TUC, Annual Report 1968, pp.179-180.

12) Cf. TUC, Women Workers 1969, pp.79-95, TUC, Annual Report 1968, p.455.

13) TUC, Annual Report 1968, pp.453-458.

14) TUC, TUC Conference on Equal Pay, 1973, p.1.

15) Ibid., p.4.

4 フォード女子労働者のストライキ

1

イギリスの自動車産業では、二大企業が独占的地位を占めている。ブリティシュ・レーランド自動車会社と、アメリカ資本のフォード自動車会社である。イギリスのフォードは、当時 4 万 2000 の労働者(約 900 人が女子)を雇用し、うち 2 万 2000 人がイングランド東南のエセックス州のダゲナム、1 万 1000 人がランカシャーのヘイルウッドで働いていた[1]。187 名の女子労働者の 3 週間にわたるストは、このダゲナムのリバー工場^{プラント}で発生した。その経過は次の通りであった。

1968年6月7日、ダゲナムのリバー工場（プラント）のシートカバーの女子ミシン工187名は、職務をグレードBからCへ格上げすること（その結果として5ペンスの賃上げ）を要求して、性差別反対のプラカードを掲げて非公認ストライキに入った（ザ・タイムズ、6月19日）。このストに先立って女子労働者は5月27日から残業を中止し、29日、1日ストを行った。フォードのミシン工の所属組合は、TGWU（全国一般運輸組合）、AEF（合同機械工、鋳造工組合）、GMWU（全国一般都市組合）、およびNUVB（全国車輌組立組合）の4組合である。ダゲナムではミシン工の大部分はNUVBに属し、TGWUは35名、ヘイルウッドでは大部分がTGWUに属し、AEFは、ダゲナムに6名、ヘイルウッドにほぼ同数の組合員がいた[2]。

この時、折しもNUVBの年次政策会議が開かれていたが、ストライカーは旗をもって代議員に陳情して会議場に乱入し、この会議に女子代表のいないことを非難、会議は、緊急動議でストを支持した[3]。

6月11日、AEFは、同一格付け、同一賃金要求として、13日、NUVBは、同一格付け要求としてこのストを公認するに伴い、ストは同一賃金ストの様相をおびてきた[4]。新聞は連日これを報道したが、このストを、1967年の格付け苦情処理手続協定違反とみて、その要求を認めることがフォードの全賃金構造と労使関係を危機に陥れると考える会社側と、事実調査委員会の設立をストライカーに勧告して拒否されたフォードNJNC（全国共同交渉委員会、フォード労働者の所属する20組合の公式代表より成る）との間で、自主解決の努力が成功しないまま、18日、ダゲナムの労働者5000人がレイオフされた。そののち、さらに4000人がレイオフされた。

17日、ヘイルウッドの女子ミシン工他190名が同情ストに入った。19日、ストの影響を重大視したバーバラ・カースル雇用・生産性相は争議に介入し、スキャンプ卿を長とする調査委員会（Court of Inquiry）を設置した。

ストライカーたちは、NUVBのロンドン支部に、婦人の性差別討論集会の開催を要請し、労働党議員で婦人解放論者のサマースキル夫人と、J・バトラー夫人を招くことを要望した（ザ・タイムズ、6月21日）。

22日、雇用・生産性相は、ストライキのリーダーたちを招き、ストが輸出の損失、失業を惹起させることにより、イギリスを危機に陥れるという理

由でスト中止を要望した（ザ・タイムズ、6月24日）。

　ストに伴うフォードの損失は、1日50万ポンド以上になると推定され（ザ・タイムズ、6月27日）、25日、会社は女子の同一賃金を討議する用意があることを表明（ザ・タイムズ、6月27日）した。フォードの重役は、カースル女史に助力を求め、ストが全フォード工場の閉鎖、4万人の職を脅かしているとのべてウイルスン首相、ベン技術相にも早期解決を訴えた（ザ・タイムズ、6月28日）。

　28日、雇用・生産性相は組合代表、ストライカー代表をよんで、スト中止を要望、ストは中止され、7月1日から仕事は再開されることになった[5]。

　7月9日、1時間7ペンス、7％の賃上げ、912名の全女子労働者に対し男子賃率の92％の提案を女子ミシン工はうけ入れた。残り8％の格差は、女子が工場法により、残業、夜勤を制限されていることに基づくものとされた[6]。

2

　以上が経過であるが、事の起こりは、職務の格付けにおける女子への差別——と女子労働者は考えた——問題に端を発し、途中から同一賃金要求が出され、当面、同一賃金争議として決着をみた[7]。発端となった格付け再検討の問題はのち漸く1974年になって、300人の女子のうち12人がグレードCとして格付けされる形で解決されたのである。

　ところでこの争議の原因は、1967年の賃金改訂交渉にさかのぼる。67年は、フォードにとって1つの曲り角にさしかかった時期であった。イギリスの工場では大規模な投資が計画され、フォード会社はその投資への利益を求めていた。会社は、生産性の増大と切れ目のない生産の保証を望んでいた。この2つの目的の達成が67年の賃金交渉の狙いであり、これは相矛盾するものであることを示したのが、この女子ミシン工を含む68年の一連のフォードにおけるストライキであった[8]。

　1967年、フォードは、前記目的をもって経営コンサルタントを使って、組合と協議の上で、責任、技能、疲労度など28の評価要素による職務分析に基づく職務評価計画により、あらゆる職務を5つの等級に序列づける賃金等級制を導入し、7月、フォードNJNCとの間に5等級制と計測日給制（mea-

表 1.15　等級と賃率（1967 年協定）

（シリング、ペンス）

等級 (grade)	基本賃率		12 ヶ月後		2 年後		4 年後	
	男子	女子	男子	女子	男子	女子	男子	女子
E	S　　d 10/9½		11/1½		11/5½		11/9½	
D	9/9½		10/1½		10/5½		10/9½	
C	9/3½	7/10½	9/7½	8/2½	9/11½	8/6½	10/3½	8/10½
B	8/9½	7/5½	9/1½	7/9½	9/5½	8/1½	9/9½	8/5½
A	7/6½	6/8½	7/10½	7/0½	8/2½	7/4½	8/6½	7/8½

出所：H. Beynon, Working for Ford, 1973, p.161.

sured day work）に基づく時間給に関する協定を結んだ。従来、職務は、熟練、半熟練、不熟練（以上男子のみ）、女子の４つのグレードに分類され、各グレードには１つの基本時間賃率があり、それに加え、功労給と、異常な労働条件の職務には「条件手当」が支払われた。女子の賃率は、不熟練男子の 92％、半熟練工の 80％であった。これに対し新しい賃金制度では、全職務は下から ABCDE の５つのグレードに格付けされ、業績給、条件手当は廃止され、勤続年数に基づく付加給にとって代わられた[9]。新しい賃金構造は表 1.15 のとおりである。この制度はグレードの D・E が旧熟練工に相当し、女子には該当者はなく、女子は半熟練の C 以下に格付けされ、ミシン工は、C の２人を除いてすべて B に格付けされ、同じ B の男子の賃率の 85％とされた。フォードの生産工程の労働者３万 8000 人中、男子はグレード C に9000 人、４人に１人がなっているのに対し、女子は 850 人中２人だけで、400 対１の割合であった[10]。

　かねてより女子ミシン工は自分と類似の他の職務、すなわち C に格付けされた皮革裁断工（男子）との比較上この格付けに不満で、会社側にショッ

プ・スチュワードを通して格付けの再検討、Cへの格上げを要求していた。この要求は拒否されたが、それに納得せず要求しつづけていた。しかし組合が、真剣に女子労働者の要求をとりあげて交渉を続行せず問題が一向に進展しないのに業をにやして、女子職場委員をリーダーに1967年の格付け苦情処理手続協定を無視して非公認ストに打って出たのである[11]。

この新しい等級制へのフォード労働者の批判は、苦情処理機構に殺到し、やがて残業拒否、サボタージュ、非公認ストとしてあふれ、1968年には、ヘイルウッドだけで14万工程失われたといわれた[12]。ダゲナム、ヘイルウッドのミシン工のストはこの一連の山猫ストの1つにすぎなかった。

調査委員会の報告によれば、まず、ストの争点について組合間に対立があった。ストを公認したAEFは、争点は、同一格付け、同一賃金の2つだと主張したのに対し、NUVBと委員会に出席したミシン工は格付け問題であるとのべた。TGWUには争点が何かについて混乱があり、ヘイルウッドのミシン工の間では格付けの問題はこれまで公式には提起されていないと表明。GMWUは、所属するダゲナムのミシン工35名の代表の職場委員を置いていない上に、格付けについての苦情は知っていたが、6月13日までは組合員がストに参加していることも知らなかったとのべており、組合の間に意見の相違がみられた[13]。共通していることはどの組合も、ミシン工の格付け問題についての不満がそれほど根強いものであったことを理解していなかったことである。とくにNUVBの全国役員は職務の格上げを会社に要求したがそれが拒否されると、それ以上の手段を追求せず、ダゲナムの職場委員がその後格付け問題を5ヶ月間もひきつづき追求していることを知らなかったといわれる。委員会は調査の結果、同一賃金要求はスト発生1週間後の13日にはじめてAEFにより提起されたとして、ストの最初の争点は格付け問題であると断定して[14]会社側の見方を支持した。さらにミシン工たちの苦情──職務評価要素に差別的取扱いがある──を根拠がないと退け、彼女たちはストに入るまで正当な手続きをとらなかったこと、とくに同一賃金ストとして公認したAEFの手続違反を厳しく批判した。結論として委員会はミシン工が評価点が低すぎると考えている5つの評価要素の再検討をするため、労使同数の共同委員会の設置と、皮革裁断工のグレードの異常について検討

することを勧告した[15]。

　女子労働者たちは、スキャンプ報告を時間の浪費だと非難し、問題の解決まで残業を中止したといわれる[16]（しかし何故そう考えたのかは不明である）。

　調査委員会は、争点を終始一貫格付け問題として処理しているが、発端は、格付け問題だとしても、途中から何故同一賃金の問題も争点となり、結果として、賃上げによる賃金格差の縮小がスト解除の条件となりえたのか、その事情を明らかにする努力を払っていない。この点が調査の最大の欠陥である。ストの争点が1つなのか2つなのか、いずれなのかについては、タイムズ紙も、ストの経過を報道する中で争点を何とみるかでとまどいがみられたが、結果的には、格付け、同一賃金の2つが争点となり、同一賃金問題が当面のスト解決の条件となり、格付け問題は、1974年までくすぶったとみるのが妥当であろう。報告の中で同一賃金が争点としてでてくる背景を不十分ながら説明している唯一のものは、AEFの陳述である。それによれば、67年の賃金改訂の際、組合側は男女同一賃金を要求した。それに対し会社は、女子が昼間だけでなく全シフトに従事するとの条件付きで同じグレードの男子の90％を提案した。AEFは、同等労働は同一賃金でなければ駄目だという理由で拒否し、結果として85％で妥結した。しかしAEFは、この妥結の仕方を急ぎすぎた結果の誤りだと自己批判し、この時、ミシン工たちは会社レベルと全国レベルでの代表の交渉では現状は改善されないと悟ったから、ストをしたのであり、AEFは、格付け問題を手続きにそって処理できるが、同一賃金という原則問題にはドラスティックな行動が必要だと考えて苦情処理手続きを無視してストを公認したと主張した。この主張では、最初から格付け問題だけでなく同一賃金問題も底流にあったにせよ、何故に同一賃金の問題が争点となって表面化してきたのか全く不明で、調査委員会も、そのことを明らかにする努力を少しも払っていない。しかしAEFの申立ては、女子労働者のストに至る心情を次のように推測した。すなわち女子は長年、男子と同じ配慮をうけてきていないことに不満を感じており、一般的に賃金裁定で女子は、大多数の男子よりも低い額しかうけとってこなかったにもかかわらず、すべての職務で女子は男子と同じ標準仕事量を達成してきた。そこで職務評価計画が実施されると聞き、それが客観的なものであろうからこの種

の差別が廃止されると考えてこれを歓迎した。しかしその結果、ミシン工が入職テストを必要とする唯一の生産労働者であるにもかかわらず、新賃金制度でも彼女らの技能が認められなかったことに失望したと[17]。

3

この争議は、2つの側面をもっている。1つは、このストもまた1965〜68年のドノバン委員会が調査目的とした1960年代イギリスの労働不安の諸兆候の1つ——職場委員（ショップ・スチュワード）をリーダーとする生産性協定をめぐる組合執行部に対する職場の叛乱——非公認ストである点、他のストと共通点をもつことである[18]。第2は、このストが、その後の労働不安の新たな火種としての女子労働者の同一賃金要求の存在と、女子労働者の長年の不満への目覚めの告知であったことである。すなわちこれは、ランク・アンド・ファイルの女子労働者が労働条件に関して男子と同等の権利を求める最初の狼火としての実力行使という画期的な側面をもつ（ミシン工は最もありふれた女子の職種である）。このストは、67年後半にイギリスにも出現した婦人解放運動がスタートしたすぐあとに起きたのであるが[19]、この影響をうけたことも、大いに考えられるであろう。

このストライキは次の2つのことを明らかにした。第1に、女子にとっての同一賃金要求は、その交渉を男子の組合役員に任せていてはらちがあかないこと、女性自身が男子の支援を得て、主体的に闘わねば獲得できないことである。すでに明らかにしたように、TUC・GCは傘下組合に、労使の自主交渉を通して同一賃金を獲得するよう働きかけ、また1960年以来、大会では幾度も同一賃金要求の決議がすでに成立していたのである。またAEFは、組合中、早くから同一賃金獲得に熱心な存在であったはずである。しかるに、現実の交渉では男子の賃上げに比べて女子労働者のこの要求実現には熱意が欠けていたことを示している。そのことは、フォードでは67年の賃金協定の妥結以来、AEFが同一賃金問題を提起したことがないという会社の指摘する事実に明らかである。同じことは68年のフォードのストと並行して、64年以後初めて行われた機械産業の賃金改定交渉の妥結の仕方にも看取される。68年にAEFの中央委員会がまとめた4項目の要求には同一労働同一

賃金の承認と、それへの前進が掲げられていた。男子の賃上げ要求には十分に譲歩した雇主側は、最後に残された女子の賃金については、67年の格差、91％から逆に86％へと下がる、いわば同一賃金要求を後退させるような提案から一歩もゆずらなかった。この提案は結局、唯一の女性交渉委員であったGMWU代表M・ヴュイチ女史が憤慨する中で組合によりうけ入れられたのである[20]。同女史は、翌69年のTUC大会で、近年の団体交渉にみられる危険な兆候として、最低収入水準について協定が行われ、組合が男女別々の水準を協定していること（女子は男子の75％）に注意を促したが[21]、男性によって行われる交渉では、依然として女子は二次的に取扱われてきていることをこれらは示している。

　第2にこのストは、女子の賃金格差が、女子の職務に対する職務評価における性差別と、男子と同一格付けの職務における性差別（格差）の二重の差別に基づいており、女子の低賃金は同一職務での同一賃金を獲得するだけではなく、職務評価における性差別をも除去しなければならぬということ——このことはのちに「同一賃金法」施行の中で問題となって出てきた——を先駆的に示した。

　フォード女子労働者のストは、結局9000人の労働者をレイ・オフさせ、イギリス経済に大きな影響力をもつ基幹産業の大企業のストとして社会的に大きな影響を及ぼした点からいって、また同一賃金、性差別問題をイギリス社会に大きく訴え、その後の運動に刺激を与えた点で[22]、同一賃金運動史上、1つの里程標となった。
<small>マイルズ・ストン</small>

　この争議は、同一賃金獲得運動の上で2つの新たな動きをつくりだした。1つは議会に同一賃金についての関心をよびおこし、雇用・生産性相から、同一賃金実施のタイムテーブルを討議するための労使双方との会議の提案をひきだして、政府に同一賃金問題についての具体的な政策実施日程を迫ったことである。やがて、7月23日、4人の労働党議員により同一賃金の3年以内の実施を求める法案Equal Pay Billと、同じく労働党議員J・バトラー夫人による、賃金を含むあらゆる形態の差別の廃止を目的とする反差別法案の提出によって、政府は一層の具体化を迫られることになった[23]。

　いま1つの動きは、議会の外で、労働組合と労働党との合同の同一賃金獲

第1章　「同一賃金法」の成立と問題点　　49

得運動が展開されたことである。すなわち、Labour National Joint Action Campaign Committee for Women's Equal Rights の結成がそれで、下院での同一賃金大会開催を求めた NUVB のロンドン地区委員会の要求に対して設立され、フォード・ストの直接の産物となった。トラファルガー広場でのこの運動の集会で労働党議員サマースキル女史は、同一賃金に対して組合の支持のないことを非難した。この委員会の憲章は、TUC の 1963 年の婦人労働憲章よりも広汎で、性差別の終焉と、婦人のための平等な法的権利の 69 年までの実現を要求し、TUC に対し、68 年大会の決議に沿って、同一賃金、機会均等を目的とする全国合同運動を指導、協力することを要請した[24]。69 年 5 月には、1000 人以上がデモ行進し、議会が上程中の同一賃金法案を制定するよう要求したのである[25]。

　1969 年の TUC 婦人大会では、同一賃金が最も中心的議題であった。論議はもはや十分尽された、肝心なのは戦闘的行動であると叫ばれ、女子組合員の同一賃金獲得に男子が協力して成功した事例が紹介された[26]。

　ウイルスン首相が出席して TUC の政府への支持を求める演説をした同年の TUC 大会では、イギリス最大の組合の 1 つである TGWU の書記長で、AEU のスキャンロンと並んで左翼のリーダーである F・カズンズは、自ら、同一賃金の即時実施と、労働運動がこの目的を緊急なものとして追求することを求める動議を出した。趣旨説明の中で、彼は、今なお婦人の賃率を男子との百分比で論じている組合を非難し、同一職務同一賃金ではなく、全雇用者のための同一価値労働同一賃金を要求した[27]。他の組合のリーダーたちの支持を得た大組合のこの叛乱は、それまで婦人の運動がなしえなかったこと、つまり政府を動揺させ[28]、同一賃金の立法化にふみきらせたものと思われる。

　9 月 10 日 TUC 大会に出席したカースル雇用・生産性相は、同一賃金への真の回答は、女子賃率を撤廃し、価値により仕事を測り、職務評価の下で同一職務同一賃金をはかることである[29]とのべ、法案への構想の一端を示したに止ったが、20 日後の 9 月 29 日の労働党年次大会では、団体交渉だけでは同一賃金は達成できぬこと、政府は次の国会で同一賃金法案を上程することにきめたと発表し、これにより ILO100 号条約が批准できるとのべた[30]。このことは、大組合が政府の同一賃金政策を批判した TUC 大会後にこの決

断がなされたことを推測させるものである。

　政府は、その後、CBI、TUC との意見調整をはかった後、法案を 1970 年
1 月 23 日、下院に上程し、法案は 5 月 29 日に成立した。

　成立後の総選挙で再び保守党が政権に返り咲いたが、1971 年、イギリス
は長年の懸案であった ILO100 号条約を批准し、また「同一賃金法」の成立
により EEC 加盟の条件も整えることができた。「同一賃金法」を成立せしめ
た要因の第 1 は、国内的には何といっても女子労働者を中心とする労働運動
の力であることは言うまでもない。それと同時に 1960 年代に二度の EEC 加
盟交渉に失敗したイギリス政府が、加盟を必然的に義務付ける同一賃金原則
の実施を求めるローマ条約によって、つねに外部から実現への刺激を与えら
れていたことも忘れてはなるまい。

---

1)　　この数値は 1968 年のストの時点での労働者数である。Report of the Court of Inqui-
　　ry under Sir Jack Scamp into a dispute concerning sewing machinist employed by
　　the Ford Motor Company Limited, cmnd.3749, Aug. 1968（以下、Report）, para.7.

2)　　Report, para.9.

3)　　S. Lewenhak, op.cit., pp.284-285.

4)　　Report, pp.20-21.

5)6)　Ibid., para.36.

7)　　Cf. S. Lewenhak, op.cit., pp.284-285. NUVB は会社側が評価要素の各々に与えるウ
　　エイトと職務評価点を公表しなかったことを批判した。Report, para.44.

8)　　Huw Beynon, Working for Ford, 1973, p.163.

9)　　Ibid., pp.159-178. および Report, paras.12-15. この計測日給のもつメリット、デメ
　　リットについては、Cf. Robert B. McKersie, Changing wage payment systems: Royal
　　Commission on Trade Unions and Employers Associations, Research Paper II,
　　paras.97-106.

10)　Report, para.51.

11)　H. Beynon, op.cit., pp.160, 167. この争議についてはこの著書が最も詳しい。

12)　1968 年のフォードでの生産性交渉をめぐる労働者の闘争についてはベイノンの著
　　書および熊沢、前掲書、第 7 章をみよ。

13)　Report, paras.44-58, 151.

14)　Ibid., para.181.

15)　Ibid., para.191.

16)　N. C. Soldon, op.cit., p.178.

17) Report, paras.49-50.

18) ドノバン委員会の報告内容とその背景については、高橋克嘉「イギリス労使関係法の成立過程（1964～1971）」（『国学院経済学』23巻1号・1974年12月、23巻2号・1975年2月、24巻1号・1976年2月、24巻3号・1976年7月、25巻1号・1976年12月）をみよ。

19) N. C. Soldon, op.cit., p.178. イギリスの婦人解放運動の発展は学生の間での大衆運動の発展と一致していたといわれ、「婦人解放運動」の初期のグループは学生運動の活動家の婦人によってロンドンで結成されたといわれる。この運動の第1回全国婦人大会がオックスフォードで開かれたのは1970年2月～3月のことで、それは同一賃金を含む4つの要求をかかげていた。Cf. J. Hunt, Women and Liberation, *Marxism Today*, Nov. 1975, pp.327-328.

20) 高橋、前掲論文、26巻1号、1978年2月、13頁、17頁参照。

21) TUC, Annual Report 1969, p.510.

22) CBIは、このストライキの成功が、同一賃金実施のスピード・アップを求める地方の要求をよびおこすことを懸念した（ザ・タイムズ、7月2日）が、その後ロンドンでも公衆便所清掃人が同一賃金を求めてストを行い、TUCの介入を招いているし、1970年にはリーズの衣服労働者が男女同一額の賃上げに固執し、やがてストは3万人にふくれ上り、成功した。この懸念は杞憂ではなかった。S. Lewenhak, op.cit., pp.286-289.

23) Cf. TUC, Women Workers 1969, p.45. この2法案は第2読会にまで至らなかった。

24) S. Lewenhak, op.cit., p.286.

25) N. C. Soldon, op.cit., p.179.

26) 婦人大会の同一賃金に関する決議の主な点は次の通り。
   （1）政府は、ILO100号条約を批准し、同一職務同一賃金実現を早めることを保証するための積極的政策を実施すべきである。
   （2）組合は同一賃金を賃金交渉の第1順位とし優先的に扱うこと。
   （3）婦人のための賃金要求は特別の事例として扱い、価格所得政策の制約から免除すべきで、男子より女子へより大きな額の賃金引上げを行う組合を歓迎する。
   （4）同一賃金実施は広汎な職務評価を必要とする。これは「婦人の仕事」の領域を除くのに役立つ。
   （5）婦人を組合に加入させるため一層の活動が必要とされる。
      1970年の婦人大会の報告書は、69年の同一賃金要求活動をTUC婦人大会発足以来、最も激しかったと総括している。TUC, Women Workers 1970, p.505.

27) TUC, Annual Peport 1969, p.505.

28) S. Lewenhak, op.cit., p.287.

29) TUC, Annual Report 1969, p.505.

30) Labour Party, Annual Report 1969, pp.196-197.

5 「同一賃金法」をめぐる2つの問題
──労働保護法と全国最低賃金制

1

「同一賃金法」の成立に関連してわれわれが検討すべき問題は2つある。1つは、女子労働者が賃金について男子との平等を求めるに際し、他の雇用条件に関する男子との平等（＝女子の保護規定の廃止）の問題にどのように対処したかという問題である。この場合、女子労働の保護は（1）母性としての保護（妊娠、出産についての特別保護）と、（2）女子労働一般についての保護（日曜労働、夜業禁止、残業など就業時間規制など）の2つに分けられる。このうち、（1）の母性保護の必要については一般に異論がなく、世界の趨勢として、この種の保護は強化される傾向にある。ここで問題となってくるのは第2のタイプの保護規定である。女子労働者は、賃金を含む雇用条件の範囲をこえて、広い分野での性差別を禁止した1975年の性差別禁止法との関連では、一層この問題の検討を迫られることになった。

第2は、最低賃金制（最賃制）との関係である。「同一賃金法」の実施はただ単に「平等」な賃金の実現のための方策であるだけではなく、婦人の低賃金問題の解決の一手段でもある。従来の賃金審議会方式が限界に当面している現状では、低賃金解決の手段としては、同一賃金と同時に他に全国一律最賃制が公務員組合によってくり返し主張されてきた[1]。同一賃金を実現するにあたり、この全国一律最賃制の問題が政府やTUCによりどう扱われたかという問題である。婦人の低賃金問題は、低賃金部門＝「婦人の職務」への集中と、同一職務における男子との賃金格差の問題の二重構造の上に成立している。賃金格差是正の一方式（同一賃金方式）は、低賃金問題の一部分の解決策でしかない。抜本的方法としては、採用、教育、職業訓練の機会均等による裏付けによって高賃金職種の女子への門戸開放を確保するとともに、全国一律最低賃金制の実施による賃金水準の底上げが、同一賃金の実施とともに必要である。

比較的高賃金職種の女子の労働者、もしくは男子と同一職種・類似職種の女子労働者しか恩恵をうけない「同一賃金法」よりも、全国一律最低賃金制の方がより多くの女子労働者の賃金引上げに役立つのではないか、という議

第1章 「同一賃金法」の成立と問題点 53

論が発生する。この 2 つの方策は、本来低賃金解決策としては二者択一の問題ではなく相互に補充しあうものであるが、限られた財源を前提としてその効果を問題とする時、いずれを優先すべきかという選択の問題が生じる。「同一賃金法」をとりあげる前にこの 2 つの問題についてイギリスでの処理のされ方を検討する必要があろう。

2

1969 年 4 月の TUC 婦人大会は、「同一賃金法」の実現を目前にして、これをめぐる討議が最も活発であった。その際、改めて問題となったのは女子の就業時間の制限、夜勤交代制禁止など工場法の保護規定と同一賃金実施を取引きすべきか否かの問題であった。CBI や年長の「婦人の権利」グループは、生産性の増進、反家父長主義を理由に夜業禁止立法の廃止に賛成であるといわれ、他方 TUC や社会主義婦人解放グループは、保護立法を健康と安全の観点から支持した[2]。

イギリス女子労働者の夜業禁止の歴史は、1844 年からはじまって 1961 年の工場法にまで至っている。この保護規定を扱った 1961 年工場法第 6 部「婦人・若年労働者の雇用」の内容は、主として次のようなものであった。(1) 女子の最高労働時間は 1 日 9 時間、週 48 時間、(2) 就業時間は午前 7 時〜午後 8 時（土曜は午後 1 時まで）、(3) 30 分の休憩なしに 4 時間半以上の継続労働の禁止（10 分の休憩を含むときには 5 時間まで可）、(4) 日曜労働の禁止、(5) 交代制は朝 6 時から午後 10 時まで、土曜は午後 2 時までで、各交代は 8 時間をこえぬこととし、工場監督官の許可と当該労働者の投票による賛成を条件とする、(6) 重量物運搬、亜鉛・鉛に関係した作業、その他の危険有害業務における就業禁止、(7) 超過労働については 1 日の労働時間は 10 時間をこえぬこと、1 週 6 時間以上、1 年 100 時間以上の超過労働の禁止[3]。

しかしオフィス、鉄道構内、病院、農場など時間制限立法の対象外とされた多くの職場があり、また筋肉労働に通常従事していない経営側の責任あるポストに就いている婦人も適用除外とされた。工場法の対象となる婦人についても、毎年雇用相の出す「特別免除命令」によって適用免除が認められた。大臣は「産業または運輸上の能率の維持、増大を目的として、そうすること

が公共の利益のため望ましい場合」に特別免除命令を出す権限を有した[4]。表1.16に示されているように、1966～77年の12年間をとってみると、(1)免除命令の内容の比重が労働時間の延長、二交代制から夜業交代制、日曜労働へと移りつつあること、(2)それと同時に特別免除労働者の数が2倍以上に増加していることが判明する。つまり、保護の中で最も核心的な夜業、休日労働の禁止が形骸化しつつある傾向が示されている。工場法の規制対象女子労働者は、全女子労働者の25％にすぎない上に（Hans. Parl. Debates, vol.795, col.977）、さらにその中には特別免除労働者が増加しつつ存在することが、保護規定の維持を困難にする1つの事情であった。ところで、同一賃金の実現と、女子労働の保護規定を取引きすべきか否かの問題の発生は、すでに1944年にさかのぼる。44年の王立同一賃金問題委員会での証言において、郵便局女子労働者は、同一賃金の見返りに、新入者は夜勤を喜んで行うとのべたのである[5]。しかし、この平等と保護の問題がTUC婦人大会で本格的に論議の的となるのは、1960年代に入ってからのことである。

すなわち、新たに再編される工場法の保護規定をめぐって1961年婦人大会で、この点の見解の対立が表面化した。IRSA（内国関税職員組合）のD・ジャクスン夫人は、自分の組合は、婦人が労働時間や、子供のための保育施設などの点で特別の施設を要求するのなら同一賃金は要求できない、と主張した。その理由として、もし労働時間を家庭に合わせたら、産業上の混乱がおこることをあげた[6]。

この時点でのNWAC（全国婦人諮問委員会）の見解は、次のようなものであった。すなわち、保護立法は健康と福祉に最低限矛盾しないものに限定して維持されるべきであり、保護法を過大に求めることは、女性への差別をつくりだし、存続させるものである、と。これに対置される見解は、1965年のTUC婦人大会で書記のチプチェイス女史が紹介したスウェーデンの考え方である。スウェーデンでは、同一賃金実施政策の一部として、医学、運輸サービスを除き女子の夜業禁止立法は、全労働者の夜業禁止立法に代替、拡大された[7]。

1960年代の機械化やオートメーションの発展の結果、伝統的な婦人の仕事が24時間操業になるような状況の中で、印刷業の諸組合は、女子夜業制

表 1.16　特別免除命令の対象女子労働者数（18 才以上）[1]と、
その就業タイプ別の比率の変化

(毎年 6 月)

	労働時間延長	二交代制	長継続労働	夜業交代制	パートタイム労働	土曜午後労働	日曜労働	雑	合計[2]
1966	23,612	29,028	7,987	7,856	11,532	1,317	8,258	4,574	94,164
(%)	(25.1)	(30.8)	(8.5)	(8.3)	(12.3)	(1.4)	(8.8)	(4.9)	(100)
1967	21,797	29,980	7,223	9,471	13,725	2,129	10,654	5,441	100,690
(%)	(21.7)	(29.8)	(7.2)	(9.7)	(13.6)	(2.1)	(10.6)	(5.4)	(100)
1968	24,237	34,522	9,564	8,644	15,844	3,336	12,848	4,998	113,993
(%)	(21.3)	(30.3)	(8.4)	(7.6)	(13.9)	(2.9)	(11.3)	(4.4)	(100)
1969	23,497	38,240	8,800	12,988	17,812	3,744	18,480	5,500	129,061
(%)	(18.2)	(29.6)	(6.8)	(10.1)	(13.8)	(2.9)	(14.3)	(4.3)	(100)
1970	28,536	39,848	8,401	20,063	20,663	5,796	26,177	3,190	152,674
(%)	(18.7)	(26.1)	(5.5)	(13.1)	(13.5)	(3.8)	(17.2)	(2.1)	(100)
1971	29,015	37,601	8,935	21,471	18,052	6,588	26,589	3,321	151,590
(%)	(19.1)	(24.8)	(5.9)	(14.2)	(11.9)	(4.5)	(17.5)	(2.2)	(100)
1972	27,655	37,495	10,030	23,652	19,997	7,314	28,393	3,628	158,164
(%)	(17.5)	(23.7)	(6.3)	(14.9)	(12.6)	(4.6)	(17.9)	(2.3)	(100)
1973	28,266	44,648	9,952	27,085	21,090	8,997	35,540	4,420	179,998
(%)	(15.7)	(24.8)	(5.5)	(15.1)	(11.7)	(5.0)	(19.7)	(2.5)	(100)
1974	31,845	46,649	10,415	41,855	22,918	7,501	42,177	4,509	207,869
(%)	(15.3)	(22.4)	(5.0)	(20.1)	(11.0)	(3.6)	(20.3)	(2.2)	(100)
1975	27,721	42,891	13,270	48,933	20,842	6,854	48,057	3,960	212,528
(%)	(13.0)	(20.2)	(6.2)	(23.0)	(9.8)	(3.2)	(22.6)	(1.9)	(100)
1976	24,234	42,860	10,304	47,145	20,995	4,591	44,449	3,967	198,045
(%)	(12.2)	(21.4)	(5.2)	(23.8)	(10.6)	(2.3)	(22.4)	(2.0)	(100)
1977	21,285	42,529	10,327	52,902	16,785	7,675	47,961	6,660	206,214
(%)	(10.3)	(20.6)	(5.0)	(25.7)	(8.1)	(3.7)	(23.3)	(3.2)	(100)

出所：M. L. Gazette, E. & P. Gazette, D. E. Gazette 各年より作成。
(1) 特別免除命令の対象者は、18 才以上の女子以外に、16 ～ 17 才の少年・少女も該当者として存在するが、ここではその人数は除外した。その総数は、1966 年の約 1 万 2000 人から、最高は 1974 年の約 1 万 7000 人である。なお比率の合計は 100%とはならぬ場合もある。
(2) 合計人数は、雇用主による申請時の人数で、実際の人数はこの命令の有効期間中変化することもあり得る。

限の主たる反対者であった。1966年の婦人大会では、これらの組合は、（1）夜業が純粋に自発的なもので、（2）福利施設が通常の昼間労働に対するものと同様であり、（3）夜業の女子の賃金が男子のそれより不利でない、という条件で夜勤交代制への反対をすべてやめるという決議案を出し、他の組合の反対をよび、論争をひき起こした。印刷業では、技術革新に伴い、高価な機械が据付けられ、24時間操業、三交代制を必要とすること、イギリスが外国との競争に勝つためには夜業はうけ入れるべきで、夜業が禁止されれば女子は失業するという事情が説明された。この決議案は、NWACにより、反対ではないがTUCの方針が未確定であるとの理由でNWACに付託するよう求められた[8]。

　婦人大会でこのような論議が生じている時、政府・産業界側でも同様な論議が行われていた。1966年5月に、1961年の工場法第6部の雇用条項と婦人、若年労働者の雇用を対象とする関連立法が、現代の状況にとって適切か否かを検討するNJAC（全国合同諮問委員会）の作業班が設置され、CBI、国有化産業、労働省、TUCの各代表により構成された。この再検討は、婦人、若年労働者（とくに婦人）の雇用に対する現行規制と、特別免除命令を入手することが困難な事情から、交代制労働の導入が阻止されているとのCBIの苦情に基づいて着手されたものである。この背景には、完全雇用の中で低賃金労働として利用価値の高い女子労働を有効に活用することで、生産性向上とコスト低下によるイギリスの国際競争力の回復＝ポンド危機の解消に躍起となっているイギリス資本主義の経済事情があった。TUCは、女子の雇用への制限をはずすことには反対であった。それは雇主に低賃金労働として女子労働を利用させるだけだという理由に基づく。しかし、女子の賃金と就業の機会が男子と平等になった時には、これらの諸規制を再検討するという立場に立っていた[9]。しかし、その再検討がどういう方向での再検討かについては、この時点では、まだ明白ではなかった。そこで68年の同一賃金に関するCBI、雇用・生産性省、TUC三者の作業部会では、TUCは女子の夜業制限廃止は認めず、全労働者の夜業労働条件の改善と、女子はすでに権利を得ている、4時間半労働後の休息の権利の男子への拡張に努力を傾注した。つまり、夜業制限維持の基本的態度は持続されたが、熱意はあまりなかった。

事実、69年のTUC婦人大会では、合同織物工組合は当面のGCの夜業制限禁止策を支持する動議を出し成立させたが、NWACの書記チブチェイス女史は、NWACの見解を明らかにし、平等はあくまでも平等であって、同一賃金を要求しながら、女子の夜業制限を維持するのは女子の長期的利益にはならぬとのべて、同一賃金実現の暁には、保護規定を改めて撤廃する方向で検討することを示唆したのである[10]。

一方NJACの作業班は、1968年4月報告書をNJACに提出し、69年3月、TUC婦人大会の最中に発表した。他方、大会直後の4月、雇用・生産性省は、広汎な組織にあてて将来の女子・若年労働者の労働時間制限に関する自省の試見を要約した討議資料を配布した。それは、工場法だけでなく関連産業に働く男女の労働条件に影響を与える他の諸立法の修正をも含むものであった。同月6月、TUC・GCはこの措置に関して大臣に文書を送り、NJACに相談しない手続きと、提案の後向きの性格を批判した。雇用・生産性省は、女性の労働時間制限撤廃は、雇用や賃金での性差別の根拠の1つを除去し、生産性増大への障害の1つを除くものであると主張、若年労働者の雇用制限は教育、娯楽(リクリエーション)などに十分な余暇を保障する最低限なものに単純化するべきである、と専ら生産性向上という経済的観点を優先させた。

TUC・GC側は、この提案を一般的には認められぬと通告したが、保護規制撤廃に絶対的に反対の立場ではなかった。女子の夜勤は組合と労働者がこの変化をうけ入れる準備ができ、同一賃金が一般に適用されるまで同意しない、一定の条件の下で夜業する場合に労働者が夜業を望むかどうか自由な選択権をもつことが条件であること、すなわち条件付き賛成の立場を明らかにした[11]。

このようにTUCのリーダーたちは、将来、保護規定と同一賃金や差別禁止法との取引きに応じるとの姿勢を示したが、一般の女子労働者の反応は異なっていた。彼女たちは、夜勤をしないという理由で何故自分たちが同一労働を行う昼間勤務の男子よりも低い賃金をうけとらねばならないのか、理解できなかった。1969年初頭、フォードのダゲナム工場では、会社は、67年につづいて再び賃金一括交渉(パケージ・ディール)の一部として同一賃金と交換にミシン工の夜業制限廃止を提案し、フォード企業内の15組合のリーダーたちはミシン工

の勝利としてこれをうけ入れた。しかし翌日、女子組合員はこの交渉に反対し、くつがえした。彼女たちは、既得権を失わねばならぬ理由に納得しなかったのである[12]。

3

1970年の「同一賃金法」では、TUCはかねてからの声明のようにこの問題は取引きされず留保された。しかし、73年9月、保守党政府は来るべき議会で上程すると表明した性差別禁止法案での提案内容を明らかにした諮問文書「男女の機会均等」の中で、婦人の就業時間に関する1961年の工場法第6部および関連諸法規と、危険な機械での労働を扱った工場法の条項を撤廃する意図を表明した。それは先にのべたCBIの意向に沿うものであった。この文書は、性差別禁止の基本的な意図の上からは、TUC・GCにより歓迎されたが、いくつかの点で、とりわけ保護条項撤廃問題で、労働組合側の強い反対を被った。TUC・GCはこの文書へのコメントの中で、女子労働者に対する差別をとり除くことを意図する立法を、女子を保護する立法を修正するのに利用するのは適当でないとした。また、工場法第6部などのいかなる再検討も別個の問題として扱うべきで雇用上の差別を排除するための代償物として扱われるべきではないと主張して、差別撤廃と保護規定とを取引きしないとの従来の基本的方針を改めて明確にし、次の諸点を明らかにした。(1)既存の制限を手直ししたり、ゆるめることを考慮する場合には、個々の事業所の労働条件のいかなる変更も関連労働組合や女子労働者との相談や合意なしに行われてはならない。これはとくに女子の夜業禁止を解く場合に適用される。(2)この夜業禁止は、同一賃金が完全に実施され、労働者がこの根本的変化をうけ入れる用意が整うまでは除去されてはならない。(3)工場法第6部の諸規定のうちの一部——たとえば4時間半の継続労働後の休息の強制——は男子にも拡張されるべきである。(4)廃止が求められている工場法の第20条は、運転中の特定種類の機械やけがを引きおこしやすい(危険な)機械のいかなる部分をも婦人・若年労働者が掃除をするのを禁止している。GCはこの条項が廃止されるのではなく、あらゆる労働者に拡張されることを求める。すなわち、いかなる労働者も運転中の機械を掃除することは許さ

第1章 「同一賃金法」の成立と問題点 59

れてはならない。(5) 母性保護について、母性保護に関連する労働への女子の雇用制限を存続させようとする政府の見解には賛成である——たとえば放射線や亜鉛の工程——。しかし、新たな生産工程や技術変化から生じた物質で、胎児に危険を与える可能性のある他の物質があるかどうかを判断するために新しい調査が行われるよう提案する。(6) 地下労働への女子の就業を禁止した鉱山・石切場法の修正には、全国炭鉱労働者組合とともに反対である[13]。

　GC のこの保護規定に関するコメントは、1974 年の TUC 婦人大会において承認された。その大会では、GC の方針をさらに一歩進めて、(1) 保護規定の拡張と男女双方の労働条件の改善、(2) 若干の雇主に対し女子の夜業と残業を認めている現今の規定の廃止を要求する決議案が AUEW より出され、可決された。この決議案の討論の中で、外国との深刻な競争の中で二交代制か工場閉鎖かの選択を雇主から迫られ、二交代制による雇用を選択した合同繊維労働者組合の事例が紹介され、この組合では更に今や三交代制をうけ入れざるを得なくなっているなどの問題点が指摘された。大会での婦人労働保護規定（日曜労働、夜業、危険労働の禁止、労働時間の制限）維持の論旨は大体次のようなものであった。(1) 保護問題は性差別禁止法とは別に考え、安全、健康、福祉の観点から考えるべきであること、(2) 男子との平等を問題にする場合、労働条件の改悪の方向にではなく改善の方向で問題とすべきであり、従って従来の夜業、過度の残業、危険職務などからの女子の保護は男子へも拡張すべきである。(3) 男女が平等に家事を分担するまでは保護を維持すべきである。その理由は、家事や家族について男子や国家施設からより大きな援助がさしのべられるまで、保護規定の撤廃は差別を軽減する方向に働くのではなく、むしろ女子への負担過重となるからである[14]とされた。

　この見解のうち、とくに最後の点は婦人大会の中でも急進派に属する考えと思われるが、性別分業否定の思想に連なるものとして注目しておきたい。しかしながら、この大会の議論には、保護と平等が矛盾しない条件についての論議が不徹底であった点、1 つの欠陥をもっていた。男子への保護の拡張要求は、労働条件の改善の方向での男女の平等という見解に止まり、家事労働を男女が分担するまで女子労働の保護が必要という主張と直接の繋りがな

くのべられた。つまり、男子の意識の変革とは別に、この平等な家事労働分担を可能とする1条件としての男子への保護拡張（労働時間の短縮）、という主張が欠けていた。この欠陥を補う理論として、A・ワイズの『女性と労働者統制要求闘争』があげられる。

　ワイズは、家事労働の女子単独責任、女子労働者がもつ労働と家事責任の二重の職務という現実こそが、過半数の女子の低賃金や、低熟練職種への就業など、就業上の女子の不平等な地位をつくりだす原因と考え、家事労働の民主化（平等な分担）と社会化を男女の実質的平等獲得の不可欠の条件と考えた。そしてこの民主化を可能にする前提条件として、全労働者の労働時間の短縮、残業の阻止を挙げたのである。この総実労働時間の短縮が、男女を共同の稼ぎ手であると同時に共同の家事労働の担い手とし、さらに両性の地域の社会活動への参加をも可能にすると主張した。一方、家事労働の社会化、主として育児の社会化＝労働者の職務・自宅周辺での公立保育園の充実を求めた[15]。

　ところで、1974年9月の労働党政府の反差別法案についての政策白書「女性のための平等」は、TUC の要望に沿って母性保護の強化、保護規制の当面の保持、将来この規制についての機会均等委員会・安全衛生委員会による廃止の方向での再検討という方針を示した[16]。事実、母性保護の強化については、1975年の雇用保護法により、はじめて2年間の勤続を条件に6週間の有給出産休暇と出産後29週まで、同一企業、同一類似職種への復職が認められた[17]。

　やがて、労働党政府により1975年3月に上程された性差別禁止法案（Sex Discrimination Bill）の委員会審議段階で、保守党から保護条項除去の修正案が出され、可決された。政府は TUC・GC との会見後、委員会報告の段階でこの修正を延期し、代わりに性差別禁止法により設立予定の EOC（機会均等委員会）および安全衛生委員会（Health and Safety Commission）に対し、78年末までに、工場法第6部の保護諸規定についての検討と報告書の提出を義務づけたのである[18]。

　この問題についてわれわれは、平等と保護との取引きに反対し、健康な社会生活に必要な保護の全労働者への拡大を行ったスウェーデン方式を原則と

して支持し、労働時間の短縮と労働者の意識変革による家事労働の男女平等責任、安い保育所・クリーニング・食堂など家事労働の社会化による、保護と平等の矛盾の解消を主張するものである。最後に、参考意見として最も包括的にこの問題を検討して、EOC に意見書を提出した NCCL（National Conucil for Civil Liberties）の見解が現実的で、すぐれていると思われるので、それを紹介しておきたい。

　NCCL は、大部分の産業で 24 時間操業、交代労働が普及する中で、全女子労働者に交代制を禁止するのは非現実的であるが、まだ保護法を撤廃する時機が到来していないと考える理由を 5 つあげる。（1）夜勤は健康に有害で社会的に破壊的で、今までのところこれを否定する研究はない。（2）労働者は交代労働を喜んで選択していない。（3）親の仕事、家事が両性間に平等に負担される時機が到来していないため、女子は家事と労働をしなければならず、家事負担軽減のための安い施設（レストラン・クリーニング）を社会は提供していない。保護法について再検討する場合は、その子供への影響を考慮に入れるべきである。（4）婦人が交代労働から経済的利益を得る保証はない。交代労働の補償である高賃金を交渉する場合、未組織の女子労働者は男子より弱い立場にあり、しかもすでに「同一賃金法」により交代労働を行う男子と同一の賃金を要求できる。（5）保護法を男子に拡張することが実行不可能であるという事実は、婦人から保護をとりあげる合理的議論でない。問われるべきは、保護撤廃は婦人の生活を改善するか否かであり、答えは上述の理由からノーである。NCCL は以上のようにのべ、現行法が撤廃される場合は、両親の社会的扶養制度と職場の平等制度を含む包括的制度に替えられることを望むこと、これらの条件がみたされるまで保護は撤廃されるべきでないと主張している[19]。

4

　次に、同一賃金と最低賃金制の問題についてふれておきたい。婦人労働者の低賃金の実態については、簡単に本節 2 項でのべておいた。イギリスの労働者の低賃金の一般的実態と、その解決に賃金審議会が果している機能と限界について詳論することは、本稿の課題ではない。別稿で論じたいと考えて

いる。そこで、ここではいま一度、先述した点をくり返しておくに止める。

　1969 年の全国最低賃金問題と低賃金労働者問題を考察するために、TGWU の決議に基づいて設立された、TUC と労働組合の調査員たちの低賃金問題作業部会が出した 1970 年の報告書によると、婦人労働者の低賃金の実態は次の通りである（1968 年 9 月の雇用者の収入調査に基づく）。TUC が要求する成人最低収入、週 15 ポンド以下の収入の女子労働者の、18 歳以上の常用婦人労働者の全体に占める比率は、筋肉労働者で 68.2％、非筋肉労働者では 55.5％、全女子では 68.1％の高い割合を占めている。これにくらべ、15 ポンド以下の男子労働者の全体に占める比率は、筋肉労働者 9.4％、非筋肉労働者 4.6％にすぎない。また低賃金労働者は高齢者に多いこと、低賃金と労働組合の組織率には密接な相関関係があり、15 ポンド以下の婦人 10 人中 9 人（男子は 5 人中 1 人）は賃金審議会を必要とする産業である[20]。従って最低賃率が男女同じ場合、その額を比較的高い所に設定しなければ、恩恵をうけるものは、ほとんど女子に限られるから、かような全国一律最低賃金制は女子にとっては「同一賃金法」よりも価値があると報告書は結論している。

　だが、TUC・GC は、全国一律最賃制にあまり乗気ではなかった。理由は、この制度が、容認できる水準に近いレベルで導入されたとしても、その後、その水準が維持されるという保証もなしに、これまで以上に大きな規模で国家に賃金決定について大きな役割を与えることへの懸念にあった。賃金については、自主的交渉による決定を重んじるのがイギリスの労働組合の伝統である。1970 年の TUC 婦人大会は、TUC のこの報告をうけて、「同一賃金法」を補完するものとして全国最低賃金立法の導入の日程を政府に求める決議を採択した[21]。しかし、TUC・GC は、この調査報告について加盟組合のコメントを求め、その結果、大部分の組合が法定最賃制に反対であるなどの理由に基づき、次のような団体交渉方式を採用することにし、今後この経験の積み重ねの中で、立法的方式については将来どうするかを決定することとした。すなわち、賃金審議会や低賃金産業での労働組合の交渉者に対し、最低基本賃率の目標額についてのガイドラインを設け（1970 年 7 月は 16 ポンド 50 ペンス）、これに基づいて自主的団体交渉によって低賃金労働者の収入を上

げていくという方式を主とする方法を選択したのである[22]。

　一方労働党政府は、とくに TUC の圧力によって 1967 年 11 月、関係官庁作業部会を任命し、最賃制導入の社会的経済的産業的結果、とくに産業コスト、賃金、賃金格差への影響や、政府の生産性政策、価格・所得政策との関係、低所得家族問題への適合性について検討を命じた[23]。

　1969 年に出された報告書によると、最低賃率の水準を一律、1 時間 7 シリング 6 ペンス（すなわち、週 40 時間労働で 15 ポンド）にすると、賃金コストは、年間 3800 万ポンド、年間賃金・俸給の約 17.5% になるものと概算された[24]。これにひきかえ同一賃金導入のコストは、完全実施までの 5 年間で 3.5% にすぎないものと推定されている。すなわち、全国最賃制実施の場合の 5 分の 1 にすぎないのである。

　またこの水準で恩恵をうける常用女子労働者（この場合週 30 時間以上の労働者）は、少なくとも週 14 ポンド以下で 350 万人、男子は 110 万人と推定されている。この週 15 ポンドの最賃制で恩恵をうけるものは少なくとも、常用女子の 75.2%、常用男子の 9.2% を占めているのである[25]。

　「同一賃金法」が 1970 年に通過した後、当時の雇用・生産性相カースル夫人は最低賃金立法と、「同一賃金法」のいずれかを選沢することに直面して、婦人労働者の低賃金に取組む方法として「同一賃金法」をより効果的であるとして選んだと語ったことを、低賃金問題の専門雑誌 Low Pay Unit Bulletin は伝えている[26]。しかし、女子の低賃金を救済するのであれば、女子労働者の 3 分の 2 は救済されないといわれる「同一賃金法」よりは、4 分の 3 が救済される最賃法の方が効果的であったことは明白であろう。事実、先の Low Pay Unit Bulletin は 1977 年 4 月号で、「同一賃金法」の女子労働者の上位賃金グループと低位賃金グループへの影響を分析し、同法から最も利益を得たものは、予期されたように、筋肉・非筋肉労働者いずれにおいても、最も高給のグループであったと結論している。すなわち、残業の影響を除外した時間収入でみると、1970 ～ 76 年の各収入グループ男女の収入格差の比率は、最低の 10 分の 1 位グループでは、筋肉労働者で 60.8% から 68.3% に上がり 7.5% 増、非筋肉労働者では 54.6% から 64.6% に上昇して 10% 増であるのに対し、最高 10 分の 1 位グループのそれは、筋肉労働者が 57% から

69.2％に上って 12.2％増、非筋肉労働者は 52.3％から 63.8％に上り 11.5％増で、増加幅は最低位グループを上廻っていることが明らかにされた[27]。

政府が所得政策の枠の中で、婦人の低賃金問題解決よりはるかに効果的な一律最賃制よりも、「同一賃金法」の方を選択したのは、同法を要求する労働運動の圧力と、賃金コストの両面によると考える方がより妥当であろう。男女平等の待遇を主張して「同一賃金法」実現を求める女子労働者の激しい突き上げに比し、一部の労働組合を除いて全体として消極的な全国法定最賃制要求、また政府試算で 17.5％、TUC 試算で 16％のコスト増を招く最賃制に対し、政府試算で 3.5％、雇主試算でもせいぜい 6％増とみなされた「同一賃金法」の低い実施コストという事実が、この推測を裏付けるものである。

---

1)   公務員の立場から低賃金の現状とその解決策として全国最低賃金制を主張したものとして、全国公務員組合の委員長、A・フィシャーその他の共著 A. Fisher & B. Dix, Low Pay and How to End it, a union view, 1974 をみよ。

2)   N. C. Soldon, Women in British Trade Unions 1874-1976, 1978, p.180.

3)   この内容については、Factories Act 1961（c.34, 9 & 10 Eliz.2), Part VI: The Low Report, Statutes, 1961, pp.225-246、および藤本武「婦人労働保護と男女差別撤廃問題」(『労働科学』53 巻 4 号、1977 年)。

4)   L. Mackie & P. Pattulo, Women at Work, 1977, p.141.

5)   Royal Commission on Equal Pay, Minutes of Evidence, 1945, p.249, Q.3627-3636.

6)   S. Lewenhak, op.cit., p.278.

7)   Ibid., p.288.

8)   TUC, Women Workers 1966 pp.49-52.

9)   TUC, Annual Report 1968, p.177.

10) Cf. TUC, Women Workers 1969 pp.60, 107, 117.

11) TUC, Women Workers 1970, pp.28-30.

12) S. Lewenhak, op.cit., p.288.

13) TUC, Women Worker 1974, pp.35-34.

14) Ibid., pp.53-57.

15) A. Wise, Women and the Struggle for Workers' Control, 1973, pp.3-6, 11.

16) Home Office, Equality for Women（cmd.5724) 1974, para.79.

17) L. Mackie & P. Pattulo, Ibid., p.155. この権利は、多数のパートタイム労働者の大半を排除するなど、問題がある。Cf. J. Coussins, Maternity Rights for Working Women, 1977, pp.18-20.

18) Cf. EOC, Second Annual Report 1977, p.11. 1977 年のはじめ、安全衛生行政官（Health and Safety Executive ―以下、HSE）は 1961 年の工場法第 20 条の撤廃を勧告し、EOC はこれに同意している。20 条とは、運転中の機械の掃除について、女子、若年労働者を保護したものであるが、HSE は訓練された成人（男女間わず）だけがこの仕事を行うよう保障する規制におきかえるように勧告した。この点 TUC が出した先の要望には相反している。Cf. Ibid., p.11.

19) Jean Coussins, The Equality Report, 1976, pp.81-84.

20) TUC, Women Workers 1970, pp.7-8.

21) Ibid., pp.73-75.

22) TUC, Annual Report 1970, pp.462-463. このガイドラインは 1971 年には 18 ポンド、74 年には 30 ポンドであった。最賃法制定に最も熱心な組合は低賃金労働者を多く抱えている全国公務員組合（NUPE）である。この組合は 73 年の労働党大会で全国最賃法を要求する動議を出したが敗れ、77 年の TUC 大会で 50 ポンドのガイドラインを設定するよう求めたが、GC の反対で認められなかった。Labour Party, Annual Report 1973, p.139f. TUC, Annual Report 1977, pp.516-518.

23) Department of Employment and Productivity, A Notional Minimum Wage: An Inquiry, 1969, p.1.

24) Ibid., p.40 の表を参照。TUC の試案では 16% と推定。TUC, Women Workers 1970, p.9.

25) Department of Employment and Productivity, op.cit., para.43 の表をみよ。

26) Low Pay Unit Bulletin, no.14, April 1977, p.7. Frank Field, ed., Are Low Wages Inevitable?, 1976, Spokesman Books, p.25. カースル女史が、いかなる根拠に基づいて「同一賃金法」がより有効だと判断したのかは不明である。

27) Low Pay Unit Bulletin, no.14, pp.2-3.

第 2 節　「同一賃金法」の成立とその内容

　1970 年 5 月 29 日、戦後第 4 次労働党政権の終焉間近かに成立した「同一賃金法」（Equal Pay Act 1970 c.41.）とは、公認された略称であって（同法第 11 条に規定）、正式には、「雇用条件に関して、男女間の差別を阻止するための法律」[1] である。つまり、同法は、たんに賃金における性差別の撤廃だけを目的とするのではなく、労働契約に定められている賃金以外の諸条件（すなわち残業、ボーナス、出来高個数賃金、休暇および疾病休暇資格など）に関する性差別をも除去することを目的としており、全 11 条より構成される。その適用対象となる労働者は、類似の労働または同一価値があるものと格付

けされた労働に従事する、あらゆる男女労働者[2)]（年令、企業規模、常用・パートの雇用形態の如何を問わずすべての）であり、これらの人々に対して、契約上の全条件について均等待遇を与えることを同法は規定している（第1条）。また同法は、成立後5年間の準備期間を経て75年12月29日より完全実施されたが、雇用・生産性相は、この準備期間中の73年12月31日以降、中間段階として実施状況上、必要と判断した場合には、命令でこの第1条、第2条に規定された男女均等待遇を実施し、あるいは男女の賃金格差について特別の制限（婦人の賃金は男子の90％以上でなければならぬなど）を課することができるとした。しかし後述するように、実際には、この中間段階の時期に政権を担当した保守党政府は、インフレ抑制をはかる所得政策上の見地からこの命令を出さなかった。

1 「同一賃金法」の内容

「同一賃金法」（以下、EP法）は次の諸条項から構成されている。

第1条．均等待遇を要求しうる同等労働の定義とその適用範囲

第2条．同等待遇の要件に関する紛争、同等待遇の要件の実施

第3条．労働協約、企業内賃金構造（employer's pay structure）における雇用条件の均等待遇の実施

第4条．賃金規制令における差別待遇の廃止とその手続き

第5条．農業賃金令における差別待遇の廃止とその手続き

第6条．出産・妊娠・退職・結婚・死亡、または1961年工場法第6部に関連して生じる女性への特別待遇について第1条〜第5条の適用除外

第7・8条．軍人および警官への適用除外とその特別規定

第9条．施行日

第10条．労働裁判所への予備付託

第11条．本法の略称、男子・女子の語句の解釈、および北アイルランドへの拡張適用の除外。

EP法の主な内容と特徴は、次のとおりである。

1．単に女性だけを対象とするものではなく、男女双方に適用され、従って、女子に比べ不平等な扱いをうけている男子にも適用されるものである。

2. 同等な労働をしている場合の男女に対して、(1) 基本的賃率に関して同一待遇を求める権利を与え、すでにふれたように、(2) 時間外手当、ボーナス、休暇・疾病手当、現物給与、その他職場での特殊な手当など[3]、「報酬」に関するすべてを含むだけでなく、(3) サービスや勤務の条件（ただし、退職、結婚、死亡、工場法や労働契約上の婦人に有利な特別保護規定は除外）をも含めた同一待遇の権利を認めるものである。従って、比較し得る男子の労働契約に昇進や訓練に関する条項があれば、女子の労働契約によっても同一の扱いをうける資格の発生することが注目されねばならない[4]。

3. 従来認められていた女性への保護規定は均等待遇と取引きはされず、そのまま据え置かれ維持されている。

4. 本法で最も核心的な規定は、いうまでもなく、均等待遇を要求し得る根拠としての「同等労働」の具体的な定義の仕方にある（第1条）。この定義については、EP法は、CBI（イギリス産業連盟）側が要望したローマ条約第119号の「同一労働」の狭い解釈（the same work）ではなく、またTUCが要求してきたILO第100号条約の「同一価値労働」（the work for equal value）の広い定義にも従わず、その中間をとって次のように定めている。

女子が男子と同等労働に従事しているとみなす場合、比較の対象となる労働者は、同じ事業所の男子か、あるいは、その事業所がグレイトブリテン内にあって、しかも、一般的に、または比較しうる階層の労働者に対して、その事業所と共通の雇用条件が遵守されている他の事業所で、その女子と同一雇主または関連ある雇主に雇用されている男子である。この限定の上で、個々の労働者が同一待遇を要求しうる同等労働とは、次の2種類の場合である。

(1) 女子労働者が次のような意味で男子労働者と「同様な労働」（like work）に従事している場合である[5]。①全く同一か、広い意味で類似の性質の労働（the same work or work of a broadly similar nature）で、②この場合、類似の性質とは、たとえ相異があっても、その相異の性質が、雇用条件について実際上重要でないもの（not of practical importance）（第1条第4項）、すなわち、その相異はしばしば発生したとしても些細な性質のものか、たとえ大きな相異でもその発生の頻度の少ないものである[6]。

(2)（1）の意味での「同様な労働」ではないが、職務評価によって、男子

の職務と同等の価値ありと査定された場合の労働（第5項）である。この場合、同一待遇要求の権利は、職務評価に基づく賃金制度実施の場合に発生し、職務評価の過程での性差別は禁止されている。ただし、職務評価を行うことは法的に強制されていないことに注意しなければならない。

　しかし、女子が（1）（2）2つの場合、同等な待遇を要求する権利がある（すなわち「同様な労働」であることは立証されている）にもかかわらず、それが与えられない場合、または、男子が女子に比べて多い報酬もしくは利益を得てきた場合には、使用者は、この男子の得てきた利益が、性別以外の「真に具体的な相異に基づくこと」（genuinely due to a material difference）を労働審判所（Industrial Tribunal ─以下、IT）に示さねばならない（第2条第6項）。たとえば、雇主は、勤続年数、生産高、業績考課などを基礎に、付加給制度を設けることができる。この制度の結果、男子が同等な労働に従事している女子よりも高い賃金をうけることをこの法律は妨げない。この規定は、後述のとおり「赤丸ケース」（red circle case）として、EP法実施過程において雇主による男子優遇のための抜穴として利用され、問題となる。

　5.　4にのべた意味で同様な労働に従事しているのに、均等な待遇を得ていないと考える個々の労働者の救済方法としては、（1）個人が労働審判所に申立てることができる（第2条第1項、この場合挙証責任は女子労働者にある）。（2）女子に代わって大臣が労働審判所にこの事例を提訴でき（第2条第2項）、（3）申立てる権利の有効期間は、その仕事をやめて6ヶ月以内（第2条第4項）で、報酬未払分の請求および、非現金手当の損害賠償要求は、申立提出日から2ヶ月以内について遡及できる。ただし、1975年12月29日以前には遡及できない（第2条第5項）。

　6.　同一待遇要求の権利が集団的に発生する場合、すなわち労働協約、労働組合との交渉を経ずに一方的に雇主が決め、関係被用者に公開されている、企業内賃金構造（employers' pay structure）、および賃金審議会（Wage Council）または農業賃金委員会（Agricultural Wage Board）によって決められた賃金規制令（wage regulation order）における差別を除去するためには、労働裁判所（Industrial Court）への付託裁定によって、次の方法がとられる。
　（1）同じ範疇の労働または労働者に、男女別々の賃率（女子がより低い）

を規定している場合には、男女同一の単一賃率にする。

（2）男子には熟練度に応じて各々の賃率が決められているのに、女子に対しては、熟練度の如何をとわず、女子すべてに1つだけの賃率が定められている場合には、この女子賃率を廃止し、それぞれの熟練度に応じた男子の賃率にまで引上げる。

（3）特定の労働において、男子には何の規定もないのに、女子だけの賃率が決められており（たとえばその時点で同種の労働をしている男子がいない場合）、それが協約中の男子の最低賃率より低い場合、女子の賃率は男子の最低の賃率の水準まで引上げねばならない。

労働裁判所への付託は、労働協約の場合は、労働組合、雇主、大臣のいずれかにより、企業内賃金構造については、大臣、または使用者により（組合は付託できない）、賃金規制令は、委員会のメンバーを指名する権限を有する団体か審議会の労使いずれかのメンバーによって、大臣が付託を求められた場合、または大臣自身が必要とみなした場合は、大臣が付託する義務を有する[7]。

7.　この法律に関して、申立てをうける IT は、雇用関係法規——たとえば、1964年職業訓練法（Industrial Training Act）、1965年過剰人員整理手当法（Redundancy Payment Act）、1972年雇用契約法（Contracts of Employment Act）、1974年労働組合および労働関係法（Trade Union and Labour Relations Act）、1975年性差別禁止法（Sex Discrimination Act）、1975年雇用保護法（Employment Protection Act）、1976年人種関係法（Race Relations Act）——を取扱う機関である[8]。それは法律専門家の議長と労使代表各1名の3名構成で、全国に散在するので、この法の処理に理想的とされた[9]。また、労働協約などを付託する労働裁判所は、1919年の労働裁判所法により設立され、のち、1971年の労使関係法により労働仲裁委員会と名を変え、1976年以後は、中央仲裁委員会（Central Arbitration Committee ―以下、CAC）に引きつがれた[10]。この時点では、人種関係法に対する人種関係委員会のように、EP法実施を直接監督する公的機関は設けられなかった。

次に EP 法について審議過程を検討する中で、政府の意図、労働組合による法案への批判点を明らかにし、同法のもつ問題点がどのように意識されて

いたかを第3節で同法の機能を考える際の手がかりとして考察しておくこと
にしよう。

---

1) 本法の原本は、The Law Reports, Statutes 1970 II, pp.1366-1375 の全文によった。
2) 軍隊と警察官にもこの法律は適用されたが、しかし特別規定を設けられている。
3) バーバラ・カースル雇用・生産性相の説明による。Cf. Hans. Parl. Debates, vol.795, col.921.
4) この点は、カースル雇用相が第2読会の最後の締めくくりの演説でとくに注意を促して強調したところである。Hans. Parl. Debates, vol.800, col.772, 23rd April. 従って「同一賃金法」という名称は不適切であって、「雇用平等法案」（Equality in Employment Bill）とよびたいとの論議があった。Hans. Parl. Debates, vol.795, col.791.
5) この点に着目して、労働党下院議員ショート夫人（Mrs. Short）は「概して類似な労働に対する同一賃金の原則」（the principle of equal pay for broadly similar work）と特徴づけている。Cf. Hans. Parl. Debates, vol.800, col.758, 23rd April 1970.
6) TUC, Women Workers 1970, p.51 のチプチェイス書記の解説を参照。カースル雇用相はこの点について相異の性質の程度と発生の頻度が配慮されねばならないと説明している。Hans. Parl. Debates, vol.795, col.918.
7) 法律の全文については前記の原文の他、全日本労働総同盟『男女同一労働同一賃金の実施をめざして』（同盟資料シリーズ、特集版19号、1973年）に掲載されたEP法の訳、イギリス労働省のEP法の手引き（1970年版）の訳、および同じく、1976年の改訂版の原文 Depatment of Employment, Equal Pay: A guide to the Equal Pay Act 1970, revised January 1976 を参考にした。なお、大臣の説明では賃金審議会および農業委員会の対象となる労働者数は約380万人、うち女子は237万5000人と認められている。Hans. Parl. Debates, vol.795, col.921.
8) Cf. Otto Kahn-Freund, Labour and the Law, 2nd ed., p.22, footnotes 24, 25. IT は、1964年の産業訓練法により設立された。
9) Hans. Parl. Debates, vol.795, col.918.
10) CAC は、1975年の「雇用保護法」により設立された（同法第10条）。それは、中立の法律専門家の議長と、素人の労使代表各1名の3名より構成される、政府のいかなる機関の指示にも服さない独立機関である。Otto Kahn-Freund, op.cit., pp.83-84.

2　法案をめぐる論議——政府の意図とそれへの批判

1

　EP 法が上程された 1970 年 1 月、イギリスのエコノミスト誌は「法案の諸規定は穏当なもの」で、「TUC も CBI もともに……反対しないことをすでに明らかにしている」から、「かなり速く議会を通過するであろう」と予測した[1]。そして、約 4 ヶ月を経た後、5 月末に成立した。

　カースル雇用・生産性相は、議会での第 2 読会（2 月 9 日）で EP 法案の意図、3 つの問題点を明らかにした。法案の意図については、1. 男女の差別という不正の廃止、2. 生産性向上への刺激——その理由として雇主が女子に経済的賃率を支払うことを強制されることで女性の能力を最もよく利用するように追いこまれること——をあげた[2]。このことは EP 法案が 1960 年代以降、とりわけ労働党政府がとった労働政策上の 2 つの流れ——すなわち、一方で有色人種労働者や一般労働者の雇用・生活上の諸条件改善を目的とする諸政策と、他方では海外市場での競争力をつけるための生産性向上と熟練労働力の確保を促進、保証するための諸政策——の一環を担うものであり、またその 2 つの流れの結節点をなすものであることを示すものであるといえよう。

　さらに同女史は EP 法案をめぐる 3 つの問題点としては、1. 同一労働同一賃金の定義、2. 実施方法、3. 実施に不利な経済事情をあげた。そのうち最も問題となる 1 については、CBI が要求し、TUC が不十分であるとして反対した「同一労働」_{ザ・セイム・ワーク}では、少数の全く同一_{アイデンティカルワーク}の労働を男子と並んで行う女子しか対象とならないとして、これを退けたことを明らかにした。しかし、CBI が無限定として拒否し、TUC が要求する、ILO の「同一価値労働」の定義も、（1）抽象的すぎ、拡張解釈をしなければ立法に具体化できないこと、（2）男女の労働の全部を職務評価することが必要であるが、現在の所得・価格政策の下ではそれは不可能である、（3）ILO 条約は、職務評価を至上命令としてはいないこと[3]を指摘して、政府がこのいずれの定義をもとらなかった理由を説明した。なお、同一待遇実施にもかかわらず、女子の保護規定を保持する点については、女子の国会議員たちが、婦人は脆弱で夜業ができないとの考えを一笑に付していること、女子労働者が同意し、女子の福祉にと

って何ら不利な点がないことを大臣が認めた場合には規制からの免除を認める用意があることを指摘しつつも、労使双方に夜業反対の意見がある以上、労働時間制限の除去を本法成立の条件とすることは誤りであるとのべ、保護規定を残す理由を明らかにした[4]。

次に、5年の実施準備期間をおいたことについては、CBIの求める7年間は、女子労働者にとっても、またEEC加盟の場合に遅れをとり戻すためにも[5]長すぎることをあげ、EEC加盟の条件づくりを意識していることを仄めかした。しかし、TUCの主張する2年は準備期間として短すぎること、実施費用は産業により現在の賃金額の0%から18%、企業によっては0%から32%にまで増加するため、最も影響の大きな産業や企業がEP法に適応するのに妥当な時間を与える必要のあることを力説した。また5年間は長すぎるとの労働者側に立った批判については、企業や労働組合が、5年よりも早く同一賃金を完全実施する交渉を行うことを妨げるものは何もないとのべて、自主交渉による早期実現を歓迎した。

さらに、1. 法案が生産コスト、ひいては生活費を引上げる、2. 女子の賃上げは女子の失業を増大させる、3. 法案が穏健で、最も搾取されている多数の女子を救済できないとか、男子や雇主が法の規制を回避するよう画策するなどの批判にふれて、労働のより能率的な使用により、生産費への影響は少ないのであり、女子が労働人口の3分の1を占めているのは、女子労働が安く、はした金で働くからではないとのべて、女子が低賃金であるが故に雇用されているという現実を真向から否定した。またその理由を、女子が働く必要があり雇主が女子労働を必要としているからであるとして、上記の主張が正当な反論とならぬ理由とし、女子が男子より優れているために雇用されている職務が数多くあるとも反論した。この法案の対象となり得る労働者数については、女子労働者850万中、10万はすでに同一賃金の権利を獲得しており、300万は、同一または類似労働に従事しているか労働協約の調整を通して恩恵をうけ、他は職務評価の対象であり、また約250万が賃金審議会の規定の対象となるだろうとの楽観的な推定を示した[6]。また第3点については、雇主は抜穴を利用しようとするだろうが、広汎な逃げ道は、職務評価、労働協約などにより阻止できると主張して、職務評価によって新たな差

第1章 「同一賃金法」の成立と問題点　73

別の発生する可能性を看過した。もっとも、女子が雇主による EP 法からの逃げ道の利用方策を阻止するために組織されねば、差別は残りつづけることを予測し、女子の労働組合への組織化が問題解決の鍵であり、この法案は、婦人差別廃止の出発点にすぎないとのべて、法律の果す限定的役割を強調した[7]。なお、年金を同一待遇の対象とせぬ理由としては、女子の支給年令が男子より低く、この点で女子が優遇されている現在、年金を含めることは女子の条件の悪化である、などの点をあげた[8]。

　一方野党である保守党も、EP 法案がかつて 1955 年、自らが公務員の非現業部門に導入した同一賃金を完成する試みであることを評価し――手段、時期については別として――立法の意図たる同一賃金実施には賛成であり[9]、とくに女子議員は超党派で積極的であったといってよい。

　結局議会の本会議で論議の的となった点は、同一労働の定義、実施の方法（立法手段）、コスト、実施時期、女子の失業増大への懸念、女子の保護規定撤廃要求、職務評価の主観性への危惧であったが、とくに雇用機会、昇進、教育、訓練について平等な機会を与えることが、男女の賃金収入上の差別を根本的に解決する手段として必要であると強く要求された。この議論は、後の性差別禁止法制定への地ならしをするものであったといえよう。このうち、とりわけ委員会段階で論議が集中したのは――当然のことながら――第 1 条の同一労働の定義、とくに政府が適用対象を拡げるための苦心の産物である、「類似な労働」の定義の内容についてであった。このことは、8 回の委員会中、4 回もの機会が第 1 条の審議にあてられた[10]ことからもうかがわれよう。中でも CBI が提案したといわれる、「実際上重要でない相異」という定義の解釈をめぐって審議は紛糾した[11]。がしかし、結局原案は基本線においてうけ入れられたといってよい。

2

　法案の修正をめぐって注目すべき点は、主として次の点であった。

　1. 職務評価の恣意的性格を懸念して労働組合と雇主が共同で職務評価を実施することを求めた労働党議員からの修正案が政府の説得で撤回された[12]。

　2. 同一賃金の支払いの遡及期間を、最大 2 年以内でもどの程度にするか IT

の判断に委ねた原案が修正され、2年間まで遡及できるとした[13]。3. また、男性支配のITの審議から生じる不公平を除くため、女性をITメンバーに任命するようにとの労働党女子議員からの修正案に対して、同一賃金問題を審議するITのメンバーに、労使双方から女性を任命する努力を行うことが法規定上に義務づけられることは回避され、口約に止められた[14]。最後に、野党の保守党から、法文が難解であるとの批判が出され、政府は、労使双方に無料の「手引書(ガイド)」を出すことを約束した[15]。

　では、この法案に対して婦人労働者は、どのような批判と要求を行ったであろうか。この法案の審議中に開かれた1970年3月のTUC婦人大会での批判は次の点であった。

　1. 組合は「同一価値労働」の定義を求めているのに対し、法案はそれに程遠い。

　2. 法案の言葉遣いが曖昧であること。従ってNWACの仕事は、まずその意味内容を簡単に組合員に説明することである。

　3. ITは、EP法を処理する機関として不適切である。この機関は、従来雇用契約法など制定法の解釈を扱っている。しかしEP法の場合は判断の問題であるのに、議長は労働問題に経験のない法律家である。労働問題によく通暁している人々によって審理されることが望ましい。

　4. 男子と異なる基準を適用して、女子労働を低く評価できる職務評価制度の役割を考慮して、職務評価のすべての段階で、労働組合との同意の下にこの制度が実施されるべきである。

　5. 女子が何かの理由で自分の苦情を申立てられぬ場合、大臣が代わって行うことには反対である。その理由は、この規定が組合を無用の存在に陥れ、組合に不利に運用されることがあるからである。

　6. 年金を除外することに反対する[16]。

　これらの批判点はいずれもうけ入れられなかった。しかし、このうち1、2、3、4の点は、EP法の実施過程で、改めて問題点として浮かび上ってくることになり、女子労働者の懸念が正しかったことを証明した。

　以上のような論議と批判をあびながら、法案は、基本的には、ほぼ政府の原案に近い形で成立したといえる。このことは、法案作成中、事前にTUC、

第1章　「同一賃金法」の成立と問題点　　75

CBI と協議していたことからすれば、むしろ当然といえよう。

　この「同一賃金法」の成立は、カースル雇用・生産性相が、4 月 23 日、法案が下院での第 2 読会を通過した時、「今は歴史的瞬間である」[17]とさけんだように、婦人の経済的平等獲得史上、1 つの画期的な里程標であったことは確かであろう。それは 1 世紀をこえるイギリス女子労働運動の、とりわけ戦後 25 年間の組織労働者を中心とする婦人のたゆまざる執拗な努力の、1 つのすぐれた到達点であった。そしてまたこの法律は、戦後イギリス政府の労使関係に対する干渉の流れの中で最も強力なものと評価されている[18]。

　所得政策をとるイギリス経済事情が好調でないこの時期に、本法が成立し得た理由の第 1 は、労働党の支持母体としての TUC に結集した労働組合の圧力——とくに 1968 年以後の——という内的事情であり、いま 1 つは EEC 加盟のための条件づくりという外的強制であったと思われる。事実、71 年に保守党政府は EEC 加盟交渉を再開した。しかし、これらの内外の客観的事情とともに、強力な所得政策という不都合な枠の中でこの法の実現に情熱をもやした、かねてからの同一賃金の支持者、カースル女史を担当大臣に得たことも見逃してはなるまい[19]。

---

1)　The Economist, 31 Jan. 1970.

2)　Hans. Parl. Debates, vol.795, col.924.

3)　1951 年の ILO100 号条約の「同一価値労働」の原則の審議過程での論議については、高崎愛子「ILO 条約第 100 号（同一価値の労働に対して男女労働者に同一の報酬）の採択過程と問題点」（『季刊労働法』37 号、1960 年）を参照のこと。

4)　Hans. Parl. Debates, vol.795, col.922.

5)　Ibid., cols.923-924.

6)　Ibid., col.928. 雇用相の推定では、合計 560 万、約 3 分の 2 の女子労働者が恩恵をうけるものと考えられている。しかし TUC の NWAC のパタースン夫人は逆に 3 分の 2 が恩恵をうけられないと推定しており、両者の予測には大きな開きがある。

7)　Ibid., cols.928-929.

8)　Ibid., col.923.

9)　保守党の影の雇用相、カー議員は、同一価値労働、同一賃金の一層の採用を奨励する、いかなる政策にも賛成することを明らかにし、次の点を批判した。(1) 雇用機会の平等を扱っていないこと。(2) 導入時期が厳格すぎる。(3) 同一賃金は、団体協約

または個人交渉で実施すべきで、大臣の付託のための介入反対。(4) 同一賃金による男女格差縮小の結果、男子組合員による格差回復要求が出てくることを阻止する規定の欠如。(5) 同一賃金の主敵は、雇主であるとの前提に立ちすぎており、賃金、雇用の平等の主敵は男子の偏見と社会の慣習である。Ibid., cols.923, 935-940. なお (4) の点は、労働党議員はありえないと一笑に付したが、事実はカー議員の懸念が正しかったことは、第3節でふれるとおりである。

10) Cf. Parliamentary Debates, Official. Reports, Session 1969, Standing Committee H. Equal Pay no.2 Bill.

11) Ibid., col.65. この解釈について IT が主観的判断をしなければならなくなる点について危惧が出され、これに対して雇用・生産性相は、労働事情を知っている実際家から構成されている CBI が提案したことを明らかにして、楽観的に考えていた。しかしこの点が IT で問題になったことは、のちにみるとおりである。

12) Hans. Parl. Dedates, vol.800, cols.550, 570-571. 政府は、職務評価を共同で行うことには技術的に注意する必要があること、およびこの修正案には、職務評価を至上命令とするという示唆がある点、すなわち、職務が適当な組合と共同で評価されねば、女子は自分の同一待遇の請求権を失うという実際的結果を招く危険、適当な組合とは何かについて、IT が労使関係の問題についての解釈までしなければならない、などの理由をあげて撤回を求めた。Ibid, vol.800, cols.566-568.

13) Ibid., col.718.

14) Ibid., col.758. これはメンバーとなるに必要な女子が確保できないという理由に基づく。

15) Ibid., cols.755, 771. この約束は実行された。1970 年版と 1976 年の改訂版（1975 年の性差別禁止法成立に伴い、修正がされたため）の手引書がある。

16) TUC, Women Workers 1970, p.51f.

17) Hans. Parl. Debates, vol.800, col.795.

18) O. Kahn-Freund, op.cit., pp.154-157.

19) カースル女史は 1947 年王立同一賃金問題委員会の報告に伴って政府に同一賃金の実現を求め、また 52 年にも公務員への導入に関して、発言し活躍している。Cf. Hans. Parl. Debates, vol.438, col.1072, vol.500, cols.1833-1839.

3 「同一賃金法」の段階的実施 (1970 〜 75 年) の状況

1

　1970 年 5 月 29 日、法令全書に載った「同一賃金法」(EP 法) の行く手は平坦な道ではなかった。女子の低賃金によって利益を得てきた雇主たちの、法律の抜穴を求めての抵抗や、さらに男子労働者にもみられる敵対的または非協力的態度が待っていた。また、ランク・アンド・ファイルの女子労働者

にも、法についての誤解や、自覚に問題があった。第二次大戦後イギリス政府は、労使関係に対して雇用契約法、過剰人員整理手当法、職業訓練法、所得政策などにより政府の介入を強めてきたが、そのうち、戦後の歴史の中で最も強力な介入といわれている「同一賃金法」[1]の実施を支えるものは――他の諸法の場合にもまして――労働組合の力であった[2]。

　この法律の成立に力を注いだ雇用・生産性相のカースル女史自身、法の適用上の限界を充分に知悉の上で、何よりも女子労働者の組織化を基礎とする労働組合の闘争が、法の実施上決定的な要素であることを強調し[3]、また、法案審議に並行して開かれた3月のTUC婦人大会で、活動家や組合のリーダーたちと共に、議長のパタースン夫人は、同一価値労働同一賃金が、強力な労働組合組織によってのみ達成できると、開会の辞でよびかけた[4]。このように、労働組合の組織の拡大と、それを土台とする同一賃金獲得闘争こそが、法の効果を握る鍵であった。とりわけ、個々人の請求の権利が発生しない、EP法成立後の5年間の準備期間においては、尚更このことが妥当した。そこでTUCは、女子労働者の組織化を積極的に進めて成果を収めると同時に（表1.14参照）、1973年には68年の第1回につづき第2回「同一賃金特別大会」を開いて、段階的実施の状況を検討し、政府に促進のための方策を提言するなど、早期実施に向かって政府、組合にはっぱをかけ、また個別組合でも実力で同一賃金を獲得する闘争が相ついで行われた。本項では、72年から76年までのいくつかの調査を手がかりに、この準備期間中の、同一賃金の進展状況を明らかにしたい[5]。

　　　2
　これらの資料によると、完全実施まで9ヶ月を残すだけになった1975年3月の時点での同一賃金の実施状況は、次の如くであった。

　1．表1.17で明らかなように、完全実施されるか、または1975年末まで段階的に差別が除去されることになっている全国協約や賃金令の比率は、74年3月の33％から、75年3月には61％に飛躍的に上昇しており、72年の19％からみると、74年から75年3月までの1年間に大きな前進がみられた。しかし完全実施まであと9ヶ月というこの時点で、差別を全廃している協約

が 29％にすぎないことが注意されねばならない。5 年間の準備期間中、真剣にこの問題に取組まれた期間は実は、最後の 1 年半余にすぎないことが、このことから明らかである。差別が残っている 115 協約や賃金令のうち、34 は賃金審議会の対象となっている産業で、うち大半は 75 年 12 月 29 日以前に、女子の賃率は同一協約の最低賃率に到達することが同意されている[6]。

2. 表 1.18 により、男子の賃率との比較で女子の賃率の前進状況をみると、90％になっている協約の比率は、1972 年の 14％から、74 年の 62％、75 年の 92％に上昇しており、とりわけ 74 年以後の 1 年間に急速な前進が示されている。これは、74 年 3 月までの進展状況をみた政府が、促進政策をとったこととも関係しているものと推察される。

3. 産業別では、食料品、タバコ、化学、衣料、履物、小売業、公共部門など、むしろ低賃金産業部門で女子労働者が集中している部門に平均以上の進展がみられた[7]。

4. 表 1.19 の企業レベルの進行状況をみると[8]、筋肉労働者の場合、大まかにいって大企業ほど、前進の程度が高いといってよい。100 人以下の小企業では、1974 年段階で、段階的実施または完全実施したものの比率が約 54％なのに対し、5000 人以上の企業では約 80％に達している。75 年調査で、小企業で「影響がない」との回答の比率が高いのは、比較し得る男子がいないからと考えられている。なお OME の第 1 回報告では、調査時点で 100 人未満の小企業 202 社中、4 社だけが同一賃金を導入していたにすぎず、一般的にいって、10 人以下の零細企業では、同法について無知な企業が約 4 分の 1 に達することが明らかにされ、雇用省が EP 法を強力に宣伝する必要のあることが強調された[9]。

また筋肉労働者の間での進展状況と表 1.20 の非筋肉労働者の進展状況を比較すると、前者では、1975 年 3 月現在で、完全実施したか、段階的実施のものが 80％に及び、後者では 75％、進歩のないものが前者では 10％、後者では 16％で、全体として、組織力のある筋肉労働者の間での達成度がやや上廻っているといえよう。

しかし全体としてみるならば、5 年半の準備期間中ほぼ 5 年を経過して、筋肉労働者の労働協約、賃金令の約 3 分の 2 が、なおも男女の賃金格差を残

第 1 章 「同一賃金法」の成立と問題点　79

表 1.17 産業別団体協約・賃金令からの差別除去の進展（筋肉労働者）

産業別	1970年1月に差別的な協定・賃金令数	1972年3月末の最新の協定・賃金令 大進歩 差別除去	大進歩 同一賃金への段階的プラン	小進歩 女子がより多くの率の賃上げ	小進歩 男女同一額の賃上げ	進展なし	1974年3月末の最新の協定・賃金令 大進歩 差別除去	大進歩 同一賃金への段階的プラン	小進歩 女子がより多くの率の賃上げ	小進歩 男女同一額の賃上げ	進展なし	1975年3月末の最新の協定・賃金令 大進歩 差別除去	大進歩 段階的プラン(1)	小進歩 女子がより多くの率の賃上げ	小進歩 男女同一額の賃上げ	進展なし	1975年3月末の協定・賃金令数
農業・林業など	3															1	3
鉱業、石切業	18		7	2	7	4		10	4	3	1	1	9	1	2		16
食料・飲料、タバコ	10		3	3	5	2		5	3	1		4	3	1	4		9
石灰、石油製品	6		1		2	5		1	3	2	1	2	3	2	1	1	4
化学、関連産業	11		2	3	2	3	3		3	3		3	3		6		7
金属工業、全機械工業、自動車	23	1	2	2	10	8		6	6	6		4	9	2	2		21
金属製品	4				3	1			2	1		1	1	1	1		4
繊維	10			3	6	6			6	8		5	1	7	6		11
皮革、皮製品、毛皮	11				5	1			2	1		1	1	3	2		11
衣料、履物	9		2	2	3	1	4		4	8		5	1	3	2		11
煉瓦、陶器、ガラスなど	12			3	5	6			4	2		2	2		1		6
木材、家具など	9				3	1			4	3		7	3		2		12
紙、印刷、出版	12		3		8			7	2	3		7	7	3			

その他の製造業	5		1	1	2	2	2	2		4	1	1	1	2	1		4
建設業	2			1	1	1	1									1	1
ガス、電気、水道																	
運輸・通信	1																
小売業	26	8	12	12	12	4	1	1		10	2	2	13	2	10		26
専門、科学サービス	1		1					1	1				1				1
様々のサービス	9		6	2	2	6	1		1		2	2	1	5	3		9
公共行政	6		4		1	1	1	1	2	3	1		5		1		6
合計	167(2)	9	23	33	62	40	16	37	52	35	17	43	49	35	23	1	151
全体との比率（％）	100	5	14	20	37	24	10	23	33	23	11	29	32	23	15	—	100

出所：D. E. Gazette, Aug. 1974, 1975.

(1) 1975年12月29日までに差別除去についての条項が協定にないもの。

(2) 1970年と1975年の間に効果を失った団体協約・賃金協約によるもの。

表 1.18 1970年3月の時点で性差別がみられた労働協約および賃金審議会令における男子の賃金率と比較した女子の賃金率の比率（筋肉労働者、産業別）

| 産業別 | 差別のある協約、賃金令数（1970年1月） | 全国協約・賃金審議会令数・男子に対する女子の賃金率の比率(1) | | | | | | | | | | | | 協約、賃金審議会令数 1975年3月末 |
		1970年3月末 70%以下	1970年3月末 70~89%	1970年3月末 90%以上	1972年3月末 70%以下	1972年3月末 70~89%	1972年3月末 90%以上	1974年3月末 70%以下	1974年3月末 70~89%	1974年3月末 90%以上	1975年3月末 80%以上	1975年3月末 90~99%	1975年3月末 100%	
農業・林業など	3		3			3			2	1		1	1	3
鉱業・採石業	18	2	15	1		17	1		7	11	1	11	4	16
飲食料・タバコ														
石灰、石油生産物	10		10	1		10	1		4	5	1	6	2	9
化学および関連産業	6		6			5			1	3		4		4
金属工業、機械・自動車	11		7			6			3	7		4	3	7
金属製品	23	3	12	1		20	1		12	9	5	12	4	21
繊維	4	10	3	1	3	3	1	1	4	4		4	1	4
皮革・皮革製造・毛皮	10		9	1	2	7	1		8	2		9	5	11
衣料、靴、履物	11	1	11		1	11			3	8	1	6	2	11
煉瓦・陶器・ガラス	9		9			9			2	4		2		6
木材・家具など	12		12			12			7	5		12		12
紙・印刷、出版	5		5			3			1	1	2	3	1	4
その他の製造業	2			1										
建設業														
ガス・電気・水道														
輸送・通信	1		1			1				1				1
小売業	26	1	23	1	1	15	2		4	21	1	13	13	26
専門職、科学	1					1	1				1		1	1

様々なサービス業	9	1	7	1	1	7	1	1	3	5	1	7	1	9
行政	6	1	5	1	1	4	2	1		6		1	5	6
合計	167[2]	18	139	9	8	134	24	2	58	97	13	95	43	151
全体との比率 (%)	100	11	83	5	25	81	14	1	37	62	8	63	29	100

出所：D.E. Gazette, Aug. 1974, p.14 および同 Aug. 1975, p.749 の表 2 より作成。

(1) 一般にここでの賃率は、最低の男子および女子の賃率である。

(2) 1970 年と 1975 年の総数の差は、この間に無効となった協約および賃金審議会令の存在による。

表 1.19　企業規模別の同一賃金の進展状況（筋肉労働者）

段階	I		II		III		IV		V		VI		総計	
企業規模　　年次	1974	1975	1974	1975	1974	1975	1974	1975	1974	1975	1974	1975	1974	1975
100 人以下	24	5	32	9	8	5	55	32	21	10	—	36	140	97
(%)	(17.19)	(5.1)	(22.86)	(9.2)	(5.71)	(5.1)	(39.2)	(32.9)	(15.0)	(10.3)	—	(37.1)	(100)	(100)
100～499 人	29	3	55	19	26	24	238	129	50	47	—	33	398	255
(%)	(7.29)	(1.1)	(13.8)	(7.4)	(6.5)	(9.4)	(59.8)	(50.5)	(12.5)	(18.4)	—	(12.9)	(100)	(100)
500～999 人	9	1	16	3	14	2	104	37	20	3	—	5	161	57
(%)	(5.6)	(1.9)	(9.9)	(5.8)	(8.7)	(3.9)	(64.6)	(72.5)	(12.4)	(5.8)	—	(9.8)	(100)	(100)
1000～4999 人	—	—	11	1	8	1	67	27	14	11	—	2	100	42
(%)	—	—	(11.0)	(2.3)	(8.0)	(2.3)	(6.7)	(64.2)	(14)	(26.1)	—	(4.7)	(100)	(100)
5000 人以上	—	—	2	1	2	—	13	5	3	2	—	—	20	8
(%)	—	—	(10.0)	(12.5)	(10.0)	—	(65.0)	(62.5)	(15.0)	(25.0)	—	—	(100)	(100)
企業数合計	62	9	116	33	58	32	475	230	108	73	—	76	819	453
全企業との比率 (%)	8	2	14	7	7	7	58	51	13	16	—	17	100	100
影響のある労働者のいる企業との比率 (%)	—	1	—	9	—	9	—	61	—	19	—	—	—	100

I—進歩なく、そのプランもない。　　II—進歩なし、しかしプランあり。　　III—少し進歩、しかしEP法の影響をうけるには不十分。

IV—段階的進歩。　　V—同一賃金は達成。　　VI—EP法の影響をうける労働者はいない。

出所：D. E. Gazette, Aug. 1974, Aug. 1975 より作成。

注 1. 1974 年は雇用省の労働力担当官の調査、時点は 1 月～5 月。

注 2. 1975 年は ACAS の労使関係担当官の調査、時点は 1975 年 3 月 14 日～31 日。

表 1.20　企業規模別の同一賃金の進展状況（非筋肉労働者）

企業規模＼段階	I	II	III	IV	V	VI	合計
100 人以下	5	8	2	11	14	57	97
100～499 人	7	23	24	59	61	81	255
500～999 人	2	3	1	30	17	5	58
1000～4999 人	1	2	2	27	13	1	46
5000 人以上			1	6	4	1	11
合計	15	36	30	133	109	144	467
全企業に対する比率（%）	3	8	6	29	23	31	100
影響する従業員のいる全企業との比率（%）	5	11	9	41	34	—	100

出所：D. E. Gazette, Aug. 1975, p.752.
注1．1975 年 3 月 31 日以前 2 週間にわたる ACAS 労使関係担当者の面接調査。
注2．段階の区別は、表 1.19 に同じ。

し、調査企業数が少ないので全体の状況が十分つかめないとはいえ、非筋肉労働者の 16％ の企業、筋肉労働者の 10％ の企業が、同一賃金実施に向けて何の動きも見せていないのは驚くべきことである[10]。

　これら政府機関の調査報告が確認したように、EP 法が中間期の 1973 年段階では、遅々とした歩みを示していたことは、民間の労使関係雑誌 Industrial Relations Review and Report が調査で明らかにしたところでもあった。同誌は、73 年 12 月、雑誌を購読している企業について同一労働同一賃金の導入程度を調査した結果、回答 66 社のうち、約 50％ の企業が、企業内のどのグループの労働者も同一賃金を得ていないこと、そのうち 46 社が、75 年末の EP 法の発効以前に完全実施をする計画のないことを報告している[11]。

　ここで明らかにされたような、とくに 1972 年までの緩慢な進捗状態に対して、TUC は、EP 法に認められている大臣による中間命令——男子の 90％ を実現するための命令——を要求した。しかし当時の保守党政府は、インフレを懸念してこれを拒否した。やがて、74 年 8 月の雇用省雑誌 Department of Employment Gazette に発表された同一賃金実施状況調査結果をみて、当局は、同一賃金へ向かっての進展状況は妥当_{リーズナブル}なものではあるが、不満足な分野もあるとのコメントを加え、必ずしも満足すべき状況でないことを認めた。その後、74 年の総選挙で政権に返り咲いた労働党政府は、その調査結果に基づいて、EP 法の存在とその下での雇主の義務を周知させ、積極的に行動を起こすよう促進する方策をとった[12]。

3

　ところで、前述したような、同一賃金実現に向けての 5 年間のうち、とくに前半の段階での遅い進行は、一体どこに原因があったのであろうか。企業側にはできるだけ同一賃金実施に伴う労務コスト増を避けたいとの考えが強いのは当然のことで、従って企業の抵抗が第一の原因であることはいうまでもない。しかし、このことは当初から判っていることで、よって問題はどこまで労働組合が企業に実施を迫る運動を行ったかである。

　全国組合の中央レベルでは、同一賃金に向けての早期実現がつねづね強調されてきた。しかし OME が発表した 1972 年の報告書は、このような中央

でのかけ声にもかかわらず、この遅い実現への足どりが、皮肉にも実は大部分が労働組合自身に責任のあることを明らかにしたのである。1969年のTUC大会での決議にもかかわらず、組合によって同一賃金実施に与える優先順位が異なり、ある組合は、73年かそれ以前に完全実施を迫ったのに対し、別の組合は75年まで待つとしている。報告は、「いくつかの事例では、この問題についての組合役員の関心は、いい加減以外の何物でもない」と手きびしく批判している。このような中で、熱心な活動を展開した全国組合は、TGWU、AUEW、GMWU、EETUなどの大組合であることが明らかにされたが[13]、企業レベルでの組合代表の態度は二面的であることも指摘されている。

　報告は、企業内での組合の組織率と同一賃金の進行程度の間には明白な関係はないと断定し、面接調査した企業の4分の1だけが組合の圧力をうけたこと、しかし10に1つの企業は、同一賃金導入が男子組合員により阻止されていると主張したこと、いくつかの事例では、男女の格差を狭める賃金変化に男子労働者が抵抗し、同一の比率の増額を企業に要求して成功したことを暴露した[14]。またTUC自身も、地方レベルでの同一賃金に対する組合の支持は、全国レベルのように明確でないことを一定の留保つきで認めている[15]。すなわち、経営側だけでなく、労働組合自身の取組み方にも同一賃金獲得運動上、問題があることが指摘された。

　このOMEの1970～72年の調査結果は、その後雇用省がロンドン大学のLSEに委託した74～77年実施の25企業調査によっても追認されている[16]。すなわちこれによれば、(1) EP法は、全国レベルでは支持を得たが、地方_{ローカル}レベルで職場委員_{ショップ・スチュワード}から得た支持は強くはなかったこと、調査企業の大部分では、73年もしくはそれ以後まで同一賃金は実施されず、職場委員の側から早く導入するよう経営に圧力をかけた証拠はあまりなく、むしろ彼らが企業のさぼり[17]に積極的に協力したいくつかの例さえあることが明らかである。(2) 経営への圧力を欠いた理由として、同一賃金への知識や参加が欠如していたことがあげられている（しかし75年末のEP法発効以後、職場委員の間でこの問題への関心が強まって3つの企業でとりあげられた）。(3) 一般の男子労働者については、大抵の企業で、法が効力を発してはじめてこ

第1章　「同一賃金法」の成立と問題点　　87

の問題に反応し、この権利に反対する事例が紹介されている[18]。たとえば、女子と同一の格付けをされた男子が反発して異動を申し出たり、職場委員を含めた男子の一団が、男子同様の夜勤や重労働を女子に強要し、女子自身が同一賃金にせぬよう経営側に求めざるを得なくした例、女子が男子より収入がよくならぬように自分たちの格付けやボーナスを変えるよう強要して、実力行使に訴えた1事例、男子が従来やっていた、女子を助ける作業を拒否した2事例、従来の男女の賃率格差を回復させるため、男子の職務のタイトルをかえて賃上げするよう圧力をかけた事例も紹介されている。大抵の事例では、このような場合、産業平和維持のため、経営側は男子の要求に応じていることが報告されているのである[19]。この調査は、草の根の労働者のレベルでは、女子の同一賃金獲得が、実は男子自身の賃金の切下げを阻止するためのものであることが十分認識されておらず、組合のこの面での教育活動に立遅れのあること、男子労働者の協力を得ることが女子の組織化と並んでこの運動の今1つの鍵であることを示しているといえる。

　では、当の女子労働者自身の対応はどうであったか。調査では、企業レベルで女子の反応はこの立法に対し受身で、5企業では否定的ですらあり、先の1企業を含む3つの事例では、同一賃金と同時に、従来男子の仕事であった重労働の仕事や交代制労働を女子が要求されると信じていたり、2事例では、女子はEP法に伴い失業を怖れていることが判明した[20]。しかし、1975年末のEP法実施以来、新聞、ITの判決などを通して、これらの懸念が解けるにつれ関心が増大し、4企業で個人から同一賃金要求の圧力がかけられたことが指摘されている。

　個別企業レベルでの事例調査で明らかにされたように、とくに男子労働者の反発と無理解が同一賃金獲得闘争のネックとなっていることは、1973年1月のTUCの第2回同一賃金大会でも指摘され、男子組合員の支持の必要なことが訴えられた。男子労働者の反発が、やがて同一賃金要求ストを行った女子労働者への妨害にまで発展し、ストが失敗した特徴的な事例として、AEUW対サルフォト電気インティメントのストライキがある[21]。このような、男子組合員の反対による同一賃金争議の不成功に鑑み、75年のTUC婦人大会は、同一賃金と平等な機会の獲得をめざして闘う女子労働者を無視するこ

とのないよう、男子組合員の支持を求める決議をとくに採択しなければならなかった[22]。

1973年大会では[23]、男子労働者の問題の他、同一賃金闘争の過程の中で次の諸問題があることが報告された。

1. EP法の適用を避けるため、雇用主は様々な職務の格付け方式をとっている（たとえば、男女単一の格付けへの再編を行う中で女子を下のランクに格付けるなど。この問題は次節で詳細にふれる）。

2. 同一事業所に男子のいない、いわゆる「女子の職場」では、女子はEP法の恩恵を得られない。このような欠陥への対策として、職務評価は企業レベルでなく、1職種について全国レベルで行う必要があること、職務評価に対して組合は婦人の職務で伝統的に低く評価されている性質（器用さ、正確さ、速度など）を再評価するよう働きかける必要があり、職務評価委員会に女子の組合員をあてる必要が力説された。

3. 女子がEP法について抱く失業への懸念を解消するため、採用の際、女子の差別を禁止する立法が必要である。

この大会討議資料の中で、TUCは、EP法が実施されても、教育、産業訓練、昇進などの面での差別が除去されねば、女子は依然低賃金部門に止まりつづけること、そのため、GC（総評議会）は性に基づくすべての差別を禁止する立法を支持することを言明した[24]。のちにみるように、この種の立法が、具体的には1975年11月の「性差別禁止法」（Sex Discrimination Act 1975）として結実し、EP法と同じ日に発効することとなり、EP法を補完して、その効果を増大させる役割を果すことになった。

---

1)　Otto Kahn-Freund, Labour and the Law, 1976, p.154.
2)　カーン・フロイントは法の効力について次のようにのべる。法の「衝撃は過小評価されてはならないが、労働関係にあっては、法の規範は……雇主との話し合いと交渉とによって、もしそれが失敗した場合には、労働の引揚げによって主張される、労働組合と組織労働者との対抗する力によって支えられなければ、しばしば有効ではありえない」と。Ibid., pp.8-9.
3)　Hans. Parl. Debates, vol.795, col.929.

4)　　TUC, Women Workers 1970, p.40

5)　　おもに準備期間中の「同一賃金法」の実施状況を示す資料としては次のものがある。
（1）Office of Manpower Economics, Equal Pay: First Report on the Implementation of the Equal Pay Act 1970, 1972. これは、1970 年 5 月から 72 年春までの約 2 年間に、同一賃金導入にあたって生じた諸問題への雇用主の対処の仕方、導入の進展が婦人の雇用機会と賃金水準一般に及ぼす影響の調査を大臣が委嘱したものである。この研究は、同時に、この法の中間段階（73 年末）までの進展状況が思わしくない時には、大臣が、73 年から男子の賃率 90％にまで女子の賃率を引上げ、法の部分的実施の命令を出すことができるとの第 9 条の規定を発動するか否かを決定するための材料を提供する目的をもっていた（ibid., p.46）。この調査が対象とした産別レベルでの全国協約と賃金審議会は 230 件、1300 万の筋肉労働者をカバーし、うち女子は 350 万人である。また、150 万を対象とする公共部門の非筋肉労働者の全国協約も扱っている。企業レベルでは、多様な産業部門にわたる 145 の企業、および 200 の小企業（主として協約でカバーされている）の調査を行った。（2）Towards Equal Pay, D. E. Gazette, Aug. 1974.（これは 1970 年 5 月から 74 年 3 月までを調査の対象としている。）（3）Further progress towards equal pay, D. E. Gazette, Aug. 1975.（これは 1974 年 3 月以後を対象。）（4）Equal pay experiences in 25 firms, *D. E. Gazette*, Dec. 1976.（5）The first six months of Equal pay and Sex Discrimination, Ibid. がある。ここでは（3）の資料が 75 年 3 月までの調査を総括しているので、主としてこれを参考とした。

6)　　Further progress towards equal pay, D. E. Gazette, Aug. 1975, p.748.

7)　　この理由は不明である。

8)　　雇用省に登録されている全国レベルの労働協約による男女の賃率の変化を示す統計に見合う、企業レベルでの統計はない。企業は賃率の変化の詳細を提出する義務はない。ここでは ACAS（Arbitration, Conciliation and Advisory Service）の労使関係担当官の調査に基づく情報に依る。

9)　　OME, op.cit., p.27. 調査対象 142 企業中、約 3 分の 1 の 44 企業が同一賃金を導入していたが、40％以上の企業が導入もしていないし、導入するプランもないと答えている。多くの企業が全国協約での展開を待っている状態であった（ibid., p.24）。

10)　Cf. Further progress towards epual pay. この論文は筋肉労働者と非筋肉労働者の表をとりちがえていることに留意。

11)　Equal Pay and Equal Opportunity, *Industrial Relations: Review and Report*, no.70, Dec. 1973, p.3.

12)　この方策は次のとおりである。（1）9 つの地方のそれぞれに係官を増員、派遣して、EP 法下の義務をできるだけ多くの企業に周知させた。（2）1974 年 9 月、EP 法に関する助言的サービスは新たに ACAS に移され、ACAS は EP 法についての指導を引きうけた。（3）同年 10 月、大臣は、全国日刊紙、日曜版新聞に広告を出し、適当な行動を迅速にとるよう広汎な運動をはじめた。（4）12 月、フレイザー雇用省次官は、進展の遅い 43 の差別協約の交渉団体に書簡を送って、75 年末まで差別除去のための計画と見解を求めた。この中で大臣は、労働協約を労働審判所に付託す

る権限をもっていることを労使双方に注意した。（5）賃金審査会、農業委員会に、EP 法下の義務にあることを書簡で注意した。Cf. Further porgerss towards equal pay, p.747.

13) たとえば、TGWU は、1972 年 3 月、同一賃金について特別代表者大会を開き、同一賃金への進展速度を加速することを求める 6 項目の憲章を出した。AUEW は婦人大会を開いて、早期導入を迫った。GMWU も婦人大会を開くと同時に、職務評価の助言や、地方協定の監視の手段を含め、きめのこまかい方法をとった。EETU は、職務評価のガイドラインをつくり、機械工業の主要企業に対し、同一賃金導入の手段としてこれを使っている。OME, op.cit., p.29. ガイドラインの詳細については、Cf. EETU Starts Equal Pay Campaign in the Engineering Industry, *Industrial Relations: Review and Report*, no.32, May 1972, pp.15-16.

14) OME, op.cit., p.29.

15) TUC, TUC Conference on Equal Pay, 1973, p.9

16) この調査は 2 年半（実施前の 1 年半と実施後 1 年間）にわたって行われた。その結果は、Equal pay experiences in 25 firms, *D. E. Gazette*, Dec. 1976 として発表されている。調査対象企業の性格、規模については、同論文をみよ。

17) 男性優位が崩れることに反発するこの種の男性の動きは、TUC 婦人大会でも繊維産業の代議員から紹介されている。TUC, TUC Conference on Equal Pay, 1973, p.36.

18) Equal pay experiences in 25 firms, *D. E. Gazette*, Dec. 1976, p.1339.

19) Ibid., p.1339.

20) 同じことが 1973 年の第 2 回 TUC 同一賃金大会でも報告されている。すなわち、扶養者をもつ独身女子、離婚婦人、寡婦、未婚の母親などの間にこの怖れがあることが、NUGMW の代議員から報告されている。TUC, TUC Conference on Equal Pay, 1973. pp.56-57.

21) この場合、AUEW のコンベナーを除く男子労働者が、女子のピケットラインをこえ、女子ストライカーたちは、男子を「男性至上主義の豚」と非難したといわれる。N. C. Soldon, op.cit., p.182

22) TUC, Women Workers 1975, p.80

23) この大会は EP 法成立後 2 年間の進展状況を報告し、以後の方針を討議する目的で開かれた。しかし大会の前日、保守党政府は、インフレ抑制策として賃金凍結第 2 段階の白書を発表し、その中で EP 法第 9 条による、中間段階の 1973 年末に予定された大臣命令は出さないことを明らかにした。女子労働者のこれへの反応については、Cf. TUC Conference on Equal Pay, 1973, p.28.

24) Ibid., p.14.

第 1 章 「同一賃金法」の成立と問題点　91

第3節 「同一賃金法」の機能と問題点

1 「性差別禁止法」(Sex Discrimination Act) の成立

1

「同一賃金法」(EP法) が 1975 年 12 月 29 日に全面実施されて以来、現在まで約 3 年が経過した。また、EP 法にとって重要な補完的役割を果す「性差別禁止法」(以下、SD 法) が、75 年 3 月、議会に上程され、11 月 12 日に成立して、EP 法と同時に実施された。SD 法、75 年の雇用保護法その他の法律の実施に伴い、EP 法はいくつかの修正を被った。従って、EP 法の実施後のその機能と問題点を明らかにするためには、あらかじめ EP 法の修正点、EP 法に必要な限りでこの SD 法の内容と、この法により設立され、EP 法・SD 法双方の実施を監視する役割を与えられた「機会均等委員会」(Equal Opportunity Commission ―以下、EOC) の目的と役割にふれておく必要があろう[1]。

まず EP 法の完全実施にあたって修正され、あるいは与えられた便宜の主内容は、次のとおりである。

1. 女性を雇用する契約に平等条項が含まれていない場合でもそれが含まれているものとみなすこと (SD 法第 8 条)。

2. 労働審判所 (IT) での事情聴取の際、申立人及び被申立人のいずれもが自分の選ぶ人物 (弁護士、労働組合代表、雇主組合代表など誰でもよい) によって代表されることができる。

3. 実施に際して与えられた便宜としては、一定の所得や資本の限度内にある申立人が、無料または少額の費用で、25 ポンド相当までの法律上の助言を弁護士からうけられるよう援助する補助計画 (訴訟扶助法) を、EP 法に関しても利用できることである。

4. また IT の決定に不服な場合、雇用問題控訴審判所 (Employment Appeal Tribunal ―以下、EAT) に上告できることになった。EAT は、1975 年雇用保護法により設立され、その審判は判例法を形成することができる。

5. SD 法の結果、結婚にともなう労働条件についての差別は不法とされた。

しかし、SD法実施前の契約で、女子労働者に結婚祝金を支払う義務のある雇主は、男子労働者に対して同様な義務を生じることなく、女子労働者に対して従来通り支払うことができる。

6. 1975年、社会保障年金法（Social Security Pension Act）の制定に伴い、78年4月6日よりEP法は、当初適用除外となっていた職業年金計画の加入に関する雇用条件にも適用される[2]。

      2

SD法は85条よりなるが、そのうち、雇用分野に関して問題となるEP法との主な相違点は、次のようなものである。

1. 女性であることを理由に、職務やその他契約以外の雇用に関する諸手当の享受について男子より不利に扱うことを禁止する（雇用契約に定められている現金の支払いについての差別扱いは、EP法の所管である）。またSD法は、女子の労働が男子と同様な労働でない場合、また同等な価値労働であると評価されていない場合、その労働者に現金で支給される手当以外で、雇用契約の対象となる手当にも適用される（労働者が、同一または類似の労働、同等価値と評価された労働を行う他の性別の労働者よりも不利な扱いをうけた場合、それが雇用契約上の問題であればEP法の所管）。

2. SD法は、また、雇主が婚姻を理由として既婚者を同性の独身者より不利に扱うことを不法とする。さらに、以上のような性に基づく直接的な差別のみならず、間接的差別をも不法とする。なお間接的差別とは、男子よりも相対的に少ない数の女子が適合し得るような、しかもそれが正当であることを実証できないような条件を適用するものとして定義づけられている。

3. さらに被害者が、EP法やSD法での権利を主張したか、または、どちらかの法に関してとられた行動に関係したことを理由に、他人よりも不利に扱うことにより、その人を報復的に差別することは不法とされる（雇用分野での性差別のうち、以上の他、次のような性差別が禁止されている。雇主による労働者の募集、昇進、訓練、手当、施設に関する差別。労働組合、雇主団体、職業訓練団体、職業紹介所、労働力サービス委員会、中央官庁、軍隊、刑務所、助産婦（夫）、牧師その他における性差別）。

4. SD 法下の雇用分野での差別の苦情申立は EP 法と同じく IT で扱われる[3]。

では EP 法と SD 法の実施を監督する機関である EOC は、どのような目的と役割を与えられているであろうか。その職務は、（1）差別の除去、（2）一般的に男女間の機会均等の促進、（3）SD 法、EP 法の実施を監視、保障することである。また、（4）国務大臣の求めにより、または、委員会自身が必要とみなした場合には、これら 2 法の改正案を作成し、国務大臣に提出することができる。（5）さらに、（1）（2）の一般的義務を遂行するにあたり、衛生安全委員会（Health and Safety Commission）と協議の上、職場での衛生安全に関する法律のうち男女別々の取扱いを必要とする諸規定（主として 1961 年の工場法の労働時間にかかわるもの）を検討する特別の任務がある。

このような種々の任務を行うにあたり、EP 法に関して EOC は次の権限を有する。（1）法の原則に係るケースの申立人を援助し、その代表となることができる。（2）不法な差別行為、差別慣行を除去するため、公式調査や、告訴をすることができる。（3）不法な差別行為や慣行を中止するよう求める差別停止通告を出し、その通告に従うことが慣行上の変化を含む場合には、その変化を要求する。（4）差別停止通告に違反した場合、あるいは差別が続行された場合には、差止命令または命令を出すことができる[4]。

これらの任務と権限をもつ EOC は、委員長、副委員長の 2 名を常勤とする 15 名より構成され、年 1 回活動報告書を公刊することが義務づけられている[5]。

このように、長い歴史と深い根をもつ性差別を広汎な分野にわたって不法とする画期的な内容をもつ SD 法は、もちろん突如として成立し得たものではない。それは、第 1 に、同一賃金のみならず雇用分野での広汎な男女平等を要求して、とくに 1960 年代後半以降盛り上りを示した婦人労働者を中心とする労働組合運動と、アメリカのウーマンリブ運動の影響をうけ、67 年以降顕著となったイギリスの婦人解放運動との共同の産物である。この両者の運動の成果が、雇用の分野では 70 年の EP 法の獲得であった[6]。第 2 に SD 法は、アメリカで成立した 1964 年の「連邦公民権法」の影響をうけて[7]社会の差別の 1 つである人種差別を禁止したイギリスの 1965 年、68 年の人種関係法や、雇用契約上の諸条件の性差別を禁止した 70 年の EP 法の差別

禁止政策——性差別禁上の対象領域を雇用分野以外に、また一般男女に拡大することによって——の延長線上にある。SD 法は、人種差別にも内在するという意味で歴史的にはより古くかつより根本的な、社会における差別である性差別を禁止するという点で、社会における差別禁止立法の集大成として位置づけることができるのである。

　反差別法案は、1968 年から 72 年にわたり毎年のように提案され[8]、とくに 72 年には、上院でシアー女史が性差別禁止法案を第 2 読会に持ち込むことに成功した。その結果、上院特別委員会が設立され、婦人の地位が各分野にわたって検討され、報告書と大量の証言記録が公刊された。この委員会の報告をうけて保守党政府は、教育訓練の分野での差別のみでなく、非契約的な雇用分野での差別禁止を扱う反差別立法の導入を企て、その提案は、73 年 9 月、「男女の機会均等」（Equal Opportunity for Men and Women）とよばれる政策白書に示された。一方労働党は、すでに 72 年、野党青書（グリーンペイパー）「婦人に対する差別」（Discrimination against Women）を出し、74 年 2 月政権につくや、9 月には政策白書「婦人の平等」（Equality for Women）を出して法案の基本構想を明らかにした。保守党の白書と労働党の白書との本質的な相違は、EOC の身分と目的にみられる。前者では、EOC の第 1 の目的は世論の教化におかれ、法の実施の責任はなかった。しかし後者では、「全体として共同社会を代表し、公共の利益のため法を実施する責任のある公的（パブリック）機関（ボディ）が存在しないこと」は保守党白書の欠陥であると批判し、これを労働党が構想する EOC の主任務としたのである[9]。

　1975 年の労働党政府の SD 法案は、68 年法以来の人種関係法の分野での差別禁止の行政経験に学び、EP 法に対して、2 つの方法で立法の効果と範囲を拡大した。第 1 は、報復の方法による差別を不法としたこと、第 2 に、間接的差別の概念を導入し、これを不法としたことである。つまり SD 法は、68 年以来の反性差別法案の積重ねの成果と、人種差別禁止立法や EP 法の行政経験の成果との頂点に立つものであった。

1)　この SD 法の大部分の内容の邦訳は、『日本労働協会雑誌』212 号、213 号（1976 年 11 月、12 月）、『労働法律旬報』952 号（1978 年 5 月）に掲載されており、この 法律をとりあげた論文としては、安川悦子「イギリスの『性差別禁止法』について ──女性解放におけるその成果と問題点」（『1977 年現在』1977 年 11 月所収）、お よび樋口幸子「イギリス性差別禁止法の内容と現状」（『労働法律旬報』前掲号所収） がある。なお樋口氏は SD 法が人種差別などを理由とする差別禁止を含んでいない 点をアメリカに比べてのイギリスの特徴とされ、イギリスで人種差別を含むその他 の差別を問題とせず性差別のみを違法とする法律がつくられた理由は不明だとされ ている（同論文参照）。しかしこれは事実誤認である。イギリスでは 1965 年に最初 の人種差別を禁止する法律「人種関係法」（Race Relations Act）が成立した。この 法律はその後 68 年、76 年に修正法が成立している。また当該法を監督する機関と して現在「人種平等委員会」（Commission for Racial Equality）がある。

2)　以上の修正点については、Cf. Department of Employment, Equal Pay: A guide to the Equal Pay Act 1970, revised January 1976, paras.22, 48, 52.
　なお年金については、男子に雇用契約中の 1 条件として職業年金計画加入資格があ る場合には、彼と同一待遇をうける権利をもつ女子も、加入に必要な年令、勤続年 数について同一の条件で加入できる（第 6 条（1A）a）。

3)　Ibid., paras.57-60. Cf. Home Office, Sex Discrimination: A Guide to the Sex Discrimination Act 1975, 1975, paras.3, 18. SD 法の下で不法とされている性差別は、 次の 4 つに分けられる。（1）女性に対する性差別、（2）男性に対する性差別、（3） 雇用の分野における既婚者に対する差別、（4）報復の方法による差別。また性差別 の形態としては直接的性差別（性を理由に不利に待遇する）、間接的性差別とに分け、 いずれも不法とする。この SD 法の特徴は男女両者への性差別を禁止していること、 未婚・既婚の差別をも不法としていること、報復の方法による差別を規定し、EP 法・ SD 法の実施を保障する措置を備えていること、などである。

4)　Cf. Department of Employment, op.cit., para.56, Home Office, op.cit., paras. 11.2-11.7.

5)　委員の内訳は、TUC 指名の 3 名、CBI 代表 3 名、残り 7 名は教育界、法曹界、有 識者よりなり、国務大臣が任命する。このように労使代表が圧倒的でない点が TUC により批判されている。Cf. TUC, Women Workers 1977, pp.10-11.

6)　その他、1967 年の「国民保健サービス（家族計画）法」、67 年「妊娠人工中絶法」、 69 年「離婚改正法」など女性の福祉、地位改善を目的とする一連の法律がある。 これについては、佐藤共子「イギリス──婦人の政治的、法的、社会的状況」（『ジ ュリスト』「総合特集、現代の女性」、1976 年）を参照。

7)　O. Kahn-Freund, op.cit., p.184.

8)　たとえば労働党議員、J・バトラー夫人は、1968 年から 71 年まで 4 回反差別禁止法 案を上程しようと試みたし、71 年〜 72 年の議会で、労働党の W・ハミルトン議員 は個人議員法案として、反差別法案を導入した。しかしこれは、72 年 2 月 28 日、R・ ベル保守党議員により閉会時間までの討論戦術により葬られた。しかし、1 ヶ月後、

シアー議員が上院で反差別法案を第2読会にまでもちこんだ。Cf. L. Mackie & P. Pattullo, Women at Work, 1976, p.131. 上院では、その結果、女性差別について特別調査委員会が任命され、報告書が出されたが、これらのことはその後の差別反対運動に影響を与えた。

9) EOC, Annual Report, 1976, paras.4, 6-10.

2 「同一賃金法」の問題点

1

EP法の目的は、主として同一企業という一定の限定された組織の範囲内ではあるが、男子と同一の労働（この法の定義では、「概して類似な労働」、および「同一価値と評価された労働」）を行う女子に対し、同等の賃金率とその他労働契約上の諸条件の平等を保障することにある。

これにひきかえ——問題を主として賃金に限定するならば——労働運動が最終目標としているところは、男女の賃金収入の平等であるが[1]、それには、単に男女の基本賃金率が同一であるだけではなく、実働労働時間、交代制における平等、各産業および職務分野での男女の就業分布や勤続年数の均等化の実現が必要である。そしてこの種の均等化には、教育の機会均等と、男女の育児や家事負担の平等化、およびそれを支える労働時間の短縮、育児所などの安い公的施設と家事労働の社会化を背景とした高賃金職種における採用と昇進機会の平等、高い賃率職種への産業訓練の機会均等が前提とならねばならない。

これらの前提条件の実現にこそ、SD法の果すべき一定の役割があり、雇用面についていえばSD法の役割は、男子と同一の労働に就く女子を生みだすこと、すなわちEP法の対象となり得る女子労働者を増大させることである。しかし、さしあたり、現段階のEP法の目標は上記の意味で同一の賃金率（同一の時間賃率）および契約事項の平等の確保である。

ではEP法は、この意味での同一賃金率をどの範囲の女子労働者に保障したであろうか。EP法の実際の効果の問題については次項でふれることにして、EP法の機能を検討する場合、まずとりあげるべきはEP法の意図している「同一賃金率の確保」というこの「結果」である。その場合、問題となるのは、

第1章 「同一賃金法」の成立と問題点 　97

第1に、同一労働の定義が限定されているため、適用対象となる女子が主と
して「同一事業所」での男子と「同様な労働」、または職務評価により「同
一価値労働」と判定された女子に限定され、それだけ同一待遇実現にあたっ
て EP 法の実効性が少なくなることである[2]。すなわち、低賃金の「女子の
職場」で働く人々——男女競合しない職場で働き、比較できる男子が同一雇
用主の事業所、かつ同一の雇用条件下におかれている事業所にいない女子
——や、異種労働を行う男子がいても、職務評価制度が実施されていないた
め、男子と同一価値労働と認定され得ない女子労働者は、EP 法の対象から
は排除されるのである。

　すでに第1節でふれたように、女子の大部分は、低賃金産業、低賃金職種
——秘書、ホテル従業員、小売店員、美容師、軽工業の半・不熟練職種など
きわめて狭い範囲の、主として女子だけの職場に就業している。これらの女
子労働者は、職務評価によって EP 法の救済の対象となり得る余地があるが、
また同時に、その対象とはなり得ない現実におかれている人々でもある。と
いうのも、第1にこれらの職業は最も組織の弱体な部門で、職務評価が行わ
れても、あらゆる段階で強力な組合代表がいなければ、その結果は女子労働
者に有利とはならない。第2に、女子は小企業で働いており、雇主は職務評
価を行うひまも金もない。従って大部分の女子労働者にとってこの同一価値
条項は死文[3]である。このような同一労働の定義のもつ限界は、根本的には、
全職務の職務評価に基づく「同一価値労働」の定義の適用により救済される
のであるが、それにはこうした全般的な職務評価の導入が必要とする膨大な
費用と、職務評価がもたらす既存の職種間賃率格差の構造の再編が招く現行
労使関係の秩序の混乱が懸念される。そこでこのような事情への配慮の産物
として、かような狭い定義が成立したものである[4]。TUC・NWAC の議長
パタースン夫人が、法案審議中、女子の3分の2は恩恵をうけないだろうと
批判して失望を表明し[5]、また法が実施される年、1975年の TUC 婦人大会
で改正要求の決議案が成立したのも、まさにこの定義に関してであった[6]。「同
一労働」の定義として最も望ましい、職種・企業・産業の枠をこえた「同一
価値労働」[7]の立場からみて——のちにふれるように「同一価値労働」と判
定するまでの職務評価の仕方には問題があるにせよ——EP 法の定義は、最

初からきわめて制約されたものであったといわねばならない。

　第2の問題は、男女が「同様な労働」に従事している場合でも、性差別に基づかぬ制度上の差として、男女の差別待遇を認めていることである。すなわち、「真に実質的な相異」として業績考課（メリット）、勤続年数、出来高、その他に基づく格差を認めていることである。この制度は、性差別を個人の差として隠蔽することを許すものとして利用される[8]だけでなく、従来の男女間の収入の格差を回復する方策としても利用される。

　第3の問題は、この定義を与件として、それが実際にいかに適用されているか、適用にあたっての IT の機能の問題である。それは第1に、IT において同一待遇を認める根拠としての「同様な労働」の内容が広く解釈されているか、狭く解釈されているかの問題である。労働者は広く解釈して同一賃金の権利を獲得しようとし、雇主は、狭く解釈して、できるだけ賃金コストを抑えようとする。この権利をめぐる労使の対立に対し、IT がどのような解釈をとっているか、である。広く解釈されれば、それだけ EP 法の適用対象者は増大し、EP 法の実効性は増すことになる。第2に女子に同一価値労働を認めるにあたって職務評価の果している役割である。まず第1の点から検討しよう。

2

1．労働審判所における「同様な労働」の解釈

　「市民的自由のための全国協議会」（National Council for Civil Liberties ──以下、NCCL）は、1976 年末「平等報告書」（The Equality Report）を発表し、同一賃金についての申立てに対する IT の判決を分析した結果、「同様な労働（ライク・ワーク）」の内容が狭く解釈され、権利の救済に失敗している傾向があると結論づけている[9]。今、EP 法発効後 1 年間に IT に申立てられ決着をみた件数 1742 件の結果を表 1.21 についてみるなら、申立人が審判所で聴取をうける前に、申立ての取下げられる場合が半数近くに達すること（77 年度でも同様）が判明する。このうちには、ACAS や組合の助力で決着がついた結果、取下げられるものもある。しかし、多くのケースが理由も不明なまま取下げられている。ともあれ、事前調停により決着したり取下げられることなく[10]IT

表 1.21 「同一賃金法」下の action が完了した労働審判所での
申立ての分析

（苦情処理の結果）

	申立人数		全申立件数との割合　　　　（%）	
	1976 年[1]	1977 年[2]	1976 年	1977 年
調停による解決と取下げ				
調停が試みられた場合：				
解決	106	57	6.1	6.0
取下げ　　個人的解決	180 ⎫ 854	114 ⎫ 392	49.0	41.6
理由不明[4]	674 ⎭	278 ⎭		
その他の取下げ[5]				
個人的決着	4 ⎫ 73	0 ⎫ 1	4.2	0.1
理由不明	69 ⎭	1 ⎭		
審判所の聴取：				
申立人の支持	213	175	12.2	18.6
申立却下				
同様または同等でない	(73.8) 366 ⎫	(40.7) 129[3] ⎫		
同一の企業でない	(2.0) 10 ⎪ 496	(0.9) 3 ⎪ 317	28.5	33.7
実質的相異	(15.7) 78 ⎬	(39.4) 125 ⎬		
その他の理由	(8.5) 42 ⎭	(18.9) 60 ⎭		
	(100%) 496	(100%) 317		
総計	1,742	942	100.0	100.0

出所：Equal Opportunity Commission, 1st, 2nd Report より作成。
（1）1976 年の数値は 1975. 12. 9〜1976. 12. 31 の期間のもの。
（2）1977 年の数値は 1976. 10. 1〜1977. 9. 30 のもの、（1）と（2）には重複期間がある。
（3）1977 年の数値のうち 23 件は同等の仕事でないものである。
（4）ここには、当事者が個人的に合意に達したが ACAS に通告のないもの、また申立人が自分
　　の苦情は法の範囲外にあることを知ったものを含む。
（5）この内容は明らかでない。

の事情聴取にまで至った件数709件のうち、申立てが認められず敗訴した件数は496件、約70％を占めている。この敗訴した件数のうち明白に「同様な労働」で争ったものは366件、約73％で、高い比率を示している。この次に高い比率を占めているのは、「実質的な相異」に基づき敗訴した件数で76年には約16％、両者を合わせれば敗訴件数の89％に達し、この2つの問題がITにとって最も重要な問題となっていることがわかる。両者の、比率は異なれど同じ傾向は、77年においてもみられる。全件数からみるならば、労働者の言い分がITに認められて勝訴した件数は76年12.2％、77年18.6％にすぎない。このように敗訴の比率が高いのは、表で明らかなように結局は、「同様な労働」の解釈の狭さと「実質的相異」の解釈の広さに基づくのであるが、具体的にITでの審理を分析してそこでの問題点を探ってみよう。

　EP法の実施を監視する機関であるEOCは第1回報告書の中で、（1）「同様な労働」の定義、（2）「真に実質的な相異」の定義、（3）「雇用条件に関して実際的に重要な相異」の定義について、ITによって多様な、相異なる解釈が行われ、しかもこれが核心的な規定のために混乱が発生した、とのべている[11]。この点をいま少し立入って検討してみよう。

　　（1）　「概して類似な労働」の解釈
　「同様な労働」の定義は、2つの部分より成る。女子が「同一か、概して類似な性格」の労働を行っていること、女子の行う労働と男子の労働の相異が（もしあれば）「雇用条件に関して実際的に重要」なものではないこと、である。問題は、「概して類似な」の解釈で、これがEP法の「究極的には、成功か失敗かの鍵となる要因の1つ」とされた[12]。上告機関であるEATの最初の判決が出た1976年10月までは、全国のITの解釈はまちまちで、しかもこれを狭く解釈する傾向がみられた。既述の、この項に基づく申立の高い失敗率は、ITの不必要に狭い解釈に基づく。

　　たとえば、ケースⅠ　Mrs. O'conner v. Alpha Cleaning Services.　女子は一般の清掃に雇われ、男子は窓ふきと同時に一般の清掃をした。この場合[13]、ITはこの2つを「根本的に異なったタイプの労働」と判決し、女子は敗訴

した。

　ケースⅡ　Mrs. Bennett and others v. May and Baker Ltd.　女子の清掃人
は男子のトイレ付添人（アテンダント）と比較し、同一賃金を要求した。IT の判決は、両者
の行う仕事の詳細は何であれ、両者の労働は基本的には清掃することであり、
それゆえその労働は「概して類似な性格のもの」であるとし、女子は勝訴し
た[14]。

　この 2 例のように IT によっては、全く相反する判決が出された。個々の
IT にとっては、判断の手引きとなるものがなく、またその判決は両当事者
を拘束しない。従って、判例法を形成する EAT の最初の判決（1976 年 10 月）
までは IT の審判員の個人的判断により多様な解釈がされた。

　EAT は法の問題点を明らかにし、法の論理と内容を明白にする重要な役
割をもつが[15]、この問題について EAT が出した解釈は、幅広い内容のもので、
できるだけ申立人を救済する方向をとっていた。救済の方向は第 1 に、現在
比較する男子がいない場合でも、前任者が男子で、現在その仕事を行ってい
る女子の賃金が前任の男子よりも安い場合、前任者との比較によって女子の
同一賃金の権利を認めた（McCarthy Ltd. v. Smith）。女子の低賃金を保持す
るため男女の職務を分離する傾向が広がっており、この種の比較相手のない
ケースは、いくつかの IT では敗訴であった[16]。また申立人が男子との比較
を行う場合、IT は申立人が比較する男子を選ぶ権利を尊重するべきとされ
た[17]（Ainsworth v. Glass Tubes Components Ltd.）。第 2 は、「同様な労働（ライクワーク）」
について、IT のように 2 つの仕事の間の微細な相異にこだわらず、解釈を
ゆるやかにした（Mrs. Lawton v. Capper Pass Ltd.）。EAT はこの解釈につ
いて、労働が類似しており、類似の技能（スキル）、知識を要するにもかかわらず、2
つは「同様な労働」でないということは可能であるが、「それは誤りである。
明らかに法の意図は IT があまりに細かく調査して、労働が重要でない相異
だけを理由に、同様でないことを発見することを求めてはいない」とした。
従って、労働が同一か類似かという問題は、行う労働のタイプについて、一
般的な考察により答えられる。また、労働が概して類似でない性質のものと
すれば、そこで相異が考慮され、その場合、「実際の世間では雇用条件に反
映されそうもない、些細な相異や差異は無視されるべきである。いいかえれ

ば、いったん労働は『概して類似』の性質ありと決定されれば、IT はその経験により、相異が明らかに雇用条件のなかに発見することを期待される性質のものでなければ、それは『同様の労働』とみなすべきである。IT の判決やこの控訴審判所の事情聴取の討議の中でも、明らかに、ある労働が女性に適しているか否か、女子ができる労働か否か、相異が重要か否かなどと論じる傾向がある。これらは、法により指示された判断すべき問題ではない」[18]。EAT はこのように批判した。

　IT の解釈をめぐる次の問題は、「同様な労働」であることが立証されても、雇主が同一待遇を女子に与えることから免責される場合の条件、「実質的相異」の解釈をめぐる問題である。

　　(2)　「実質的相異」の定義について

　これが問題となるのは、次の 2 つの要件がみたされた場合である。申立人が IT に対して自分が男子と「同様な労働」に従事していることを確信させること、申立人と雇主の間に「同様な労働」に従事しているという点について合意が成立していること、要するに「同様な労働」であることについてはすでに立証ずみであることである。しかし、「同様な労働」の場合で男子と女子との契約上の相異があったとしても、雇主が、この相異が真に性差別以外の「実質的相異」に基づくものであることを IT に確信させ得る場合、この相異は契約上違法ではない。ただし雇主の側に、男女の賃金格差が真に実質的相異に基づくものであることを立証する責任がある。

　このような「実質的相異」(第 1 条第 3 項) の解釈について問題となったのが、①「類似な労働」すなわち「同様な労働」と判断する場合の条件である、「実際に重要な相異」(第 1 条第 4 項) との区別、②いかなる要因を「実質的相異」として認めるかという点である。①について、両者は言葉も似ていて大変まぎらわしい。しかし、「実際に重要な相異」の有無をいう場合比較されるのは、男女各々が行っている仕事である。けれども、「実質的相異」では、「彼の場合」と「彼女の場合」の比較で、すなわち労働の内容の比較でなく、個人的な要素の比較なのである。たとえば、20 年勤続の男子と、2 年勤続の女子が同一の仕事をしているとする。5 年の勤続年数毎に賃金が上

第 1 章　「同一賃金法」の成立と問題点　　103

る月給表では、この男子の賃金は女子より多い。この勤続年数は、性別以外の実質的差異と考えられ、この結果、この「実質的相異」に根拠をもつ男女の賃金差は違法ではなく、女子は男子との同一賃金を要求できない。勤続年数はつねに「実質的相異」と考えられることを意味せず、各々の特殊な事情による[19]。しかし雇主はこの「実質的相異」、「実際に重要な相異」条項をテコとして女子の同一賃金要求を拒否することが可能である。次の例は2つの概念の混乱した事例である。

　ケースⅠ　Goutcher v. Monteith Building Service Ltd.　13ヶ月勤続の女子と4年勤続の男子がいる。会社は、男子の長期勤続とより豊かな経験が、男子により高い賃金を払うことを正当化する「実質的相異」だと主張した。ITはこのケースでの「相異」は重要でないと判断し、会社は敗訴した[20]（ここでの問題は勤続を「実質的相異」とみるかどうかの問題である）。

　ケースⅡ　Hobson v. Rowntree Mackintosh Ltd.　ホブスン夫人はブラックマギーチョコレートの箱をセロファンで包む機械を運転していた。彼女は、キットケーリ（チョコレートの商品名）を包む機械を運転する男子との同一賃金を要求した。会社は、男子は消費者に消費される生産物に関係している、一方ホブスン夫人は、ただ外の箱を包むのに関係しているだけであると主張した。ITは会社の主張をうけ入れた。女子はすでに包まれているチョコレートの箱を扱っているのに対し、男子はむき出しのチョコレート棒（バー）を扱っている。生産物に関して男子が雇主に対して有する責任は、「実質的相異」として考えられたのである[21]。このようにむき出しのチョコレートを扱うか、包装されているチョコレートを扱うかの間にある些細な「責任」の相異を「実質的相異」として男女の賃金格差を正当づける論拠とするならば、全く同一の労働をしている場合以外には、同一賃金を要求できないことになろう。このケースでは「責任」の相異が「実際に重要な相異」であるかどうかが問題で、この場合、両者は「類似な労働」とすべきであろう。前掲表1.21にみるように「実質的相異」が雇主によって、男女の賃金格差温存の理由づけとして愛用される所以である。次に②の問題に入ろう。

　「同様な労働」を行う男女の間で最も頻繁に発生する「実質的相異」の1つは、ITで「赤丸（レッド・サークル）」ケースと呼ばれる種類の問題である。すなわち、男

女が同様な労働をしているにもかかわらず、男子が「歴史的理由」に対して高い賃金を得る場合、男子の高い賃金は「1つの異例」であるという場合、あの男は「特別のケース」だという場合、「男子の給料は保護されるべき」だといわれる場合、などである。5ヶ月の長期ストで女子労働者が勝ったトリコ・フォルバース会社の例は、この赤丸ケースによる争議であった。以下「赤丸」ケースの例をあげよう。

ケースⅠ　Bedwell & others v. Hellerman Deutsch Ltd.　これは、男子のいわゆる異常 (アブノーマリー) な地位から生じた「実質的相異」を主張した最初の「赤丸」ケースである。ここでは、女子の賃金は時間賃率で支払われており、「類似な労働」をしている男子は、職員身分 (スタッフ・ステータス) をもち、それゆえより良い雇用条件であった。職務評価計画の導入により、男女ともに時間賃率の格 (グレード) に決められた。旧賃率から、その職務の新賃率まで、女子の賃金は引上げられた。しかし男子は、彼が以前職員身分であったという理由で、なおも女子より高い賃率を維持した。この男子に対する女子労働者の同一賃金要求は、ITでは実質的相異として却下された[22]。

ケースⅡ　Crammer & others v. Corning Ltd.　アメリカ人所有の多国籍企業で働く4人の輸出積出事務員が同等労働と評価された同じ部門の3人の男子との同一賃金を要求した。1973年2月、職務評価に基づいてEP法の諸規定に見合うよう新賃金構造が計画され、74年12月協定に達したが、それが完全実施される75年12月までに、政府により6ポンドの賃上げ制限政策が導入され、この計画は実行されなかった。当初、会社は、このケースの場合、「実質的相異」は新賃金構造の実施の沿革と、賃上げ制限政策に基づくと主張。しかし、この計画が実施されても若干の男子は、女子より高い給料を得ることが暴露された。そこで「実質的相異」は「男子の個人的に保護された地位の異常さ」に求められ、この主張はITで受け入れられた。ITは、保護された収入は、新賃金構造が導入されても発生せざるを得なかったと論じたのである[23]。

前述の表1.21でも、「実質的相異」に基づいて敗訴したケースが78件あった。勝訴した件の争点の内訳が明らかにされないので、数字の上では明白にできないが、「実質的相異」に基づく女子からの反対の申立ては、勝つ場

第1章　「同一賃金法」の成立と問題点　　105

合が少ないことを NCCL の報告書は指摘している[24]。

　（3）　EAT における解釈

　こうした 2 つの概念の相異について、EAT は、「実質的相異」とは、女子が男子と「同様な労働」をしているかどうかとは無関係であること、「実際的に重要な相異」とは、なされる労働の内容の相異に関係する概念であることを明確にした[25]。また EAT は、男子が夜勤をすることが、「類似な労働」であることを否定する「実際的に重要な相異」であるかどうかが争点となっていた、Mrs. Dugdale and others v. Kraft Foods Ltd. の判決で、「実際的に重要な相異」の意味を一層明確にし、労働が行われるのが昼か夜かは、男女が行う事柄の相異を考察している場合には、無視されるべきであるとした。すなわち、夜業は類似な労働であることを否定する要因とはならぬとしたのである。また、「真に実質的な相異」の事例として、追加的サービスに対する付加賃金（Capper Pass v. Lawton）、アカデミックな資格の相異（Murray v. Lothian Regional Council）、慣習的な週労働時間数の相異（NAAFI v. Varley）はこの種の相異であると判定した[26]。また、責任などの個人的要素や「労働市場要因」も、「実質的相異」として正当化されることを示した[27]。

　EAT はまた、「実質的な相異」をなすとされ、IT で敗訴した「赤丸」ケースを審理し（Mrs. Snoxwell and Davies v. Vaxhall Morter Ltd.）、過去の性差別が男性への特別の保護（＝赤丸）すなわち、現在の女子との「実質的相異」を構成していると主張する場合、男女の契約上の格差は性差別に基づかぬ「実質的な差」であるとはいえぬこと、最初の性差別の結果を永続化させることは EP 法の意図ではない、赤丸自体は女子のより低い賃金を正当化する実質的相異ではないとの判断を示した[28]。そして IT は赤丸の発生原因を検討し、できれば赤丸は消滅し除去されるべきであると要望した[29]。

　この EAT の示した IT へのガイダンスを論評して、月刊雑誌『労務管理』（Personnel Management）の 1 論文は、この判決の効果として、1976 年に敗訴した同一のケースは 77 年には勝訴するだろうと指摘している[30]。このように EAT は、「同様な労働」の場合にはこれを広く解釈して、同一賃金の権利をできるだけ女子労働者に認める方向をとることにより、IT の機能を

女子労働者に有利な方向に規制している。しかしながら、「実質的相異」については、かなりの要因を認めており、その裁定についても問題がないわけではない。たとえば、クレイクロス会社対フレッチャー（Clay Cross（Quany Service）Ltd. v. Fletcher）のケースでは、同じ労働をしている男子が以前の雇用では高い収入を得ており、その賃金でなければ働かぬため、会社は女子よりも高い賃金を支払っている場合、EAT はこの格差を性別に基づかぬ「市場要因」、つまり「実質的相異」として認めた。このケースは、「労働市場要因」の扮装の下に過去の性差別──直接的か間接的か──の存続を認める裁定であり、今後大きな影響を及ぼすものとして、EOC は注目している。フレッチャー夫人は TGWU の援助の下に、SD 法違反として EAT に上告している[31]。

　このように、「実質的相異」をなす要因が性差別を隠弊した可能性があるか、また一般に、性差別に基づかぬ格差であれば、どこまで「実質的相異」として認め得るかという問題が、「実質的相異」問題には内在している。現在までのところ、EAT は歴史的にも性差別に基づかぬことが実証されれば、すべて「実質的相異」として認める傾向があるようにみえるのである。この理由は、雇主により従来の男女の賃金格差の存続と、EP 法の適用を免れるための労務管理上の手段として、今後大いに利用されることが予想される。事実、表 1.21 に示されているように、1976 年度では IT による申立却下件数 496 件中、「実質的な相異」に基づくものは 78 件で、全体の 15.7% であり、「同様または同等でない労働」366 件、73.8% に次いで第 2 位の地位にある。この「実質的相異」の理由により棄却される傾向は 1977 年度には一層強まり、棄却件数 317 件中 125 件、39.4%、約 3 分の 1 強に上昇し、EAT の指導で激減した「同様または同等でない労働」129 件に次いで依然第 2 位とはいえ、両者の件数の差は接近しているのである。同一賃金要求に反対する手段として「同様または同等でない労働」を根拠とする方法が、漸次 EAT の広い解釈で姿を消していくのに対し、「実質的な相異」を根拠とする同一賃金請求阻止の方法が、今後とも有効であることを、この表ははっきりと示しているといってよい。

2. 職務評価の問題点

同一待遇の権利請求の根拠としての「同一労働」の範囲を「同様な労働」^{ライクワーク}の規定以上に拡げる役割を担うものが、職務評価に基づく「同一価値労働」の規定である。では、職務評価は期待された役割を果しているであろうか。そこにはどのような問題がかくされているのであろうか。

第1に、職務評価の実施が企業に義務づけられていないことが問題である。確かに、EP法実施は企業に対しこの制度導入への刺激となっている[32]。しかし、導入するための経済的余裕のない小企業では、「同一価値労働」の規定は、全く何の有効性も発揮し得ない。第2に、職務評価上の性差別は禁止されてはいるが（第1条第5項）、職務評価は企業の労務管理の一手段であって、決して科学的なものでなく、主観的性格が強い。従ってそれは、女子労働の評価に不利に運用され[33]、科学的扮装の下に女子労働を男子と同一価値労働と格付けることを避け、従来通りの男女労働者間の格差を維持して女子への差別を合理化し、同一賃金の適用を免れる目的で、雇主によって利用されている。すなわち、伝統的な男子の労働に伴う重労働、危険などの要因に大きな点数が与えられ、女子労働に特有の手先の器用さ、迅速、単調さ、忍耐力などの要因が低く評価される傾向がみられる。また、職務評価計画の中の諸要素を女子が以前よりもより低い格^{グレード}になるよう改訂する、などの手段がとられている。

従来労働組合は、職務評価を職場での労働組合の力を減殺する目的をもつ経営技術とみなしてきた。また事実、職務評価制度は歴史的にこのような役割をしばしば果してきた。しかし、EP法実施にともない、組合は職務評価の役割を再検討する必要に迫られている[34]。同一賃金獲得の一手段として経営側ではなく、女子労働者に有利になるようこれを積極的に利用する必要がある。その場合職務評価のあらゆるレベルに組合が積極的に介入して、公正な評価が行われるよう監視するだけでは十分ではない[35]。女子労働者自身がこの職務評価の過程に参加して、経営・組合員を含めた男子の女子労働に対する偏見や、女子職務に伴う先述の特徴を低く評価する傾向を打破し、高い評価点を与えるよう活動することが必要とされるのである。

この点について、EATが組合の合意をこの制度の正当性判断の基準とし

ていることは、組合参加を促進するものとして役立つであろう。すなわち
ITが、経営側の職務評価の結果を、明白な理由もなく、そのまま受容した
り拒否したりしていることがEATにより批判されており、EATは労働者と
相談なしに行うなど、その運用に決定的な欠陥がなければ職務評価を無視し
てはならない（Green & others v. Broxtowe District Council）[36]とし、労働
者の参与した職務評価の尊重を主張しているのである。

3

　話をEP法の問題点にもどそう。
　同法の問題点の第4は、「真に実質的な相違」の場合は除き——この場合
には、雇主側に挙証責任がある——同等待遇の権利を請求する労働者個人の
側に、同一労働であることを証明する挙証責任がおかれていることである。
表1.22でみると、ITの審理において、1977年の数値では申立人中、個人が
約15％で少なくない。組合の代表する率があまり高くないことは、女子労
働者の低い組織率、つまり未組織の労働者が多いこと、法律家の少ないこと
は、経済的余裕のないことを示している。というのも、労働審判所での代表
に対しては、法的援助が利用できないからである。とくに申立人の性格が問
題だといわれている。すなわち、労働者はしばしば準備不足と不馴れのため
に十分挙証できないため敗訴する場合が少なくないからである[37]。それに比
べ、雇用主側は、弁護士を立てて争うため、労働者側が敗訴する比率が極め
て高いことは、表に明らかであろう。しかも個人が行うには、時間的経済的
負担がかかりすぎる[38]。ここに代理人としての労働組合の果す役割が重要な
ものとなってくるが、未組織の、または組合の弱体な労働者の場合、権利を
気軽に請求できないということは、問題であろう。労働者が権利を追求しや
すくするための1つの方法としては、審判所レベルの代理人についても法的
援助を利用できるようにすること、およびむしろ同一賃金を要求された雇主
側に、同一賃金を支払わぬ理由を証明する責任を転嫁する[39]ことが考えら
れる。
　問題点の第5は、EP法下の同一待遇の権利を具体的に判定する機関とし
て重要な役割をもつITの性格である。まず、女子審判員が少ないことである。

第1章　「同一賃金法」の成立と問題点　　109

表 1.22　労働審判所での申立人の代表別件数

(EP 法のみ)

	1976 年[1]		1977 年[3]			
	件数	全体との割合(%)	審判所で却下	審判所で勝訴	合計件数	全体との割合(%)
本人	12	5.4	36	10	46	9.4
労働組合	68	30.6	181	151	332	67.5
弁護士[4]	12	5.4	61	9	70	14.2
他人	10[2]	4.5	25	2	27	5.5
不明の代表	0	0	3	0	3	0.6
本人も代表も出席せず	1	0.5	0	0	0	0
不明	119	53.6	11	3	14	2.8
合計	222	100.0	317	175	492	100.0

(1) 1976 年の数値は、1976 年 10 月末までに NCCL が EOC からうけとった IT の判決の件数で、EP 法、SD 法両方にかかる件は除かれている。NCCL, Equality Report, 1976, p41 より作成。なお判決の結果は不明。

(2) このうち 2 件は夫である。

(3) 1977 年の数値は表 1.21 と同一で、EOC, Second Report, 1977, p45 より作成。なお、1977 年のこの数値に対応するものは 1976 年にはないので、不明件数が半分をこえ、不完全な NCCL の数値を、一応掲げた。

(4) 1976 年の場合は単に lawyer と記され、1977 年の場合には solicitor/counsel と詳細に記されている。

1976 年 10 月現在のふるい数値では、男子 1769 名、女子 494 名で女子の比率は 28％にすぎない。この点は、法案の審議過程で修正案が出されたところでもあるが、婦人の立場に理解があり、好意的である審判員の存在が IT の判決においてより婦人の権利を擁護するのに役立つことは十分期待される。また、法律の専門家ではあるが労働問題では全く素人である議長の性格が、EP 法を扱うのに不適当であることを NCCL の報告書は指摘している[40]。このことが、同一労働の定義の解釈にあたって微細な相異にこだわり、要求を退ける傾向につながっているものと推定される。この問題は TUC が法案審議の段階で修正を要求した点であった。事実 IT への不信から、トリコ・フォルバースの女子労働者は、IT への申立てを拒否して、5 ヶ月にわたるストライキによる実力行使ののち、同一賃金を獲得したのである[41]。なお、IT への申立ての手続き開始にあたって、役人が申立人に心理的圧迫を感じさせないような配慮の必要についても、NCCL の報告書では主張されている[42]。

　問題点の第 6 は、EP 法が、労働契約上のすべての条件についての同一待遇を規定しているわけではなく、退職、結婚、死亡に関する条件や年金などの付加給付（フリンジ・ベネフィット）は除外されていることである（結婚、年金については SD 法で除外）。

　問題点の第 7 は、EP 法第 3 条の規定が不備なため、企業レベルの団体協約、企業内賃金構造（employer's pay structure）における雇主の EP 法無視の企てを、しかも実施日にさかのぼって阻止し得ないことである。全国協約、賃金規制令の場合は、雇用省に登録を強制されていることもあって監視しやすく、EP 法発効日までに形式的差別は除去されたと雇用省はのべている。問題は登録されない企業レベルの協約、企業内賃金構造である。EP 法第 3 条は、男女別々に適用される規定を含む賃金協定や企業内賃金構造を、CAC（中央仲裁委員会）に付託して修正することができると規定している。しかし付託する権利は労働協約の場合、当事者の組合、雇主、大臣であり、企業内賃金構造の場合は雇主か大臣であって企業の労働者個人には権利がない。このことは、EOC も認めるように CAC 制度の主たる欠陥である[43]。この規定は次の 3 つの盲点をもっており、個人が権利をもたぬことが、組合のない企業でのこの盲点を決定的にしている。すなわち、(1) 協約、企業内賃金構造が

第 1 章　「同一賃金法」の成立と問題点　　111

CAC に付託されぬ場合には、EP 法発効後付託されるまで、雇主は合法的に差別賃率を支払い続けることができるものと解釈された。とくに企業内賃金構造の場合、組合が存在しない場合には、大臣の付託がなければ雇主はその気になれば何時までも EP 法を回避し得ることになる。大臣は個別企業のことまで知る機会は少ない。(2) この条項は、協約、賃金構造について当局の許可を求めることを規定していないため、EP 法発効後、CAC に付託されても、EP 法発効日に遡及して賃金を支払う義務は企業にない[44]。従って、協約、賃金構造の是正については組合の自覚、組合の組織化による CAC への早期付託が不可欠の条件となる。(3) 企業内賃金構造について付託の権利は雇主か大臣にある（第 6 項）。EP 法を雇主に強制するためには、大臣の CAC 付託が唯一の手段である。しかし、大臣が付託しうるケースは、企業内賃金構造が男子賃率、女子賃率の如く、形式的にも差別賃率が残っている場合である[45]。しかし、雇主が形式的に明白な違反をする場合は多くないと考えられる。事実、表 1.23 のように CAC 付託の件数が少ないことは、このことの一部を物語っている。実際、雇主は様々な EP 法回避の手段を講じており[46]、このような手段に対して労働者は、個人的に自分の差別問題を解決するか——この場合個人が IT に申立てる場合の諸問題がある——、より根本的解決としては、労働者が組合に参加して、または組合を強化することによって、団体交渉により企業内賃金構造を労働協約に変え、その中で EP 法実施を獲得するか、組合による企業内賃金構造の CAC 付託を通して実質的に同一賃金を獲得するかであろう。企業レベルでの EP 法実施を保障する手段は、組合運動の強化であり、法律の不備を補足し活性化するために強力な組合運動が不可欠となっている。

　こうした規定の欠陥は、1976、77 年に CAC に付託された企業レベルの団体協約、企業内賃金構造にかかわる案件の少ないことにも示されている（少ないことは即、差別が除去されたことを意味しない）。雇用省によれば全国協約、賃金規制令などにおいて、差別賃率は完全に EP 法発効日までに除去された。しかし、1976 年に付託されたそれ以外の協約は 35 件の少なさであった。うち事情聴取に至った 20 件について裁定が出されたが、その裁定内容は不明である[47]。しかし表 1.23 にみられるように、77 年のケースの企業

表 1.23　CAC（中央仲裁委員会）が 1977 年度に扱ったケースの
　　　　賃金構造に対する裁定内容[1]

裁定内容	事例数
職務評価の勧告	9
単一性の賃金構造の勧告	4
格付け構造の修正	8
女子の格付けを男子の最低の格付けへ引上げ	5
女子の格付けを普通男子へ引上げ	1
賃金政策が許す場合には、給与の完全な再査定の勧告	5

出所：EOC, Second Annual Report 1977, p.22.
　（1）これは会社または組合が検討を求めて付託したもの。

　内賃金構造をみると、EP 法発効後 2 年もたった 77 年という時点で、なおも
性別の賃金構造という最も単純かつ形式的な違反がまかり通っていたことは
注目される。おそらく組合ができてはじめて雇主が強制され付託されたもの
であろう。また修正内容も女子の熟練度に相応した男子の賃率への引上げで
はなく、中間段階として男子の最低賃率までへの引上げに止まっていること
にも注意されねばならない。LSE の 1974 ～ 77 年にわたる 25 企業調査は、
小規模ながら企業レベルでの EP 法の実施状況を明らかにしている。十分な
回答の得られた 19 企業中、EP 法が大部分の女子において全く実施されてい
ない企業 4、ほぼ実施されていると思われる企業数は 6 企業にすぎないので
ある。EOC が企業レベルでの EP 法の進行状況に満足していないのも当然
であろう[48]。
　問題点の第 8 は、全体として、EP 法が同一待遇の実現にあたって罰則に
より雇主に実施の責任をもたせず、その導入の仕方を労使のやり方に放任し
ていることである。すなわち、工場監督官のように、企業レベルでこの法律
を強制し違反を摘発する規定や、独立の機関を設けず、結局のところ労働者

第 1 章　「同一賃金法」の成立と問題点　　113

個人や組合の自発的な権利申立に依存しているのである。

　1968年の人種関係法に比べて、差別禁止を強制する方法として、苦情の申立と権利の追求があまりにも個人のイニシアティブに依存しすぎることは、目的実現のための手段としては弱いといわねばならない。この方式は、イギリスの労使関係に伝統的な労使の実力による自主交渉、産業自治を尊重する思想、強制的方法に批判的な保守党や雇主の負担への配慮に根ざしていると思われる。しかし、この方法のもつ弱点については74年9月に出された性差別禁止法案に関する労働党の政策白書「婦人の平等」（Equality for Women）が自己批判した点でもある[49]。この自己批判は、SD法成立にあたって、これを監督する機関としてのEOCの所管事項にEP法を含め、EP法に対してもEOCの積極的な介入手続きを一部認めることによって部分的には実現されたといえよう[50]。

　このようにEP法の履行を労使の自主性に大きく依存しているがゆえに、雇主がEP法の抜穴を利用して女子の職務内容の変化や、新たに差別的な企業賃金構造の再編をはかり、また他の事業所の男子との比較を通して同一賃金要求の行われることを防ぐため、同一雇主が各事業所に異なった職務体系を導入したりすることを許す危険がきわめて大きい。力関係に根ざす労使の自主交渉にEP法実施の多くを委ねているため、労働組合の果す役割に期待される部分がきわめて大きく、それだけ、自らの権利行使のために、女子労働者は組合に加入する必要が大となる。EOCが、EP法の企業レベルでの実施を含む労働条件の改善のための労働者の争議権はイギリスの労使関係制度に基本的なものだとのべて、EOCの介入の限界と組合への期待を表明したのも[51]、EP法が前提としている、このような産業自治の伝統を指摘したものであろう。

---

1)　　TUC, Women Workers 1976, p.46.

2)　　竹中恵美子「イギリス1970年男女『同等賃金法』について」（『経営研究』、1974年3月）、91頁。男子との同一賃金を要求しうる資格としての「同一労働」の定義はなかなか複雑であるので、雇用省は、同一賃金法の手引書では、次のような事例

をあげて、同一雇主の下での他の事業所の男子との比較の可能な有資格者の範囲を明確にしようとしている。すなわち、(1) 1人の雇主がA、B、Cの異った地方に3つの事業所をもっており、同一職務がこれらの事業所で行われている場合、A、Bでは、その職務が男女で行われ、Cでは女子だけで行われている。A、Bの男子は同一の雇用条件にあり、女子は3事業所とも、男子より悪いが、共通の条件におかれている。この場合、Cの女子は（A、Bの女子と同じく）、A、Bの男子と同一の扱いを要求できる。

　(2) 他方、A、Bの男子が異なった雇用条件にあり、A、B、Cの女子も異なった条件の下にある場合、3事業所は異なった雇用条件にある。この場合には、Aの女子はAの男子と、Bの女子はBの男子と同一の扱いを要求できるが、Cの女子はA、Bの男子と同一の扱いを要求する資格はないのである。Cf. Department of Employment, Equal Pay, 1976, pp.6, 7.

　つまり、同一待遇を要求できる要件は、たとえ類似な労働を行っていても、(1) 同一の雇主の経営する他の事業所に比較できる男子のいることだけではなく、(2) その事業所で女子の働いている事業所と同一の雇用条件が支配していることである。結局、ほとんどの場合、比較できる男子は同一事業所内の男子に限定されることになる。

3)　Jean Coussins, The Equality Report, 1976, p.11

4)　C. Larsen, Equal Pay for Women in the United Kingdom, *ILO, International Labour Review*, vol.103, no.1, Jan. 1971, p.3.

5)　N. C. Soldon, op.cit., p.181.

6)　TUC, Women Workers 1975, p.76.

7)　この定義は、資本家にとって「同一価値労働」を生むという意味ではない。職務の性質それ自体が必要とする労働の価値をさすものであり、誰がそれを行うかは問題ではない。

8)　たとえば、長期勤続ボーナスは、子供の出産のため母性休暇をとった場合、女子に不利になる。ある会社では、EP法に備え、勤続加俸をはじめる年令を25才以降に引上げて、男子に有利なようにした。考課給は、技術的資格や一般的能力に対して支払われ、これはしばしば恣意的である。出勤ボーナスは、病気の家族をみるために欠勤する女子にとって何らの斟酌もない。残業意欲手当は、残業ができない家庭もちの女子には不利である。Cf. Frank Field ed., Are Low Wages Inevitable?, 1976, pp.70-71, J. Hunt, op.cit., p.13. とくに残業手当や交代賃率は、女子を差別することなく、EP法による基本賃率における従来の格差の減少を相殺するものとして男子より期待され、組合代表もこの手段で、従来通りの男女の収入格差を維持しようとしていることをOMEの第1回報告書は明らかにしている。Cf. OME, op.cit., para.156.

9)　J. Coussins, op.cit., p17. 報告は、EP法の弱点や抜穴にもかかわらず、多くの女子がEP法を利用していることを指摘し、ITでの事件を分析して次のように結論づけている。(1) 法が公正、正確に適用されれば、現行法のままでも今よりもずっと多くの人が利益を得ることができる。(2) 女子や、その代表者、ITの審査員が法をよく

第1章　「同一賃金法」の成立と問題点　　115

知っていれば、より多くのケースで勝訴したであろう。(3) 法自身の不備のため多くのケースで負けている。いくつかの改正が必要である、と。Ibid., p.17.

10) 取下げの理由が明白でないものが多いことは、それだけこの統計を不十分なものとしている。この理由をさぐることは、EP 法の効果を測定する上で重要でもある。NCCL の報告書は、ACAS の、法律を理解していない役人から取下げるよう迫られたという報告を得ているとものべている。Ibid., p.17. なお、EOC は、IT の判決を集録しはじめて以来、多くの「取下げ」があるので、1977 年 7 月 1 日以降委員会がうけとった「取下げ通告」については、取下げ理由について考察するため追跡調査をすることを決めた。EOC, Second Annual Report 1977, p.20.

11) EOC, Annual Report 1976, para.16.

12) J. Coussins, op.cit., p22.

13) EOC, Annual Report 1976, pp.27-28, para.20.

14) Ibid., p.28, para.20. IT が「同様な労働」でないと判決を下した場合は、次のような場合である。(1) 男子がより大きな責任をもつ場合、(2) 男子が特別の技能をもっている場合、(3) 男子がより力のいる労働を行う場合（男子がブラインドを裁断し、女子がカーテンを裁断する場合）、(4) 男子に特別の義務がある場合（同じ倉庫助手でも男子のほうが時には運転もする場合）、(5) 男子が前に経験のある場合。

しかし IT はまた次のような場合も「同様な労働」と判決した。(1) 男子の労働時間に弾力性のある場合、(2) 男子が女子よりも重労働をする場合、(3) 男子が特別の技能をもつ場合、(4) 男子がより緊張する場合。事例をみると IT が同様なケースに相反する判決を出していることが判明する。J. Coussins., op.cit., pp.27-30.

15) Ibid., p.23.

16) EOC, Second Annual Report 1977, p.7, para.11. ここで EOC は「観念上の男子」という概念を導入することにより、解決の方法を考慮している。

17) EOC, ibid., p.14, paras.6, 7.

18) J. Coussins, op.cit., p.25.

19) Ibid., p.31.

20) 21) Ibid., pp.31, 32.

22) Ibid., p.33. なお、この件を扱った IT の議長は却下するにあたって自分の判決の正当性を擁護して次のようにのべたという。「この法に責任ある人々は、これらの申立に示されたような問題が生じることなく、1975 年 12 月 29 日に、労使関係にかような変化を達成し得るとは思ってもいなかっただろう」と。Ibid., p.34. なお、トリコ・フォルバースのストライキについては注 41) をみよ。

23) Ibid., pp.33-34.

24) Ibid., p.34.

25) EOC, Annual Report 1976, p.28, para.26.

26) Ibid., p.28, para.28.

27) Discriminated, Equal Pay and the Living Changing law, *Personnel Management*, Jan. 1978, p.24. EOC, Second Annual Report 1977, p.15, para.14.

28) このケースの具体的な経緯については次の論文をみよ。The Straight Facts about

Red Circling, *Personnel Management*, Aug. 1977. ここでは 1977 年の初頭に EAT が審理した 2 つの赤丸ケースがとりあげられている。Cf. EOC, Second Annual Report 1977, p.14, para.8.

29) Cf. Ibid., EOC, Second Annual Report 1977, p.14, paras.9-10.

30) Rubenstein and others, The Equal Pay Act: the EAT to the rescue, *Personnel Management*, Feb. 1977, p.9.

31) EOC, Second Annual Report 1977, p.15, para.14.

32) Cf. Equal pay experiences in 25 firms, *D. E. Gazette*, Dec. 1976, pp.1137-1138.

33) このような懸念は、OME（労働力経済局）の EP 法実施状況に関する第 1 回報告も指摘しており、TUC も、特別の基準が規定されておらず、組合により協約されていなければ、この制度により婦人への差別をうちたてることも可能だとのべている（『男女同一労働同一賃金の実現をめざして』同盟資料シリーズ、特集版 19 号、1973 年、33 頁）。最もポピュラーな職務評価制としては点数制度（point rating system）があるが、これが同一賃金にとって不利な点は、各要因による点数が経営側によって基本的には決定され、女子の労働に少ない点数を与えることである。Cf. F. Field., op.cit., p.71.

34) OME, op.cit., para.158. J. Hunt, Organising Women Workers, 1975, p.13. Equal pay experiences in 25 firms, *D. E. Gazett*, Dec. 1976, p.1338. 職務評価のもつ問題について、EOC 第 2 回報告も指摘している。EOC は職務評価についてガイダンスを出し、最終的には施行細則 Code of Practice を議会に勧告する意図であるとのべている。EOC, Second Annual Report 1977, p.7, para.12.

35) 法案審議の段階で、労働党議員ショート夫人は、組合の合意の下で職務評価を実施するよう修正案を出したが、政府は技術的な理由で反対し、これは実現しなかった。

36) J. Coussins, op.cit., p.35. これは常用の男子家賃集金人と同一賃金の権利を主張して IT に申立てた女子パートの家賃集金人に対し、申立て後雇主は職務評価計画を導入したところ、両者とも同一価値労働とされたので雇主がこの結果を拒否した。これに対し IT は、この計画が申立て後に導入されたとの理由でこれを無視した。

37) J. Coussins, op.cit., p.41. なお申立人についての性格に関しては、1977 年度の数値をみると、(1) 基本週給 31 ポンドから 50 ポンドのものが 63.7% も占め、それ以下とそれ以上が少ないこと、(2) 地域的にはロンドンを含む南部と中部の工業地帯に多く（53.1%）、(3) 事務職（14.4%）、製造業の製造修理部門（35.5%）などの職業に多く、(4) 企業規模が 500 人以上の規模の労働者は 52.3% で圧倒的に多いこと、(5) 申立人の年令は 35 〜 54 才のものが半数近くを占めることが判明した。EOC, Second Annual Report 1977, pp.44-45.

38) 1976 年 1 月発行の雇用省の「同一賃金法」の「改訂手引書」によると、権利請求者は、法的な助言と援助をうけられる制度ができた。一定の限定内での所得と資本をもつ人物に対して、弁護士から 25 ポンド相当までの法律上の助言を、無料か、または僅かな費用でうけることができることになっている。Cf. Department of Employment, Equal Pay, 1976, para.22.

39) 1978 年の TUC 婦人大会で、AUEW は雇主側に同一賃金を支払わぬ理由を示す責

任を転嫁させることによって、同一賃金法の強化を求める決議を出して採択された。Cf. TUC Women's Conference, *Labour Monthly*, May 1978, pp.118-119.

40) J. Coussins, op.cit., pp.44-45.

41) トリコ・フォルバース（Trico-Folberth）の女子労働者の事例とは次のようなものであった。この企業は、アメリカ人所有の多国籍企業で、約1万6000人の従業員をもつ車のワイパーおよびモーターなどのメーカーである。この事例はこの企業のミドルセックス州ブレントフォードの工場の2人の女子労働者が夜勤から昼間勤務になってもなおかつ女子より6ポンド50シリング多い賃金率を得ている5人の男子との同一賃金を要求して、5ヶ月間ストライキを行い、要求を貫徹したケースである。当初、所属組合のAEUWは1年がかりの団体交渉でこの問題を解決しようとしたが、会社がこれを拒否し、1976年5月、約400人の女子労働者がストに入り、AUEWは6月にこれを公認した。紛争はACASに付託されたが会社側は態度を変えず、ITに申立てを行った。組合側はITへの出席を拒否し、ストライキの早い時期に女子労働者たちはITが自動的に労働者を保護しないとしてこの機関を利用しないことに決めた。以前夜勤した時の6ポンド50の交代賃率を昼間勤務になっても余計に得ているこの男子を、ITは「実質的相異」に基づく特別の「赤丸ケース」として、会社側の主張を認めた。Cf. Industrial Management, Oct. 1976, pp.11-12, L. Mackie & others, Women at Work, 1977, pp.139-140, The Strike for Equal Pay at Trico-Folberth, *TASS Journal*, Aug. 1976, pp.16-17.

42) 報告書は、議長がEP法に偏見をもっている事例を紹介している。J. Coussins, op.cit., pp.46-47. NCCLの報告書は、申立人が申立申請書をうけとる時、役人が申立人の名前と住所を記すことを要求し、申立人がEP法の下で申立てをすることは重大なことだと十分わかっているかとたずね、その取扱いが脅迫的であったという苦情を紹介している。

43) EOC, Annual Report 1976, p.24, para.8.

44) 1975年、TUC・GCはこの点の改正を政府に要望したが、政府は改正が法的実際的問題を惹起せしめるとしてうけ入れなかった。またCACに付託される前に雇主に強制することは政府の意図でないと言明した。そこでGCは11月、加盟組合にこの点について注意を促した。TUC, Annual Report 1975, pp.72-73.

45) TUC, Annual Report 1975, pp.469-470.

46) LSEの調査その他は、EP法適用を回避するためにとった雇主の方法のいくつかを暴露した。それは次のようなやり方であった。
　（1）職務を分離する方法。同一賃金の比較を避けるために、男女混合の職種を、いずれか一方の性の職務に分離する。
　（2）職務評価計画の改訂により、女子を以前よりも低い格^{グレード}に下げる。
　（3）男女単一の格付けと給料表を導入し、大抵の男子はこの表の最低よりも上に格付けし、女子は大部分を男子より下に格付けする。
　（4）男女混合の職務の場合、男子を女子よりも高く格付けするために男子に追加の義務を与えて、男子の職務内容を変更し、同一賃金の適用を避ける。たとえば、男女2人のトイレ付添人^{アテンダント}の場合、男子は男子トイレ、女子は女子トイレで働い

ている。EP 法成立後、1 人の女子監督が、女子トイレに週 1 回監督に行くことにし、女子は、監督されない男子付添人と同一の賃金を要求できないとされたのである。

(5) 賃金格差の維持。女子の基本給与の増加を相殺するため、女子の出来高賃率をきびしくする。また、男女各々 1 つの賃率がある「運転工」のような職務は、いくつかの格に分けて、大抵の女子が男子と同一の賃率にならないようにする。

(6) 職名の変更。労働協約での男女の賃率の差を撤廃する代わりに、「重労働」「軽労働」として職名の差にすりかえるだけですませる。

(7) 同一の雇主の事業所間の比較による同一賃金要求を避けるため、各事業所に独特の職務構造を編成して EP 法の適用を回避する。Cf. Equal pay experiences in 25 firms, *D. E. Gazette*, Dec. 1976, pp.1338-1339, F. Field ed., op.cit., p.72, J. Hunt, op.cit., pp.13-14. 1973 年、サンデー・タイムズ紙は、雇主連盟（EF）の内部メモの一部をすっぱ抜いて掲載し、EP 法適用を避けるための雇主たちの組織的で慎重なやり方を暴露した。すなわち「職務評価が利用される場合には、ある職務の仕事内容を、再評価が正当化される程度まで変化させることにより、同一賃金のインパクトを最小限にすることができる。現行の職務構造の中で男子または女子を一定の職務から引上げることにより、同一賃金要求の範囲を制限することができる」と。また、職務評価が組合によりチャレンジされない場合には、経営側から割当てられたカテゴリやタイトルは最小限の格差により適応し、しばしば昇進させることの難しいグレードに女子を凍結させる。また雇主は、法が実施された時点での組合員による要求をあらかじめなくするため、早く職務評価をすることを奨励した。さらに雇主連盟は、EP 法で対立が生じた時には、女子労働者は男子労働者または機械に代えるよう助言した。J. Hunt, op.cit., p.14.

47) EOC, Annual Report 1976, p.24, para.7.

48) Cf. Equal pay and opportunity, *D. E. Gazette*, July 1978, p.778, Table I, EOC, Second Annual Report 1977, p.23, para.62. なお LSE の調査は、ホワイトカラー女子労働者中、団体協約も、EP 法に規定する企業内賃金構造も存在しない小企業での事務員や秘書は、団体協約でカバーされる筋肉労働の清掃人、食堂労働者と共に EP 法の規定外にあると指摘している。

49) Home Office, Equality for Women（cmnd.5724）, 1974, p.7. トリコ女子労働者のストを論評して、一論者はもし同一賃金が雇主の直接の絶対的責任とされたら、政策ももっとよく実行されたであろうと批判し、アメリカにおけるように、同一賃金を憲法上の労働権とすることを主張している。Cf. Industrial Management, Oct. 1976, p.12.

50) 本節 1 項の SD 法をみよ。

51) EOC, Annual Report 1976, p.29, para.31.

3 「同一賃金法」の効果

1

　EP法の目的は既述のように——さしあたり、賃金に限定していえば——「同様な労働」、もしくは「同一価値労働」とみなされた労働に従事している（主として同一事業所内の）男女間の賃金率の同一化にある。この側面では、表1.24に明らかなように、1970年以降、男子に対する女子の時間賃金の比率は——男女間に格差のある残業時間の影響を排除した——高くなってきている。それは、表1.25と表1.26にみられるように、5年間の毎年の賃上げ比率が女子の方が男子よりも大であったことの結果、70年の63.1％から77年の75.5％に急上昇しており、両者間の格差は縮小した（しかし表1.27にみるように、残業時間を含めると比率は、77年で約65％に下がる。他のEECのヨーロッパ諸国と比べてもイギリスの賃金格差は同一賃金に向かって一定の進展をした75年の時点でも大である。表1.28を参照）。この意味では、EP法の効果が明白に認められる。これは主として、影響の大きい全国レベルでの労働協約、賃金規制令における同一賃金の75年末までの完全実施に基づくものであろう。

　ただし、EP法完全実施後の1976年から、格差縮小のペースは著しく鈍化しており、このことは、企業レベルでの協約や企業内賃金構造における同一賃金の進展が（LSE調査でもその一端が明らかにされたように）速くないということとともに、EP法という賃率の同一化手段が男女間の時間賃金収入格差縮小に果す役割の限界を示すものと推測される。EOCも、EP法によってはこれ以上賃金（収入）格差の縮小は期待できないものと考えており、このような見方に立って、その活動の重心を賃金の男女差別のような直接的差別から間接的差別を阻止する方向へ、すなわち、女子が技術や昇進機会の獲得を通して雇用機会の平等を確保できるよう、SD法による訓練機会における差別撤廃の活用や教育を通しての男女の意識変革などに向けて、活動の重心を移す考えを表明している[1]。

　しかしながら、このような男女間の賃金（収入）格差は、単にEOCの考えている職業機会の均等化によっても解消できない性質のものである。というのも、時間あたり収入について男女間の格差が75％台で頭打ちになって

表 1.24　18 才以上の労働者の（残業時間を除く）時間平均総収入
　　　　（1970～77 年）

（ペンス / 時間）

	1970[(1)]	1973	1974	1975	1976	1977
男子	67.4	91.6	104.8	136.3	162.9	177.4
女子	42.5	60.3	70.6	98.3	122.4	133.9
格差	24.9	31.3	34.2	38.0	39.5	43.5
男子に対する女子の比率（%）	63.1	66.8	67.2	72.1	75.1	75.5

出所：EOC, 2nd Annual Report 1977.
　（1）1970 年の数値はペンスに直したもの。

表 1.25　男女の時間収入における年次増加比率（残業時間を除く）

（%）

	筋肉労働者		非筋肉労働者	
	18 才以上の女子	21 才以上の男子	18 才以上の女子	21 才以上の男子
1970. 4 ～ 1971. 4	15.5	11.6	14.2	13.0
1971. 4 ～ 1972. 4	13.2	12.2	16.7	14.0
1972. 4 ～ 1973. 4	16.1	15.2	13.9	13.1
1973. 4 ～ 1974. 4	20.1	14.3	19.8	15.7
1970. 4 ～ 1974. 4 マッチサンプル	82.5	64.9	81.9	68.6
完全な標本	76.8	63.0	62.5	55.2

出所：D. E. Gazette, Aug. 1975, p.753.

表 1.26　男女の基本時間賃率の指標での年次比率の
　　　　増加

（筋肉労働者、連合王国）（%）

	1970.3 ～ 1971.3	1971.3 ～ 1972.3	1972.3 ～ 1973.3	1973.3 ～ 1974.3	1974.3 ～ 1975.3
全産業					
男子	12.1	11.5	13.4	14.6	32.4
女子	15.5	13.6	16.2	19.5	37.4
製造業					
男子	11.5	10.3	12.8	12.7	29.4
女子	18.0	12.4	13.6	17.1	39.5

出所：D. E. Gazette, Aug. 1975, p.752

第 1 章　「同一賃金法」の成立と問題点　　121

表 1.27 週平均総収入の変化（1970 〜 77 年）

（ポンド / 週）

	1970	1971	1972	1973	1974	1975	1976	1977
男子	30.0	32.9	36.7	41.9	47.7	60.8	71.8	78.6
女子	16.3	18.3	20.5	23.1	26.9	37.4	46.2	51.0
格差	13.7	14.6	16.2	18.8	20.8	23.4	25.6	27.6
男子に対する 女子の収入の比(%)	54.3	55.6	55.9	55.1	56.4	61.5	64.3	64.9

出所：EOC, 2nd Annual Report 1977.

表 1.28 男子の平均時間収入に対する女子の収入の割合の
国際比較

（製造業の筋肉労働者）（%）

国名	1964 年	1971 年	1975 年
フランス	76	77	76
西ドイツ	69	70	73
イタリー	70	76	80
ベルギー	65	68	71
ルクセンブルグ	45	56	61
オランダ	56	61	72
スウェーデン	74	82	85
イギリス	57	59	66

（EEC. ILO）

出所：EOC, Annual Report 1976.

いる理由としては、本節2項のはじめにのべたような、職業分布における男女間の不均等問題——高賃金職種へ就業している女子の男子に対する比率が低いこと——などとは別に、賃金の決定自体について次のような問題があるからである。すなわち、1．EP法の適用過程での問題、2．EP法に認められている、結果として女子に不利に働き、男女間の賃金格差を発生させる諸手当の問題や、勤続年数にリンクした昇給制の問題、3．さらに類似な職業内で——男子は大企業、女子は小企業に雇用される傾向が強いため——男女間の賃金格差に結果するような、企業間賃金格差の問題がある。

1の適用過程の問題としては、(1)すでに本節2項でふれたような、同一賃金実施に伴う女子の賃上げを回避するための職務評価計画に基づく様々な方法が雇主によって利用され、もはや「女子賃率」として公然と特記されてはいないが、しかし事実上、女子賃率に止められていること[2]、(2)労働協約中、女子だけの賃率は、各々の熟練のグレードに応じた男子の賃率まで女子の賃率を引上げるのではなく——同一賃金に向けての最低限度の改善、すなわち第1段階として認められているように——男子の最低賃率に引上げる程度の改善に止まっていること[3]、(3)また最低の賃率をきめる全国協約レベルでは監視がしやすいので同一賃金率の導入を避けることはできないが、それに上乗せする会社レベルでの賃率では、この原則が導入されないことがあること、などがある。表1.23に示されているように、1977年の時点でも、会社レベルの協約について、CACは同一賃金に向かっての勧告を与えねばならなかった[4]。

また2の問題としては、(1)EP法で「実質的相異」として公然と認められている勤続手当、メリット給、その他種々のボーナスなどの付加給や[5]、(2)ホワイトカラーの労働者に認められるような、一定の職種内での勤続年数に基づく自動昇給制[6]に基づく結果としての差別、男女賃金格差がある。(1)は、全国協約賃金と企業レベルでの実収賃金の差として、ウェイジ・ドリフト（Wage drift）を構成しているもので、たとえ全国賃率で男女同一でも企業の段階で男女の賃金格差が発生するのである。たとえば——数値は1970年でEP法実施前のものではあるが——表1.11にみられるように、残業手当を除いても製造業では、男女各々の全収入の20％に近い比率を占める手当

がある。その中身は、出来高給、交代手当、夜業手当、精勤手当、勤続手当などを含むが、表1.12にも明らかなように全労働者について、基本給における女子の賃金の男子に対する比率をみると64％であるのに、諸手当を含んだ総収入では54.3％に下り、残業手当を含めても57.5％で6.5％下がっているのであり、これらの手当は、一般に女子にとって不利であることを示している。この差はEP法の実施によっても大差はないものと思われる。

また3の賃金率の企業間格差について、チプリンとスローンの共同研究は、類似の職務における大企業と小企業との賃金格差は20％にも及び、この格差が主として小企業での低い賃率によるものであること、また小企業では男子よりも女子を多く雇用していることを紹介している。そして結論として、婦人は低賃金支払企業に集中しているため、とくに筋肉労働者の場合、女子の賃金を上げるためには、高賃金支払企業に入る方が効果的であること、一般的に男女の賃金収入格差は、男女の職業間分布上の不均等によるよりも、むしろ、各職業内の男女の企業間賃金格差によって説明される部分がはるかに大きいことを明らかにし、その点では、機会均等をはかるSD法よりも、同一賃金立法の方が女子の賃金を引上げる力が大きいことを示した[7]。しかし、イギリスのEP法は1、2の問題に対処できないのみならず、主として同一企業の枠内でのみ同一賃金を実現することを目的とするため、この企業間格差に伴う、男女賃金格差の発生問題にも対応できない欠陥をもっていることになる。これらの問題の結果、残業手当を排除した平均収入の男女の比較においても、女子の収入の男子の収入に対する比率は、表1.24にみるように1970年の63.1％から、77年でも依然として75.5％に止まっているのである。

その上、1970～76年の格差の絶対額の変化についてみると、全産業では、70年の13.6ポンドから、76年の25.6ポンドへと増大している（表1.29参照）。この格差の絶対額が増大したことが、76年のTUC婦人大会で注目され、格差縮小が決議としてとりあげられたのである[8]。しかしながら、男子の組合役員や男子労働者は、EP法による男女の賃金率の同一化に伴って生じる従来の男女の収入格差の縮小に抵抗し、これを防止するため、残業手当など男子により有利な様々な手当を利用して、EP法実施後も依然として、同じ賃金格差を維持回復するよう努力していることが、すでに72年OMEの第1

表 1.29　男子および女子の平均収入（1970 年、1976 年）

		1970 年			1976 年		
		筋　肉 労働者	非筋肉 労働者	全体	筋　肉 労働者	非筋肉 労働者	全体
週（欠勤によって影響される者の賃金を除く）							
製造業	男子	28.5	35.4	30.4	67.4	80.9	71.4
	女子	13.7	15.1	14.3	40.3	43.1	41.5
	格差　　　（£）	14.8	20.3	16.1	27.1	37.8	29.9
	男子の収入に対する 女子の比　　（%）	48.1	42.7	47.0	60.0	53.3	58.1
全産業	男子	26.6	34.4	29.4	65.1	81.6	71.8
	女子	13.2	17.2	15.8	39.4	48.8	46.2
	格差　　　（£）	13.4	17.2	13.6	25.7	32.8	25.6
	男子の収入に対する 女子の比　　（%）	49.6	50.0	53.7	60.5	59.8	64.3
時間（欠勤者の賃金を除き、残業手当と残業時間を除く）							
製造業	男子	59.9	88.7	67.0	146.3	204.4	162.0
	女子	34.2	40.0	36.2	101.5	115.6	107.2
	格差　　　（p）	25.7	48.7	30.8	44.8	88.8	54.8
	男子の収入に対する 女子の比　　（%）	57.1	45.1	54.1	69.4	56.6	66.2
全産業	男子	62.2	99.5	74.1	141.0	210.6	166.6
	女子	38.1	52.9	47.2	100.2	131.8	122.4
	格差　　　（p）	24.1	36.6	26.9	40.8	78.8	44.2
	男子の収入に対する 女子の比　　（%）	61.3	53.2	63.7	71.1	62.6	73.5

出所：TUC, Women Workers 1977, p.23.

回報告で指摘されているのである。そしてまた、結果としてボーナス手当な
どが基本賃率における男女の賃金格差縮小を相殺しているという事実が、
LSE の 74 年から 77 年にわたる 3 年間の 25（ないし 26）企業の追跡調査の
結果でも確認されているのである[9]。

　このように、短い勤続年数、残業、交代制への制限など女子労働者がおか
れている現実の制約から発生する男女間の賃金格差のうちには、母親として、
また人間としてノーマルな社会的生活を送る権利という観点に基づく女子労
働の保護の必要からみて制約の撤廃が望ましいものではなく、それゆえ格差
発生も止むを得ないと考えられるもの（夜業手当、残業手当、交代制手当）
もあることは確かである。しかし、結婚、出産、育児、老人の看護の結果と
しての短い勤続年数、欠勤などに基づく勤続手当、精勤手当などにおける男
女間の格差は、女子労働者に占める既婚女子労働者の比率が半分に及ぶ現状
では、結局のところ、全労働者の労働時間の減少を基とした、性別分業の否
定による女子だけへの家事労働の負担からの軽減と解放、家事労働の社会化
——公的保育施設の拡大と充実、安いクリーニング設備など——と福祉施設
の充実によってしか解決できないものであろう。女子労働者への家事にかか
わる一切の負担の一方的押しつけから発生するこのような賃金格差は、EOC
の指摘する、単なる女子労働者への訓練機会の拡大を通しての技能の獲得、
昇進機会の平等化などによる、より高い賃金職種への雇用機会の均等化など
によっては解決できない。それはいわば、女子労働者への間接的差別に基づ
くものなのである。もし性差別禁止を徹底的に追求するなら、EOC は将来
この問題をも視野に入れざるを得ないであろう。

2

　EP 法で検討すべき第 2 は、女子労働力の利用に及ぼした影響である。
1970 年の EP 法導入時に同法の効果として問題となったのは、次の 2 つの
うちのいずれの結果が発生するかであったといわれる。すなわち、女子労働
者の雇用が高くつくことにより、(1) 女子労働は、機械または男子労働に替
えられ、失業を生むことによって女子の利益に反するか、(2) 雇主をしてよ
り効果的に女子労働力を利用させることによって EP 法は女子にとって一層

利益のあるものになるか、である。しかし、75年の時点でのLSE調査グループの報告は、25企業中2事例について女子に不利な影響を発見したにすぎなかった。1事例では、男子は女子の職務ができる上に、重い商品を持ち上げることができるとの理由で、多くの女子が男子によって代替された。他の1事例では、会社は女子の同一賃金導入コストのうちのいくらかを相殺するために、男子の職務に女子をつけたことが紹介されている。しかし、この調査は、労働の代替については、同一賃金コスト以外の他の要素が、女子労働に対する機械の代替に影響を及ぼすことに注意を促しながら、調査対象25企業の幾つかでは、女子の職務を減らす結果となる資本投資計画が進行中であるものの、この計画の時期やその規模について、EP法が主たる影響を与えた例はないことを明らかにしている[10]。

　EP法が発足した1970年を境に、全体として女子労働者の失業率の変化を男子のそれとの比較でみると（図1.3）、男子の失業率は70年以前から依然として女子の2倍から3倍に近い。しかし70年以後は両者の変化がほぼ平行する形をとり、76年7月以後は女子の失業率が男子の失業率に比し相対的に高くなる形跡が認められる。また既婚女子労働者の全失業者に占める比率が着実に高まり、78年現在、公式発表で28％に達していること（未登録者が多いため実際はこれよりも高い）が同年のTUC婦人大会で報告された[11]。これら2つの事実がEP法実施と関係があるのかどうかは、今少し詳細な検討が必要である。

　第3に検討すべき問題は、生産費への影響である。EP法導入にあたり経営者の最大の懸念は、生産費増加とインフレ効果であった。しかしLSE調査は、その懸念にもかかわらず、25企業中1企業だけがEP法のコストへの影響を詳細に記録しているにすぎぬこと、EP法によるコスト増を、他の労働コスト増と区別する試みを行っていないことを発見している。その結果、1企業の1部門だけが同一賃金によるコスト増によって同一賃金実施の他の競争企業たちよりも生産価格が高くなったため閉鎖され、170（うち150は女子が行っている）の職務が失われ、60人の女子が失業したことを報告している。いずれにしても、25企業という少数の調査では、予想された結果が、明白にあったと断定するには不十分であるというべきであろう。現在までの

図 1.3　男女別失業率の変化（1955〜78 年）

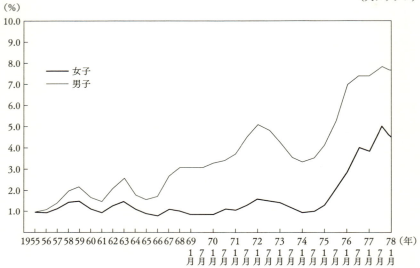

出所：D. E. Gazette, Dec. 1972, 1975, May 1978.
注 1. 失業者　新卒者および成人学生を除く。但し 1976 年と 1977 年の数値は再現を含む。

ところ女子の雇用について EP 法による明白な影響を実証する資料はないといってよい。

　最後に、EP 法が、予想されたように、高賃金女子労働者に有利で低賃金労働者に不利であったかどうかという問題がある。低賃金労働者の問題は別稿で扱いたいと考えているのでここでは詳論しないが、先にもふれたように、ある雑誌は、EP 法の効果として、筋肉労働、非筋肉労働を問わず、高賃金グループの女子労働者により高い比率の賃上げをもたらしていること、比較し得る男子のいない、女子労働者が支配的な産業（たとえば衣料、繊維産業）での賃金上昇率が低いこと、最もありふれた女子の職業であるミシン工などの例では、男子との格差がほとんど縮小していないことを明らかにして、この予想を裏づけている[12]。1977 年の IT の申立人は低賃金労働者よりも高賃金労働者の比率がはるかに高い。99 人未満の零細企業の労働者の占める比率が 12.6％にすぎないのに対し、1000 人以上の大企業労働者の比率が 39.5％（500 人以上の場合 52.3％）を占めることにもその理由の一端が示されていると思われる[13]。

---

1)　EOC, Second Annual Report 1977, p.5. および EOC の教育部長、ヘイリー女史の来日中の発言（『朝日新聞』1978 年 11 月 8 日朝刊「教育を基本にします―英国の男女平等を語る―」）をみよ。なお表 1.28 についてのべておくと、同一賃金へ向かっての進行の程度を比較する場合、収入をとって比べることは問題がある。しかしながら、同一賃金へ向けて動きはじめた 1964 ～ 75 年間の進歩を比べることには、一定の意味があろう。この表のうち、スウェーデンの進歩は注目すべきでスウェーデンでは、1960 年、スウェーデン雇主連合（SAF）とスウェーデン労働組合連盟（LO）との間の同一賃金協定を土台にこのような進歩が獲得されている。EOC, Annual Report 1976, pp.31-32.

2)　Equal pay and opportunity, *D. E. Gazette*, July 1978, p.778.

3)　Ibid., pp.777-778. および CAC の行った数多くの裁定をみよ。1976 年度に CAC に付託されたのは 35 件で、そのうち 5 件が取下げ、20 件が裁定を得、3 件が延期、7 件が事情聴取待ちとなっていた。Cf. EOC, Annual Report 1976, p.24. これらの裁定の内容の 1 例をあげると、1976 年 8 月裁定のジュニテック社およびメタリック社 v. G & WU の労働協約に関する CAC の裁定では、不熟練労働者よりも高い技能をもつ女子労働者の賃率は、77 年 1 月以降漸く男子労働者の最低賃率である不熟

練工の賃率まで引上げるよう勧告されているにすぎないのである（もっとも最終的には、熟練、半熟練、不熟練のグレードに応じた賃率に女子を引上げるよう勧告はしているが）。Cf. CAC, Award no.19, 20, 1976, paras.36-37.

4) Cf. EOC, Second Annual Report 1977, pp.22-23.

5) F. Field, op.cit., pp.68-76. これらの手当以外に、イギリス企業における種々な特別手当の種類と、それが賃金総額に占める比率、および、それが増加する傾向にある理由については、Cf. R. I. Hawkesworth, Fringe Benefits in British Industry, *British Journal of Industrial Relations*, vol.XV, no.3, 1977.

6) 公共部門の非現業労働者では、1973 年の時点で、全体の 92.6%、約 250 万人がこの制度の対象とされ、私企業では、この制度の対象者の比率ははるかに低いとされている。この制度による男女格差も「実質的相異」とされたことは既述のとおりであるが、自動昇給制では既婚女子労働者は勤務の中断により不利となる。B. Chiplin & P. J. Slone, Male-Female Earnings Differences: A Further Analysis, *British Journal of Industrial Relations*, vol.XIV, no.1, 1976, p.80. その内容については、Cf. Office of Manpower Economics, Incremental Payment Systems, 1973, p.6.

7) Chiplin, op.cit., pp.79-81. 小分類の狭い職業グループをとって男女の賃金格差をみると（1974 年）、13.7 ポンドで、うち 15.3%にあたる 2.1 ポンドは実働時間の差により、5.0%の 0.7 ポンドは職業分布の差により説明され、格差のうち 79.6%にあたる 10.9 ポンドが、男女間の収入の格差によって説明されるとのべている。Ibid., p.79. この結論に至る方法については、同論文を参照せよ。しかし筆者は、企業間の賃率格差と、女子が小企業に集中している傾向を十分明らかにする統計は入手していない。アメリカでもイギリスと同様に 20%に近い企業間格差──とくに男子だけ雇用している企業と女子だけ雇用している企業で格差が大である──のあることについては次の論文をみよ。John E. Buckley, Pay differences between men and women in the same job, *Monthly Labour Reviews*, Nov. 1971.

8) TUC, Women Workers 1976, p.43.

9) D. E. Gazette, July 1978, p.778

10) Equal pay experiences in 25 firms, *D. E. Gazette*, Dec. 1976, pp.1339-1340.

11) TUC Women's Conference, *Labour Research*, May 1978, p.118.

12) Cf. Low Pay Unit Bulletin, no.14, April 1977, pp.2-5.

13) Cf. EOC, Second Annual Report 1977, pp.45-46, Table 2, 5.

4 「同一賃金法」実施に対する労働組合運動の対応

1

前の 2 項で示したような、EP 法の問題点および効果に直面して、イギリスの労働組合運動はどのように対処してきているだろうか。

まず第 1 に、女子労働組合員を中心とするストライキという実力行使の手

段を通して、同一賃金の獲得をはかっている。1972年、TUCは同一賃金獲得を目的とする実力行使を行う組合を支持することを決議したが、この種のストライキがいくつも発生した。先述の75年の多国籍企業トリコ・フォルバースの女子労働者のストは、そのよい一例である。彼女たちは、同一賃金を要求するにあたって、これを拒否する会社に直面して、同一労働に対して狭い解釈を示すITに申立ててEP法を利用する方法を避け、5週間にわたる実力闘争に直接訴えて、会社にその要求を認めさせた[1]。

　第2に、実力で同一賃金を獲得する一方で、TUC大会や同婦人大会で次のような点でのEP法改正が決議され、要求されている。1．EP法の適用対象を多数の低賃金労働者に拡大するため、（1）同一労働の定義を「同一価値労働」に拡大統一すること[2]（1977年大会）、（2）比較する男子のいない女子労働者の賃金を引上げるため「観念上の男子」（a notional man）の存在を想定し、それとの比較を行うこと（1976年）、（3）同一企業の狭い枠をこえて同一産業内、地域内の企業間の横断的比較の権利を認めること（1976年）である。2．女子労働者がITに類似な労働による同一賃金の権利を申立てた場合、「類似な労働」の挙証責任を現在の労働者から雇主へ転嫁し、同一賃金が支払われぬ理由を明白にする責任を雇主に負わせること[3]（1978年大会）——このことによって、同一賃金の権利を労働者が得やすくなる——などである。しかし、TUC・GCは77年の時点では、改正には慎重な態度をとり、EP法について十分な経験が積まれないうちに改正を追求することは好ましくないと考えている[4]。EOCも77年の第2回報告で、EP法の改正内容として、この「観念上の男子」の方法の採用を考慮しているところである[5]。

　第3に、TUC婦人大会は、各組合がEP法実施に積極的に参加することを要望した。すなわち、ITに出席する組合代表の十分な訓練を行うこと[6]により、組合員である申立人の利益を十分代表できるよう努力している。

　第4として、AUEWの急進的な代議員は、職務評価の実施にあたり、女子労働が備えている技能を再評価し、従来社会によって課せられた差別的要因を補償するように評価しなおすことを、組合員、組合役員に要求している。この再評価により、主として女子だけが行ってきた労働——とくに伝統的に低く評価されてきた秘書などの労働——に従事する女子労働者の賃金が改善

されるものと予想されている[7]。この職務評価の改善を保障する方法として、左翼の「労働者統制運動」の側から、職務評価計画の実施にあたっては、その半数以上を女子が占める工場委員会が監督すべきであるという提案がなされている[8]。確かにこの方法は有効であろう。しかしその実現は簡単ではないであろう。

第5に、同一賃金の獲得には、何よりも、女子労働者自身による積極的な組合活動への参加の必要性が強調された。それは、たんに女子の組織率を高めるという程度のものに止まらず、女子が、ショップ・スチュワードや専従の役員、全国中央執行委員として組合活動の中核に積極的に参加することを求めている。表1.30は女子労働者の代表がいかに女子組合員数に比べ相対的に少ないかを示している[9]。このように組合の中核に女子が加わっていないことは、とりわけ、一般男子労働者の偏見や抵抗を克服して、女子労働者の利益を積極的に推し進めねば効果を期待できないような同一賃金交渉や職務評価計画にあっては、その結果が、女子にとって期待はずれのものになることを十二分に想像させる。事実、1970年以後のEP法実施過程での歩みののろさは、組合における女子の果す役割の貧弱さと密接に関連しているものと考えられる。

2

第6、同一賃金収入という意味での同一賃金を獲得するために、TUCが提唱している方法には、職業における平等な機会を保障するために、労働協約の中で「機会均等条項」を獲得する方法がある[10]。これにより、女子が低賃金職種に封鎖される状態、すなわち、「婦人だけのゲットー」に終止符をうつことが模索されている。

女子労働組合員の現状を分析したハント夫人の明らかにするところは、すでに1961年という早い時期に同一賃金が導入されている教育部門でさえ、最低の格に男子は24%、女子の54%が格付けされているのに比し、高い賃率の格では、男子が不均等に多く、その結果、女子教員は男子より平均週10ポンド低い収入であるという[11]。同じような事実は、他の同一賃金導入部門である、地方自治体職員に関しても確認された[12]。

表 1.30　労働組合における女子の代表

(1976.9)

組合名	全組合員に対する 女子組合員の割合	専従役員	全国執行委員数	TUC への代表者数
APEX	55	1 (3)	4 (8)	3 (7)
CATU	53	0 (3)	2 (9)	2 (4)
COHSE	70	5 (28)	1 (19)	0 (5)
CPSA	68	4 (19)	8 (17)	8 (20)
NUHKW	73	2 (22)	2 (18)	1 (8)
NUPE	65	2 (79)	6 (16)	4 (21)
NUT	75	2 (19)	4 (36)	1 (23)
NUTGW	88	6 (35)	5 (13)	5 (13)
TWU	65	3 (5)	1 (12)	1 (3)
USDAW	59	4 (78)	1 (10)	5 (15)

出所：Low Pay Unit Bulletin, no.14 (1977. 4), p.7.

APEX　　　Association of Professional and Executive Staff
CATU　　　Ceramic and Allied Trade Union
COHSE　　Confederation of Health Service Employees
CPSA　　　Civil and Public Services Association
NUHKW　　National Union of Hosiery and Knitwear Workers
NUPE　　　National Union of Public Employees
NUT　　　National Union of Teachers
NUTGW　　National Union of Tailors and Garment Workers
TWU　　　Tobacco Workers' Union
USDAW　　Union of Shop, Distributive and Allied Workers

注 1.　カッコ内の数字は、女子の組合員の割合に応じて必要とされる女子代表者数。

第 1 章　「同一賃金法」の成立と問題点　　133

EP法と同時に実施されたSD法は、雇用分野では、性、結婚を理由とする差別は不法としている。雇用分野では、応募にかかわる諸条件（雇用条件、求人の際の応募拒否・オミット、昇進機会、異動、訓練、手当、施設、サービスの提供拒否またはオミットなど。人物によって不法な意図を示すような広告──すなわち、ウエイター、スチュワーデスなどのような職種の表現）について労働者は差別されたことをITに訴える権利があり、既述のようにEOCもまた個人を代表してITに告訴できる。またEOCは差別的慣行を調査し、差別を中止させる差別停止通告を出す権利、差止め命令の権限を有する。しかしSD法は、EP法同様、不服申立人のある場合にのみ実施される受動的立法である[13]。

　そこで、TUC・GCは1975年3月、加盟組合に対して、現行の女子保護立法と矛盾しない「機会均等条項」を協定に挿入することを提案する「ガイダンス」を出した。そのモデル条項は次のとおり。この協約の両当事者は、労働者の性、婚姻、信条、皮膚の色、人種、または宗教にかかわらず、雇用における機会均等を促進する積極的政策の展開に参加（コミット）する。この原則は、賃金（ペイ）、労働時間、休日資格、残業、交代労働、仕事割当、保障賃金、疾病手当、年金、募集、訓練、昇進、失業を含む全労働条件に関して適用されるものとする（この条項は、工場法の女子労働者保護に抵触しないよう意図されていることが、組合に明らかにされている）。「経営側は、訓練、昇進機会についてすべての有資格労働者の注意を喚起し、かつ機会均等についてのこの協約を全被用者に知らせるよう努めること」。「両当事者は、時々、労使合同機関を通して機会均等政策の運用を検討することに同意する」。「自分が性、婚姻、信条、皮膚の色、人種、宗教に基づいて不平等な扱いをうけていると考えた労働者は、不服申立てを行うことができる。その申立ては合意された苦情処理手続きを通して処理される」[14]。

　個人の自発性に主として依存するSD法の限界を、組合という組織によって、また身近な協約の中で、具体的な形で職業機会均等の権利を獲得することによって補完してゆくというのがTUCの考え方なのである。

　すでにみてきたように、イギリスの女子労働者は、同一賃金を獲得するにあたって、EP法のもつ限界を十分認識し、法改正の方向を具体的に追求し

ている。それと同時に、イギリスの女子労働者は目的実現のためには、何よりも女子労働者の組織化の促進と、それと並行して、女子組合員が積極的にTUC・GC をはじめ、労働組合運動の指導的、中核部分に入っていくこと——そのことにより、女性により有利な政策が展開されるようにすること——が必要であることを痛感しており、現在その方向に向けて具体的に運動を進め、また一定の成果を収めてもいる[15]。労使の自主性に従って、労使の力関係に同一賃金の実現を大きく委ねている EP 法においては、結局のところこの方向以外に労働組合運動がとるべき方法はあり得ない。このための重要な機関として TUC 婦人大会が存在する。

　1970 年前後から、とりわけ EP 法・SD 法が実施された 75 年以降、TUC婦人大会で毎年提起される問題として、この TUC 婦人大会の廃止問題がある。廃止を要求する組合の大半は、すでに同一賃金獲得の伝統をもつ公務員組合やジャーナリストの組合など、ホワイトカラーの比較的恵まれた女子労働者の組合である。廃止要求の根拠は、主として、TUC 大会とは別個の婦人大会それ自体が女性への差別を存続させるものであるという点にある。しかし、このような廃止の動議に対して、女子労働者が現実に、真の平等を獲得するまでは、その存続が必要であるとの良識ある見解が多数を占め、その結果この大会は現在も存続しつづけているのである[16]。とくに第二次大戦後、この婦人大会が同一賃金やその他女子、年少労働者の労働、生活諸条件の改善に課題を集中し、GC に働きかけ、とりわけ EP 法の成立に大きな役割を果したことを回顧する時、EP 法や SD 法の実施を含め、女性が社会的、経済的地位において男性と平等な地位と、それを保障する社会的環境を獲得する上で、TUC 婦人大会が果すべき役割は、なおきわめて大きいものといわねばならない[17]。

---

1)　　この他、1973 年の AGAT（製図関連組合）のストについては、N. C. Soldon, Women in British Trade Unions 1874-1976, pp.181-182. および 1975 年のコペントリーのダンロップ社の 600 人の事務員のスト、ルートンのエレクトロルクス工場での1400 人のストについては、小林勇「欧米諸国の婦人労働者の闘争」（『労働運動』

第 1 章　「同一賃金法」の成立と問題点　　135

1975 年 8 月号）をみよ。残念ながら同一賃金ストが何件あったかは、政府統計では不明である。

2)　これは、まず 1975 年の TUC 婦人大会で、また 76 年の TUC 大会で決議として採択された。Cf. TUC, Women Workers 1975, p.76. TUC, Annual Report 1977, p.64. しかし、この定義については、それが客観的でない職務評価を前提とする、との理由で反対する「労働者統制」運動の立場からの批判がある。この立場では同一労働の定義として、「全職業における婦人の平均賃率が男子のそれと異ならない状態」をあげている。A. Wise, Women and the Struggle for Workers' Control, *Spokesman Pamphlet*, no.3, p.9.

3)　これを提案したのは、AUEW の技術管理、監督部門（TASS）の全国婦人担当書記、J・ハント夫人である。彼女は、もしある会社内に女子と同等価値の労働をしている男子がいなければ、仮に男子が行えば、どれだけ賃金を得るかを想定して、それとの比較で女子の賃金査定を行うべきだと主張した。(2)、(3) については、TUC, Women Workes 1976, p.44, TUC Annual Report 1976, p.467. 2 については、Labour Research, May 1978, pp.18-19.

4)　TUC, Annual Report 1977, p.64.

5)　EOC, Second Annual Report 1977, p.7, para.11.

6)　その決議、およびその支持演説については、Cf. TUC, Women Workers 1976, pp.44-46.

7)　J. Hunt, op.cit., p.15

8)　A. Wise, op.cit., p.9.

9)　1975 年の TUC 婦人大会は TUC・GC にそのための具体的な方策を求める決議を採択した。TUC, Women Workers 1975, pp.51-52. AUEW（TASS）の A・ハント夫人の動議である。同じ大会で婦人を差別する組合規約の調査を求めたが、これをうけた TUC が加盟組合の規約調査を行ったところ、回答を寄せた組合中、2 組合は全く女子を排除しており、2 組合が、女子組合員を資格とは無関係に婦人部に限定しており、一定の事情の下では、女子の就業の見通しにも影響のあることが明らかにされた。GC は、加盟組合に SD 法に背かぬよう勧告した。TUC, Women Workers 1976, pp.2-3.

10)　TUC, Annual Report 1975, p.73

11)　J. Hunt, op.cit., p.19.

12)　NALGO（National Association of Local Government Officers）の調査では、女子は最低のグレードに集中しているだけではなく、高いグレードでも男女の賃金の格差があることを示している。地方自治体の女子職員の平均収入は、最下位 4 分の 1 位の男子の収入の 67.1%、最高位 4 分の 1 位の男子の 57.1% で、昇進上の平等には程遠いこと、「同一賃金は機会の平等をつくり出す上には何の関係もない」ことを指摘している。Report of NALGO: Equal Rights Working Party, 1975, cited from J. Hunt. op.cit., p16.

13)　Ibid., p.16.

14)　Ibid., pp.16-17. TUC・GC の出したこの「ガイダンス」の結果、加盟組合が採用し

た雇用平等条項がどのように運用されているかについて、GC は加盟組合からの情報を求めることが 1976 年大会で報告されたが、この条項がいかなるレベルの協約に挿入されているのか、その協約対象労働者などについての調査結果は、まだ公表されていない。TUC, Annual Report 1977, p.63.

15) TUC の 1977 年婦人大会は、次のような要求を決議した。(1) NWAC（全国婦人諮問委員会）に現在の 5 名から少なくとも 10 名の婦人が婦人大会から選出されること、(2) TUC・GC において婦人に割当てられている現在数（5 名）に対し少なくとも 7 名を追加すること、(3) (1) および (2) は産業別グループ内の婦人組合員を土台とすべきであること。

　　TUC・GC が全国婦人諮問委員会の設立（毎年 5 名が婦人大会から選出されることを含めて）に同意したのは、1930 年のことであった。31 年以来、TUC 加盟組合の女子組合員は 46 万人から 300 万人以上となり、TUC の組合員総数の 12.4% から 28% に上昇した。しかし、31 年から 77 年までこの委員会に選出される数は依然として 5 名であった。77 年のこの決議に従い、選出される婦人の数は 5 名から 8 名に増員された。委員会はかくして 19 名よりなる（10 名の女子と 9 名の男子。うち 2 人の女子と 9 名の男子は GC を代表し、8 名が婦人大会から選出される）ことになった。TUC, Women's Conference, *Labour Research*, May 1978, p.118. TUC の内閣ともいうべき TUC・GC は 35 名よりなるが、うち女子は 2 名だけである。また、TUC 婦人大会は決議機関でなく、TUC・GC への諮問機関に止まることに注意。そこで、78 年大会では公務員組合（CSU）が、TUC 婦人大会は GC に対して責任をもつのではなく、直接 TUC 大会に責任を負うべきとの動議を出した。しかしこれは不成立であった。女子労働者の労働組合における地位は男子との平等の地位からはなお、程遠いのである。

16) 1969 年に TUC 大会で婦人大会の目的について疑問が出され、GC が検討することが求められた。70 年の婦人大会では NWAC が、まだ廃止の時期でないことを言明し婦人大会はこれを承認した。1970 年代に入っては、73 年に廃止問題が出され、その後、75 年、76 年、77 年、78 年と、75 年以後毎年 TUC 婦人大会で廃止の動議が出されている。この見解に賛成の組合は、73 年は National and Local Government Officer's Association, National Union of Journalist、75 年 は Society of Post OFFICE Executive, Society of Civil and Public Servants など、76 年はこれらに加え POST Office Management Staffs' Association, National Union of Teachers, National Union of Bank Employee, Civil Publicservice Association, Union of Jute, Flax and Kindred Textile Operatives, National Union of Mineworkers, 77 年 に さ ら に British Actors' Equity Association が 加 わ っ た。Cf. TUC, Women Workers 1970, pp.2-4, 43-48; 1973, pp.113-124; 1975, pp.122-128; 1976, pp.39-41; 1977, pp.42-44.

　　廃止要求の理由は 75 年以後は、女子は平等な権利を要求できる状態になったこと、TUC 大会とは別に婦人大会を別個にもつことは、逆に差別を認めることで平等と矛盾するという点に求められた。廃止反対意見としては、組合の中で女子の代表者がまだ少ないこと、乳ガン、子宮ガンなど女子の特殊な問題を TUC 大会で討議する時は会場がからっぽになること、また婦人大会は貴重な訓練の場であり、女子が

第 1 章　「同一賃金法」の成立と問題点　　137

SD 法で認められた積極的差別を必要とする間は、婦人大会を必要とするなどが主張された。とくに、Cf. Ibid., 1975, p.125; ibid., 1977, p.43. なお 77 年 NWAC はこの婦人大会の構成が SD 法に違反するかどうかについて検討し、組合代表が女子に限定されていないという点では法に違反しないこと、しかし代表を送る組合が女子組合員を有する組合に限定されていること、代表が女子組合員数と関係づけられていることが差別的であるとみなした。そこで NWAC は、代表を全加盟組合に拡大し、代表選出の基準は TUC 年次大会と同様に 5000 人に 1 人とし、上限を 12 名と改正することに決定した。TUC, Annual Report 1977, pp.66-67.

17) とくに、現代社会における性別分業の思想に対し、はじめて明白に批判的な立場から、100％の賃金を伴う 18 週間の有給母性休暇の要求とともに、出産後 1 年までの復帰の保証と、その休暇を父親と母親のいずれがとるかは自由な選択に任せるとの決議案を——とくに論議の的となる後者について NWAC に付託してほしいとの執行部の要請を拒否して——可決した 1975 年の婦人大会は、新たな動向として注目に値する。Cf. TUC, Women Workers 1975, pp.64-68.

［Ⅰ］
1970年イギリス「同一賃金法」（Equal Pay Act 1970）の成立と課題

補論 1

「同一賃金法」の機能・問題点・効果

はじめに

　イギリスの「同一賃金法」（Equal Pay Act 1970 c.41 ―以下、EP法）は1970年5月29日に成立し、4年間続いた戦後第四次労働党政権（1966～70年）の掉尾を飾った。同法は、5年半の準備期間を経て、75年12月29日、「性差別禁止法」（Sex Discrimination Act 1975 c.65 ―以下、SD法）と同時に完全実施され、以来3年余を経過した。小論の目的は、このEP法の現状を分析し、その問題の所在を明らかにすることにより、イギリスおける同一賃金獲得運動の当面する問題を示すことにある。

　周知のように、第一次大戦中における婦人の労働市場への進出が、1919年のILO憲章のうちに「同一価値労働男女同一報酬の原則」を採択せしめた。同様に、第二次大戦から戦後にかけて欧米資本主義諸国での婦人の労働市場への広汎かつ大量の進出と、それに伴う女子の低賃金、男女の賃金格差問題がクローズアップされたことを背景に、51年、ILO100号条約「同一価値労働に対する男女同一報酬の原則」（the principle of equal remuneration for

補論1　「同一賃金法」の機能・問題点・効果　　139

men and women workers for work of equal value)、つづいて 57 年に EC 設立に関するローマ条約第 119 条「男女の同一労働に対する同一報酬の原則」（the principle of equal remuneration for equal work as between men and women）が締結された。63 年のアメリカの公正労働基準法第 6 条（d）項での連邦同一賃金法の制定を皮切りに、1960 年代以後これらの条約の国内法への具体化の動きが欧米諸国で活発化し、やがて 1970 年代にイギリスの EP 法がこれにつぎ、カナダ（1971 年）、フランス、ニュージーランド（1972 年）、アイルランド（1974 年）、イタリア（1977 年）と続々と同一賃金または同一待遇に関する法制化が実現した。また労使間の労働協約を通じて同一賃金を獲得したスウェーデン（1960 年）、ノルウェー（1960 〜 61 年）などがある[1]。

　一方わが国では、ILO100 号条約に先立つこと 4 年、1947 年に制定された労働基準法第 4 条は——同一労働の定義抜きではあるが——、男女同一賃金の原則を一応規定している。同一労働の定義を欠いた法の不備、行政当局による同一労働の限定された解釈[2]とそれに基づく形式的な監督、雇主による法の抜穴利用、労働運動の側での不熱心などの理由から、第 4 条は、これまで限定された機能しか果していない。その結果、わが国では女子の男子に対する賃金格差は 77 年でも 58.3％（所定内給与）に止まり[3]、 P 法成立前のイギリスと大差ない状況にある。このような男女間の大きな賃金格差は、採用、昇進、訓練など雇用における男女差別に大きく起因すると同時に、上記第 4 条をめぐる諸条件にも原因がある。労働基準監督署による定期監督による摘発も、初期を別とすれば、53 年以降 100 件をこえた年がない[4]。このことはもちろん違反のないこと、すなわち同一賃金の実現を意味するものではない。なぜなら、1970 年代に入って、この第 4 条の限定された機能を利用して、地銀連を中心に同一賃金要求運動が活発化し、労働基準監督署や、裁判所に訴えてはじめて同一賃金を獲得し、これまでのところ最高 6 億円（立石電機）という多額のバックペイを得ている状況にあること[5]がこれを示している。しかもこれらのケースをみると、きわめて形式的な第 4 条違反であって、これまでかような賃金制度がまかり通ってきたこと、すなわち行政的怠慢と、労働運動の取組みの立遅れにむしろ驚かされるのである。

ともあれ、第4条の規定が不十分なものであることは周知のことであるが[6]、このことは1978年11月の「労働基準法研究会報告」自身が男女の不平等な就業上の条件として、採用、配置、教育訓練、昇格などとならんで、賃金をもあげていることにも明らかである[7]。

　このように、わが国の内外での同一労働同一賃金の実現と、さらに1975年の国際婦人年メキシコ大会で採択された「世界行動計画」に刺激され、より広く雇用上の男女平等を求める運動が活性化しつつある現実をふまえる時、労働運動の先進国イギリスを対象に、EP法の機能の実態と限界を明らかにすることは意味のあることと思う[8]。イギリス労働運動は、労働組合のナショナル・センターである「労働組合評議会」（Trade Union Congress ―以下、TUC）を中心として、1888年の同一賃金に関するTUCにおける最初の決議以来、約80年間にわたって同一賃金の実現を執拗に追求した末、1970年に「同一賃金法」を獲得し、今なお、その現実化に鋭意努めているのである。このEP法の機能の分析を通して――日本とイギリスでは賃金決定方式は異なるにせよ――同一賃金獲得運動が遭遇する共通の問題を示すことにより、小論がわが国の運動の一助となれば幸いである。

---

1)　世界各国における同一賃金に向けての法体制とその実施状況については、次の3つの文献を参照せよ。(1) ILO, Equal remuneration, 1975.（2）Department of Employment, Women and Work, overseas practice, Manpower Paper, no.12, 1975.（3）森山真弓『各国法制にみる職場の男女平等』（東京布井出版、1979年）。

2)　労働省が1950年に示した行政解釈（昭25・11・22、婦発31号）では、「同一労働」を職務、能率、技能、年令、勤続年数が同一であること、としている（労働省労働基準局監修『労働基準法解釈総覧』1970年、35-36頁）。

3)　労働省婦人少年局編『婦人労働の実情』（昭和52年版）、4頁。

4)　労働省労働基準局『労働基準年報』昭和23年度〜52年度の第4条違反件数をみよ。

5)　1971年秋田相互銀行の女子行員が第4条違反として、同行を相手どり訴訟を起こしたのが47年の労基法制定以来最初の第4条に基づく裁判である。75年4月10日判決で秋田地裁は、女子行員の訴えを認め、損害賠償請求権を認めた（赤松良子編『解説女子労働判例』学陽書房、1977年、247-254頁）。さらに、72年から地方の労働基準監督署レベルでの是正勧告を利用して、賃金差別を除去する運動が地銀連によりすすめられてきている。この同一賃金獲得運動については、甲賀邦夫「第

補論1　「同一賃金法」の機能・問題点・効果　　141

一勧銀における男女差別賃金の是正」(『労働法律旬報』952号、1978年)をみよ。

　なお第4条に基づく労働基準監督署による行政処分の内容・払戻金額については東京都労働経済局『婦人労働チェックノート』(1979年)、27頁の一覧表をみよ。

6)　第4条の機能の限界を指摘したものとしてさしあたり、大羽綾子「男女平等と労働基準法」(『ジュリスト』637号、1977年)を参照。

7)　労働省婦人少年局編『婦人労働法制の課題と方向─労働基準法研究会報告─』(1978年)、40頁。

8)　イギリスの同一賃金獲得運動の歴史に焦点をあてた文献は多くはない。さしあたり、N. C. Soldon, Women in British Trade Unions 1874-1976, London, 1977 をみよ。および、これにふれた邦語文献としては、小林巧『はたらく婦人の歩み』(白桃書房、1957年)、深見謙介「賃金の男女差別と同一労働同一賃金の原則」(黒川俊雄他編『講座　現代の婦人労働1　婦人労働者の賃金と雇用』労働旬報社、1978年)、大森真紀「英国における男女同一賃金問題の変遷」(婦人労働研究会報『婦人労働』第4号、1978年所収)などを参照。とくに1970年のEP法を扱ったものに、竹中恵美子「イギリス1970年男女同等賃金法について」(『経営研究』1974年3月)、「英国の男女同一賃金」(婦人・年少協会『婦人と年少者』15号、1971年)、その他がある。しかしEP法の実態にふれた文献はあまりない。

第1節　第二次大戦後の同一賃金要求運動とその背景

1　第二次大戦以前の運動と同一賃金に関する2つの委員会

　EP法の役割を論ずるにあたって、まずEP法成立の歴史的背景を簡単に概観する必要があろう。しかし、TUCで同一労働同一賃金（イコールペイ・フォア・ザ・セイムワーク）が女子労働組合員より提起され満場一致で決議され、その意味で労働組合運動の重要課題の1つとして認められた1888年以来のこの運動の歴史を跡づけることは紙幅の関係から別稿にゆずり、ここでは、(1) この要求運動が激化した第二次大戦以後、1970年の成立までの約25年間の歩みを簡単に概観し、(2) 運動を生みだす背景である戦後の労働市場におけるイギリスの婦人労働の特徴についてのべておきたい。

　一般的にいって、男女同一労働同一賃金が男性により支配されている一国の労働運動の中心課題となる条件は2つあげられよう。第1は、従来男子の職場とされていた職種に低賃金の女子が大量に進出し、両者が同一労働市場で競合関係におかれ、男子の労働条件が引下げられる脅威にさらされること、

しかし女子労働排斥によってこれを解決することができず、従って男子は自己防衛のためにこの要求を提起せざるを得ない状況が発生すること[1]、第2に、女子労働者の組織化が進められ、女子労働者が労働と連帯の中で自立意識をもち独立労働者として男子との平等意識に目覚めること、である。1888年のTUCの同一賃金決議はこの2条件が広汎に成熟しつつあることの最初の宣言であるが、男子熟練労働者の徴兵による第一次大戦、第二次大戦下の労働水増し政策は、このような条件を一層広汎に生みだした。その結果発生した労働運動側の同一賃金要求に対処して、政府は第一次大戦時には、1918～19年の「戦時内閣産業婦人問題委員会」（War Cabinet Committee on Women in Industry ―以下、アトキン委員会）、第二次大戦時には1944～46年の「王立同一賃金問題委員会」（Royal Commission on Equal Pay）の設置に追い込まれたのである。両委員会はそれぞれ報告書を出したが、戦後の同一賃金運動が、戦前から引きついだ遺産であるこの2委員会の報告書について、簡単にのべておくと、前者では、ビアトリス・ウェッブ夫人が、1人で少数派報告を出し、はじめて同一賃金についての3つの定義を区別すると同時に、女子労働者の要求を支持し、彼女の持論のナショナル・ミニマムの原則に立ち、団体交渉を前提とした性別を問わぬあらゆる労働者に対する職業標準賃金率を主張した[2]。後者の報告では、公務員の非現業部門に限定して同一賃金の導入は認めたが、一般の産業部門については、同一賃金の一般的導入が、女子労働者の失業を招くとする否定的な多数派報告に対し、TUCの代表アン・ローリン女史など3名は、男女の賃金格差の理由の説明と、同一賃金の影響についての見解について異なった見解＝「少数派メモ」を発表し、保護規制の存在、劣位の体力よりもむしろ、男子に比べて弱い女子の組織力、高賃金職種からの女子の排除という点に主たる賃金格差形成要因を求め、同一賃金が長期的には女子の雇用拡大に有利であると主張した[3]。

2　戦後の婦人労働の特徴

　第二次大戦後は、第一次大戦後とは異なり、女子労働者は戦争終結後も、労働市場から家庭に復帰せず労働市場に留まった。完全雇用政策による労働力需要とインフレによる経済的必要、教育水準向上による女子の経済的自立

要求などの結果、女子労働者は増大の一途をたどった。今、戦後イギリス労働市場での女子労働の状況を概観するならば、次のような特徴が指摘される。

1. 女子労働者の絶対数、および全労働者に占める女子労働者の比率の増大傾向。1951年には、女子労働者は約730万、比率34%であったが、76年には、各々、900万、40.6%となり、女子は全労働者の半数を占める勢いを示している。

2. 増大する女子労働者中、既婚女子の比率の著しい増加。1961年の時点で女子労働者中52.8%を占めていた既婚女子の比率は71年には62.1%に上昇した[4]。これは結婚して家庭に戻った女子労働者の再登場とみられ、育児から解放される35歳から54歳の婦人が著しく増加している。

3. 女子労働者に占めるパートタイマーの比率の増大傾向。1961年に全産業で女子労働者の25%を占めたパートタイマーは、76年には、半数に近い40.1%、約380万人が週30時間以下のパートタイマーとして働いており、既婚女子労働者の増加はパートタイマーの増加として現れている。ちなみに76年の男子パートタイマーの比率は全産業で5.3%にすぎない。71年のパートタイマーの産業別比率は、専門・科学サービス部門、販売業の女子労働者の各々45%、42.1%を占め[5]、71年の標本センサスでは全女子労働者をとってみると35歳以上は40%にすぎないのに、女子パートタイマーの約80%が35歳以上であることが判明した。パート形態での既婚女子労働者の増大の主な理由は、労働力不足と低賃金労働を求める需要側の要因と、供給側の金銭上の必要と性別分業観念に基づく女子の家事責任にある[6]。

4. 女子労働者の特定産業、特定職業への集中度の高いこと。まず女子の産業別分布をみると、1971年で専門・科学サービス部門（23.1%）、販売業（17.1%）、サービス部門（11.7%）など特定産業に集中する傾向（男子では10%をこえる産業はない）がみられ、このうち女子が全雇用者の過半数を占める産業は、衣服履物業（74.1%）、専門・科学サービス（67.5%）、販売業（56.3%）、サービス業（55.4%）などである[7]。また、婦人が圧倒的な産業を検討すると、男子と女子の仕事のパターンの相異が明確にみられ、男子は卸売業、会計、調査研究、開発の分野で働き、それらはすべて高給の職業である。これにひきかえ、女子は低賃金の、昇進の見込みのない職務についている[8]。

さらに職業別分布を検討すると、女子は労働力が主として女子であるような特定職業（タイピスト・秘書の約99％、清掃人の約92％、看護人の91％、女中など97％、事務員の62.8％、食堂店員の約97％など）に集中し、2万以上の女子の就業する54の職業グループ中、20万人以上の女子の就業している職業はこの他、教員その他を含め僅か10の職業グループに集中している。女子が雇用者の過半数を占めるこの10グループの女子の合計は全女子労働者の64％にも達する[9]。このことは、婦人の職業選択の幅が極めて狭く、いわゆる「婦人の職場」を形成していること、女子の行う職務の多くは家庭内の女子の役割を反映していることを示す。また生産労働者の中でも、男子は過半数（53％）が熟練工であるのに比し、女子は圧倒的多数が半熟練工、不熟練工（約77％）である[10]。

5. 女子の賃金をみると女子は低賃金産業に、また産業の中でも低熟練＝低賃金の特定職業に集中している。1971年4月の新賃金調査（NES）によると、女子労働者の過半数の52.2％が最低位賃金グループに所属しているのに比べ、最高位グループには12.5％しか属していないのに対し、男子は各々、22.7％、31.5％である[11]。68年時点で、18歳以上の常用女子の筋肉労働者の圧倒的多数の86.2％、非筋肉労働者の55.5％がTUCが最低賃金として設定した週15ポンド以下の収入しか得ていないのに比べ、男子は各々9.4％、4.6％にすぎない[12]。

6. 女子が低熟練・低賃金職種、低賃金産業に集中していることは、結果として、男女の平均賃金の大きな格差となって現れる。この賃金格差は、男女間に大きな差のある残業の影響を排除した平均時間賃金収入をとってみても1950～71年を通して女子筋肉労働者は男子の60～62％に止まっている。男子に多い残業時間を含めた週収入では、格差はさらに拡がり、49～55％である（第1章表1.9参照）。平均時間賃金収入の格差の発生要因は、（1）全く同一の職務、同一グレードにおける、①基本賃率の男女格差、②多様な付加給（ボーナス、交代給など）における格差、③これらの給与をうける機会の男女格差、（2）低賃金・低熟練職種への女子の集中、である（EP法はこのうち（1）の①②についての性差別の禁止を要求するものであり、SD法は、（2）についての改善をはかるものである）。

補論1　「同一賃金法」の機能・問題点・効果　　145

労働条件の性別格差は、賃金に止まらず、疾病手当、職業年金などについても存在する。たとえば常用筋肉労働者をとってみると、1970年4月の時点で疾病手当について男子の約65％が、職業年金については約50％がその対象下にあるのに、女子はそれぞれ約50％、19％に止まっている。条件の有利な非筋肉労働者においても格差は存在し、男子は各々、93％、78％に対し、女子は、約90％、約59％である[13]。

　7.　このような労働条件の男女格差の主な要因の1つは、男女労働者の組織率の差に求められる。TUCが設定した先の週最低賃金額15ポンド以下の女子の10人中9人までが、組織率が低く、賃金審議会を必要とする産業に属しているのである。男女の戦後の推定組織率の格差をみると、男子の場合1960年代末まで一貫して50〜60％の高さを維持しているのに、女子はその半分以下の23〜29％を低迷している。しかし、女子の組織化に力をいれはじめた1963年以降、組織率は高まり、EP法成立後の70年以来の上昇傾向は著しい（第1章表1.14参照）。これは、63年TUCが婦人労働憲章を掲げ、同一賃金の獲得、賃金格差縮小には女子労働者の組織化が最重要手段であると認め、70年以後はEP法の実施の不可欠の手段として組織化に鋭意努力した結果である。

　戦後、絶対数、全労働者に占める比率において増大している女子労働者、この事実は、産業においてもその半分を担う不可欠の重要な存在であるとの自負を女子労働者の間に生みだした。それにもかかわらず、女子労働者の賃金収入は、男子の半分にすぎない。女子は第二市民の待遇しか得ていないのである。この自負と現実のはなはだしいギャップ、このことが戦後の教育水準の向上による女子の経済的自立志向、男女平等意識を媒介として、独立労働者としての同一賃金要求——それは単に同一賃金（EP法）の要求に止まらず男子との「同一労働」（SD法）への要求運動にも拡大された——を生みだした基盤となった。婦人労働憲章を提案した労働者の認識は、このことを明瞭に示すものであった。

3　第二次大戦後の同一賃金獲得運動と「同一賃金法」の成立

　このような戦後の婦人の就業構造の特徴、低賃金、男女間の賃金格差など

を背景として、どのように同一賃金要求運動が展開されたかに簡単にふれておこう。

1945年、第二次大戦で勝利を得たイギリスの戦後初の総選挙で労働党が大勝した時、婦人労働者の同一賃金要求にとって見通しは明るいものと思われた。しかし、EP法獲得に戦後25年もの年月を必要とした理由は、主として3つあげることができる。第1は、膨大な在外資産を失い、世界資本主義における一層の地盤沈下を背景とした戦後イギリスの国民経済が、労務費コスト増を結果する同一賃金要求に有利な環境ではなかったことにある。戦後労働党、保守党の歴代政府の下でともに公準として追求された完全雇用政策が、国際収支の悪化と強力な労働組合の団体交渉力の中で必然化したものは、賃金抑制策＝所得政策であった。労働党政権下の1940年代末から、抑制策はいち早く登場し、66年以降は、同じ政権の下に強制的立法手段をとって実施された。同一賃金が所得政策の枠内で要求されねばならなかった国民経済的環境、これがこの運動をとりまく第1の不利な条件であった。

第2に、この環境の中で、TUCが同一賃金要求を原則的には支持しながらも、「われらの政党」である労働党政権を支え、「国民的利益」を優先する立場から賃金抑制策を認め、同一賃金要求を自己抑制する立場におかれたことである。労働党が政権につき、両者が蜜月関係にある限りでは女子労働者の同一賃金要求をむしろ抑え、労働党が野党の時には公然とこれを要求した。公務員非現業部門への同一賃金導入（1956〜61年）は、保守党政権の時に実現し、1970年のEP法は、TUCを支える左翼の大組合が労働党政権の所得政策に叛旗を翻した時に成立した。

第3に、TUCの執行部（GC）、傘下組合の全国・地方レベルでの組合役員は女子組合員数に比し、圧倒的に男子が優勢で主導権を掌握し、女子組合員の要求は二次的に扱われる傾向が強く、同一賃金要求もその例外ではなかったことである。同一賃金立法については、賃金決定に関して自主交渉を重視する保守党が反対し、労働党は賃金抑制の立場をとった困難な状況の中で、TUCは同一賃金立法の必要を認めるものの、現実的対策として各組合が団体交渉で同一賃金を段階的に獲得する方向を1960年代の初めから打ち出した。しかし、60年代を通して団体交渉による同一賃金の獲得は遅々として進ま

補論1　「同一賃金法」の機能・問題点・効果　147

なかった[14]。1959 年同一賃金の決議を TUC でいち早く復活させた機械産業の労働組合でさえ、68 年の全国賃金交渉では、女性交渉委員 1 名に止まり、同一賃金は四大要求の最下位に位置づけされ、他の三要求をいち早く雇主側に認めさせながらも、同一賃金要求は実現されぬまま唯一人の女性交渉委員が憤慨する中で交渉を妥結させた[15]。後にふれるように、EP 法実現に向かって 1 つの里程標を築いたフォード女子ミシン工の山猫ストも、賃金交渉で女子組合員の要求をくみあげられなかった組合代表への不満が起爆剤となった。

同一賃金運動をめぐるこの 3 つの不利な状況をふまえ、運動を時期区分すると、1945 年より 56 年から 61 年にかけて公務員の非現業部門で同一賃金が導入された時期と、精力的に女子を組織する活動をすすめる中で、運動が広汎な目的をもって活発化していった 63 年以降 70 年までの 2 つの時期に大別できる。

まず、1946 年に出された同一賃金問題王立委員会の報告を実施するようにとの労働党議員の要求に対して、47 年 6 月下院で労働党政府は、膨大な実施コストと、それがよび起こすであろうインフレへの懸念から、同一賃金原則は認めるが当面実施はできないことを言明し、労働党政権の登場に期待をかけた婦人労働者をいたく失望させた。とくに労働党が政権の座にあった 45 〜 51 年の時期には、その経済政策と同一賃金原則の実施が矛盾すると政府が見做した場合、TUC は労働党を支持する立場からこの要求をおろして政府の経済政策を優先させた。そのため、あくまでもこの原則の実施を要求する女子組合員と TUC・GC との間に、また、TUC のこの原則を抑制する国内での立場と、51 年の ILO100 号条約を推進する国際舞台での立場との矛盾も発生した[16]。

TUC の態度にもかかわらず、戦後一貫してこの運動を進めてきたのは、教員、中央政府、地方自治体職員などの公共部門の非現業労働者、銀行、保険会社など民間事務職員であった。1951 年、労働党と交代した保守党政権は、当初はともかく、54 年には戦後の社会保障の充実に必要な女子職員の確保と、55 年総選挙での女子の投票の獲得を意図して同一賃金実施に同意し、公務員の普通職階の女子労働者に対し、55 年度から 61 年にわたる段階的導入を

認めた。同様な政策が教員、地方自治体の行政部門、看護婦、公共企業体（ガス、電気、保健サービス）にも拡大された[17]。運動の次の目標は公務員の現業部門および民間産業の女子労働者への同一賃金の獲得であった。

　また1950年代には、運動が活発化する60年代へ向かって労働組合の間にいくつかの変化が芽生えていた。戦闘的女子組合員は、福祉に関する女子組合員の要求に対する組合の支持と、組合運営への女子の参加の増大を求めて活動し始めた。組合役員選挙で女子は僅かながらも勝利を収めはじめ、少数ながら職場で職場役員やコンベナーに選ばれはじめた[18]。一方、完全雇用政策下での既婚女子労働者やパートタイマーの増加は、保育施設要求、既婚女子への失業手当、解雇への先任権適用に関する差別問題をクローズアップさせた。しかし組合内ではこれら女子の要求には低い優先順位しか与えられなかった[19]。労働協約における熟練度とは無関係な最低の賃率である女子賃率の存在など、組合内部での労働条件に関する女子労働者への差別、女子の雇用機会の制限、職業訓練機会の不平等といった問題を抱え、1963年、婦人の経済的平等（雇用のあらゆる局面での男女平等）と組合内平等を要求する運動は本格化し、新たな段階に入った。

　この新段階を特徴づけるものは、同一賃金を含む職業機会の平等という闘争目的の拡大であり、その目的は1963年の6項目のTUC婦人労働者憲章に具体化された[20]。この要求項目はその後75年の12項目の憲章に、さらに77年には14項目の憲章に拡大された。その内容は、過半数を占める既婚女子の要求を反映して、75年憲章は老人・子供の世話のできる労働時間、保育所の拡充、既婚女子への差別反対などを盛り込んだ。77年憲章は、75年のSD法・EP法の実施、雇用保護法による有給出産休暇獲得などの事情により改訂され、職業年金、疾病手当、家族計画、妊娠中絶、パートタイマーの身分などについての項目が新たに付加された[21]。

　運動の要求内容の幅は広がったが、焦点は依然、同一賃金であった。1964年の総選挙にあたり労働党は同一賃金を選挙綱領に掲げた。しかし13年ぶりに政権に返り咲いた時、労働党政府はこの問題についてCBI、TUCとの3者協議を行うことにしたものの、前回[22]と同じ理由から特定の事情を除いて3.5％の賃金凍結策をとり、この綱領の実施を棚上げし、TUC・GCも

またこれに追随した。

　しかし同一賃金を求める運動は 1965 年以降ピッチを速めた。65 年の
TUC 大会は、政府に同一賃金の公約実施を迫る決議を成立させ、婦人大会
では政府の所得政策に反対する戦闘的組合員の動きが目立った[23]。66 年には、
ポンド危機を前に、政府は所得政策を従来の任意制から強制的なものに転換
させた（価格・所得法）が、67 年には所得政策への組合の反撃がはじまった。
68 年 9 月、TUC 大会ははじめて所得政策の廃棄を要求した決議を成立させた。
TUC と労働党の蜜月時代は終わった[24]。所得政策は破碇した。

　所得政策をめぐって TUC との間で対立の兆しをみせた 1967 年に、労働
党政府は漸く重い腰をあげた。政府は 66 年 7 月初会合をもった政府、CBI、
TUC の三者代表よりなる作業部会で進行中の同一賃金の定義、実施方法、
費用、実施時期についての検討を急がせ、12 月にその方針を発表させた[25]。

　1968 年 6 月のフォード自動車会社のダゲナム工場の女子ミシン工の同一
賃金要求山猫スト（最初は職務の同一格付け要求）は、67 年末、アメリカ
からイギリスに広がった婦人解放運動の誕生直後に発生した[26]が、9000 人
のレイ・オフと多大の損害を会社に与え、基幹産業の大企業での女子労働者
による男女平等の待遇を要求した最初のストライキとして社会の注目をあつ
め、政治問題となった[27]。このストライキは議会の内外で同一賃金要求運動
を鼓舞し、政府に同一賃金実施の日程を迫ったのである。すなわちカースル
雇用・生産性相はスト最中の 6 月末、7 年以内での段階的実施という同一賃
金法案実施日程協議のための労使双方との話し合いを提案し、また、労働党
議員による「同一賃金法案」（70 年法案との関係で、「同一賃金第 1 号法案」
とよばれるが、第 2 読会に至らなかった）、反差別法案の提出を促し、外に
おいては、労働組合と労働党合同の同一賃金を含む女子の平等権利を求める
組織を生みだした[28]。また 68 年の TUC 大会は、TUC・GC の反対を押して、
GC が同一賃金実施のため実力行使を行う組合を支持するよう、傘下組合に
要請する修正案を可決した[29]。11 月には、同一賃金だけの討議を目的とす
る第 1 回大会が開かれた。

　1969 年の TUC 婦人大会は同一賃金が中心議題であった。論議は十分尽さ
れた、肝心なのは戦闘的行動であり、同一賃金獲得には男子の協力が必要で

あることが強調された[30]。同年9月初めのTUC大会で、イギリス最大の組合、TGWUの書記長であり、左翼組合のリーダーでもあるF・カズンズは、自ら同一価値労働同一賃金の即時実施の決議案の趣旨説明を行い、他の大組合が賛成演説を行ってこれを成立させた[31]。大組合の正面きっての叛乱は政府を動揺させ、やがて同じ9月末の労働党大会でバーバラ・カースル雇用・生産性相は、次の国会で「同一賃金法案」（第2号）を上程することを発表した[32]。政府はCBI（Confederation of British Industry：イギリス産業連盟）、TUCとの意見調整をはかった後、70年1月23日法案を下院に上程、5月29日にEP法は成立した。成立直後の総選挙で勝った保守党政府は、71年懸案のILO100号条約を批准し、EC加盟（73年）の条件を整えた。

　すでにみたように、先述の3つの不利な状況にもかかわらずEP法を成立せしめた要因の第1は、女子労働者を中心とする労働運動の力であったことは改めていうまでもない。1960年代後半の婦人解放運動は、これに刺激と支持を与えた。それとともに、早くからの同一賃金の積極的な提唱者であったカースル女史を担当大臣に得たことも幸いした。これらの国内事情と同時に、60年代に2回ものEC加盟交渉に失敗したイギリス政府が、加盟が義務づける同一賃金原則の実施という条件により、国際的にも実施への刺激を与えられていたことも見逃がされてはなるまい[33]。ともあれ、EP法は一方では、5年半の準備期間をおくことで資本への負担を配慮し、他方では女性の経済的平等への要求を一部満たすことにより、有色労働者、婦人など社会的弱者への差別の除去と福祉をはかる60年代の一連の諸立法――1965年、68年の人種関係法、67年の妊娠人工中絶法、69年の離婚改正法――の延長線上にあった[34]。

　最後に、1978年11月発表の「労働基準法研究会報告」が雇用における男女平等の法制化と、保護法の一部撤廃の同時実施を提案したわが国の動きとも関連して、イギリスの同一賃金要求運動における保護法の取扱いについて簡単に一言しておきたい。結論的にいえば、イギリスの労働運動は、1960年代後半の国際収支の悪化の中で、生産性向上を目的として労働保護法の撤廃を求めるCBI、労働党政府と、同一賃金立法をめぐって取引きしなかったのである[35]。この姿勢は1975年のSD法に関しても貫かれた。保護規制の問

題は、政府によっては結局、母性保護が拡大（75年の雇用保護法における
出産有給休暇など）、しかし深夜業禁止、残業制限など一般的保護規制は撤
廃の方向で関連法規の再検討と勧告を行うことが、SD法により設立された「機
会均等委員会」（Equal Opportunity Commission ―以下、EOC）の義務と
される形で処理され、EOCは78年末までに、報告書の提出を義務づけられ
た[36]。

　しかし労働運動の側では、1960年代には、保護規制が国際競争力を削減し、
女子の雇用を奪うとしてこの撤廃を主張する組合員と、反対する組合員との
間で対立がしばしば発生したが、TUCは保護規制撤廃には批判的であり、
政府の白書「婦人の平等」Equality for Women（cmd.5724, 1974）を検討し
た1974年のTUC婦人大会では、保護規制の撤廃ではなく、深夜業や残業
禁止など現行保護規則の男子労働者への拡大、総労働時間の短縮、女子の家
事労働からの解放による保護と平等の両立が主張された[37]。のちにみるよう
にEP法とSD法――とりわけSD法――の効果が強力な労働運動をもって
しても必ずしも十分に発揮されていないイギリスの現状をみるとき[38]、雇用
分野の男女平等立法と保護法撤廃を取引きしなかったイギリス労働運動の賢
明さに学ばねばならないであろう[39]。

---

1)　　従って、同一労働同一賃金を男子が支持する背景には、同一賃金の実施が雇主をし
　　　て女子の雇用を手控えさせるよう作用することへの期待がある。1888年の決議に
　　　はこのような期待があった。N. C. Soldon, Women in British Trade Unions 1874-
　　　1976, 1977, p.34.

2)　　Report of the War Cabinet Committee on Women in Industry（cmd.135）, 1919（以下、
　　　Report 1919）, p.255.　アトキン委員会は、1918年のロンドンのバス・電車部門の
　　　労働者の同一賃金要求のためのストライキを契機として設立され、委員会の任務は
　　　男女間の賃金の比率の調査と、15年の大蔵省協定に基づく政府の同一賃金の約束（L2
　　　通牒）についての女子労働者の申立ての是非の調査の2つであった。Cf. Report
　　　1919, pp.1-2.　L2通牒の出された経緯と、この時期のダイリューション問題につい
　　　ては、大森真紀「研究ノート　第一次大戦と労働問題」（『日本労働協会雑誌』1978
　　　年11月号）を参照。同一賃金問題王立委員会は、50の全国的組織よりなる「同一
　　　賃金運動委員会」の圧力の下にチャーチル内閣により設けられ、官民雇用分野での
　　　男女の報酬の比率の事実調査と、同一労働同一賃金実施に伴う社会的、経済的、財

政的結果の考察で、勧告は求められなかった。Royal Commission on Equal Pay 1944-1946, Report（cmd.6937）, 1946（以下、Report 1946）, pp.1-2.

3) Report 1946, p.196, paras.30, 32.

4) Department of Employment（以下、D. E.）, Women and Work: a statistical survey, 1974, p.62, Table 8. なお本文であげた特徴1の1951年、76年の女子雇用者数は、51年については、Department of Employment, British Labour Statistics, 1886-1968, 1971, Table 126, 127. 76年については、D. E. Gazette, Nov. 1977のannual census of employmentの数値よりとった。いずれも、大ブリテンで6月の数値である。

5) 産業別の数値はD. E., Women and Work, pp.52-53, Table 20より。全産業での1961年の数値はBritish Labour Statistics 1886-1968. 76年の数値は、D. E. Gazette, Nov. 1977のannual census of employment 1976より算出。

6) Jennifer Hurstfield, The Part-Time Trap（Low Pay Pamphlet no.9）, pp.11-12. 1977年のサンプル調査では、9才以下の子供をもつ既婚の母親の32％、10才以上の母親の41％がパートタイムで働いていることを示している。Hansard Parliament Debates, House of Commons, vol.939, Written Answers, col.58, Nov. 13, 1977, cited from: ibid., p.14, Table 3.

7) 9) D. E., Women and Work, p.51, Table 18. Ibid., pp.56-57, Table 26より算出。

8) J. Hunt, Organising Women Workers, 1975, p.6.

10) Office of Manpower Economics（以下、OME）, Equal Pay: First Report on the Implementation of the Equal Pay Act, 1972, p.9の表より計算、1971年4月の数字である。

11) Ibid., p.51.

12) Cf. TUC, Women Workers 1970, pp.7-8.

13) OME, op.cit., p.56. の表を見よ。

14) 同一賃金の1960年代以降の進展状況に関する1962年、68年、70年の調査については、本書第1巻第1部第1章第1節2を参照。

15) 高橋克嘉「イギリス労使関係法の成立過程（1964〜1971）」（『国学院経済学』第26巻第1号、1978年2月）、13頁、16頁。

16) S. Lewenhak, Women and Trade Unions, 1976, pp.250-252.

17) Ibid., p.253.

18) Ibid., p.272.

19) Ibid., p.266. 解雇にあたっては通常、最後に雇用されたものが真先に解雇されるという先任権が認められるが、既婚女子には適用されなかった。

20) 6項目の内容は、（1）職務の価値に基づく同一賃金、（2）婦人の昇進機会の拡大、（3）少女の徒弟計画、（4）若年女子労働者が熟練労働者になるための訓練機会の拡大、（5）職場復帰する年長女子労働者への再訓練施設、（6）婦人労働者の健康と福祉に対する特別の配慮要求である。TUC, Women Workers 1968, p.24.

21) 1975年憲章についてはCf. J. Hunt, op.cit., p.23. しかし、ここでは男女の性別分業が前提とされていることに注意。77年憲章についてはCf. TUC, Annual Report 1977, p.68.

補論1　「同一賃金法」の機能・問題点・効果　153

22) TUC, Annual Report 1966, pp.158-159.

23) S. Lewenhak, op.cit., p.283.

24) 所得政策をめぐる 1960 年代後半の労働党政府と TUC および傘下組合との関係については、熊沢誠『国家のなかの国家』（日本評論社、1976 年）第 4 章を参照せよ。

25) TUC, Annual Report 1968, pp.179-180.

26) N. C. Soldon, op.cit., p.178.

27) このストの詳細については、H. Beynon, Working for Ford, 1973. およびこのストに関して設けられたスキャンプ委員会の報告が詳しい。これについては、本書第 1 巻第 1 部第 1 章第 1 節 3 を参照。

28) 組織とは National Joint Action Campaign Committee for Equal Women's Rights である。Cf. S. Lewenhak, op.cit., p.286.

29) TUC, Annual Report 1968, pp.455-459.

30) TUC, Women Workers 1969, p.53.

31) TUC, Annual Report 1969, p.505.

32) Labour Party, Annual Report 1969, pp.196-197.

33) N. C. Soldon, op.cit., p.179.

34) 婦人の地位改善の諸立法については佐藤共子「イギリス—婦人の政治的、経済的、法的、社会的状況」（『ジュリスト増刊総合特集 3　現代の女性—状況と展望』所収、1976 年）をみよ。

35) 戦後この問題をめぐる政府、労働組合側の見解の変遷については、本書第 1 部第 1 章を参照されたい。

36) この報告書はまだ公刊されていない（1979 年 2 月末現在）。しかし、考え方の大筋の方向については、EOC 委員長が 77 年 10 月に行った次の講演がほぼ明らかにしている。Cf. EOC, Protective Legislation: Who benefits-men or women? Chairman's speech to the Society of Occupational Medicine. 28 Oct. 1977. 基本的な考え方は、保護を男女差から考えるのではなく、個人の能力差から考え、時代遅れで不適切な規定は除去し、真に衛生、安全、福祉に必要な保護規制は男女双方に拡大し、労働条件を平等に引上げることにより、保護が平等と矛盾しない方向が望ましいという点にある。なおその考え方の中に男女性別分業の観念の否定が認められることが注目される。Ibid., pp.1, 12.

37) Cf. TUC, Women Workers 1974, pp.46-56.

38) EOC は 1978 年、575 の大企業の調査結果——回答数 441 件のうち 25％だけが、機会均等政策についての取決め文書を作成していた。不法な差別をしないよう保障する形式的手段以上に女子の地位を改善する積極策をとったのはしかし、ただの 2％であった——に失望を表切せざるを得なかったのである。Personnel Management, Dec. 1978, p.9.

39) 東京都労働審議会は 1979 年 4 月「労働行政における婦人労働対策について」という答申を発表した。その中で、職場における男女差別是正のための具体的提案として、行政的救済をはかる「職場における男子差別苦情処理委員会（仮称）」の設置を打ち出した。そこにはその委員会の構成、機能など具体的に示されているが、イギリ

スの EOC をモデルとしたもののようで、画期的な提案である。これが実現される
かどうかが注目される。なおこの答申は、先の労働基準法研究会報告とは異なって、
労働保護撤廃を主張していない（東京都労働経済局「労働行政における婦人労働対
策について——職場における男女差別を是正するための苦情処理のあり方」1979
年 4 月）。

第 2 節　「同一賃金法」の内容

1　「同一賃金法」(1970 年) の主内容

　1970 年 5 月 29 日に成立した「同一賃金法」(EP 法) は、略称であって (同
法第 11 条)、正式には、「雇用条件に関して、男女間の差別を阻止するため
の法律」(傍点引用者) である[1]。つまり、同法は、賃金に関する性差別の
撤廃だけを目的とするのではなく、労働契約に定められている賃金以外の雇
用条件 (残業、ボーナス、出来高賃率、休暇および疾病休暇など) に関する
性差別の除去をも目的としており、同法は次の全 11 条より構成された。

　第 1 条．同一待遇を要求しうる同等労働の定義とその適用範囲

　第 2 条．同一待遇の要件に関する紛争の処理、同等待遇の要件の実施

　第 3 条．労働協約、企業内賃金構造 (employer's pay structure) におけ
る雇用条件の同一待遇の実施

　第 4 条．賃金規制令 (Wages Regulation Orders) における差別待遇の廃
止とそのための手続き

　第 5 条．農業賃金令 (Agricultural Wages Orders) における差別待遇の廃
止とその手続き

　第 6 条．出産、妊娠、退職、年金、結婚、死亡、または 1961 年工場法第
6 部に関連した女子への特別待遇に関する第 1 条～第 5 条の適用除外

　第 7・8 条．軍人、警官への同法の一般的規定の適用除外とそれへの特別
規定 (第 8 条は 75 年の改正で削除)

　第 9 条．施行日

　第 10 条．労働裁判所 (Industrial Court) への予備付託

　第 11 条．本法の略称、男子、女子の語句の解釈、および北アイルランド

への本法の適用除外

EP法の主内容と特徴は次のとおりである。

1. 女性だけを対象とせず、女子に比べ不平等な扱いをうけている男子にも適用されるものである。たとえば、労働審判所に訴え、1977年中に手続の完了した件数751件のうち、約1割の72件は男子からの申立てであった[2]。

2. 同等な労働をしていると見做（みな）された男女に対して、（1）基本賃率に関して同一待遇を要求する権利を与えると同時に、既述のように、（2）時間外手当、ボーナス、休暇、疾病手当、現物給与その他職場での特殊な手当など、「報酬」に関する全てを含むだけでなく[3]、（3）勤務の条件（但（ただ）し、退職、結婚、死亡、工場法や労働協約上、婦人に有利な特別保護規定は除外）を合めて同一待遇の権利を認めるものである。

つまり、比較し得る男子（または女子）の労働契約のうちに昇進や職業訓練に関する条項があれば、女子（または男子）の労働契約においても同一の資格が発生するのである[4]。

3. 女性への妊娠・出産・死亡・退職・結婚・就業に関する保護規定は、平等待遇と取引きされずに維持された（第6条）。

4. 本法でもっとも核心的な規定は、いうまでもなく同一待遇を要求し得る根拠としての「同一労働」の具体的な定義の仕方にある（第1条）。EP法は、CBIが要望したローマ条約第119条の「同一労働」（the same work）の狭い定義や、TUCが要求したILO100号条約の「同一価値労働」（the work for equal value）の広い定義のいずれにも従わず、その中間をとり、さらに主として同一企業内という場所的限定を加え、次のように定めた。

資格を請求し得る労働者の場所的限定。女子が男子と同一労働に従事しているとみなす場合、その比較の対象となる男子労働者は、女子と同一の雇用（the same employment）の下にある男子でなければならない。すなわち、彼女と同一の雇主または関連する雇主に雇用されている同一事業所の男子か、同一の事業所ではないが、同様にその事業所はグレイト・ブリテン内にあり、しかも、そこでは一般的にか、もしくは自分が比較しうる階層の男子労働者に関して、彼女の事業所と共通の雇用条件が遵守されている、別の事業所群の男子である。このような事業所についての限定の上で、「同一労働」とは、

次の2種類とされる。

（1）女子労働者が次のような意味で男子と「同様な労働」（like work）に従事している場合である[5]。①全く同一の労働か、広い意味で類似の性質の労働（the same work or a broadly similar nature）で、②この場合、類似の性質とは、たとえ両者間に相異点があったとしても、その相異の性質が、雇用条件について「実際上重要でないもの（not of practical importance）」（第1条第4項）、すなわち、その相異がしばしば発生したとしても、些細な性質のものか、たとえ大きな相異の場合でも、その相異の発生の頻度の少ないもの、である[6]。

（2）（1）の意味での「同様な労働」ではないが、職務評価により、男子の職務と同等の価値ありと査定された（rated as equivalent）場合の労働（第1条第5項）である。この場合、同一待遇請求権は、職務評価に基づく賃金制度実施の場合に発生し、職務評価の過程での性差別は禁止されている。しかし、職務評価を行うことは法的に強制されていないことに注意。

しかしながら、（1）（2）の2つの場合に女子労働者が該当するにもかかわらず（該当することは立証されている）、同等待遇が与えられない場合、または、男子が女子に比べて多い報酬または利益を得てきた場合には、使用者は、この男子の得てきた利益が、性別以外の「真に実質的な相異に基づくこと」（genuinely due to a material difference）を労働審判所（industrial tribunal）に示す挙証責任を負う（第2条第6項）。たとえば、雇主は、勤続年数、生産高、業績考課（メリット）などを基にして、付加給制度を設けることができる。この種の制度の結果、男子が同等な労働に従事している女子よりも高い賃金をうけることを、法は妨げない。この規定は、後述するように、「赤丸ケース（レッド・サークル）」（red circle case）を発生させるものとして、EP法実施過程で雇主による男子優遇（または間接的性差別）のための抜穴として利用され、問題となった。

5. 個人の権利の救済申立機関は労働審判所である。4にのべた意味で同等な労働に従事しているのに同一の待遇を得ていないと考える個々の労働者の救済方法として、（1）個人が労働審判所（Industrial Tribunal──以下、IT）に申立てることができる（第2条第1項）。この場合、同一労働である

ことの挙証責任は労働者側にある。（2）本人に代わって大臣が労働審判所に提訴できる（第2条第2項）。（3）申立てる権利の有効期間はその仕事をやめて6ヶ月以内（第2条第4項）で、報酬未払分の請求、および非現金手当の損害賠償要求は、申立提出日から2ヶ年以内について遡及できる。ただし、EP法が全面実施された1975年12月29日以前には遡及できない（第2条第5項）。（4）ITの裁定に不服な場合、労働控訴裁判所（Employment Appeal Tribunal ─ 以下、EAT）に上告できる。EATの判決は、判例法を形成し拘束力をもつ（ただし、この規定は1970年EP法にはなく、1975年の雇用保護法により設けられた）。

6. 同一待遇要求の権利が集団的に発生する場合、すなわち、労働協約、企業内賃金構造、賃金規制令における報酬上の差別を扱う機関は、労働裁判所（現在は中央仲裁委員会：CAC）である。つまり、労働協約や、企業内賃金構造（労働組合との交渉を経ずに、一方的に雇主が決め、関係雇用者に公開されているもの）、および賃金審議会、農業賃金委員会により決められた賃金規制令における差別を除去するためには、労働裁判所（Industrial Court）への付託裁定によって次の方法がとられる。

差別の仕方が、（1）同じ範疇の労働、または労働者に対し、男女別々の賃率（女子がより低い）を規定している場合には、男女同一（単一）の賃率にする。（2）男子には熟練度に応じた賃率がそれぞれ定められているのに比し、女子には、熟練度をとわず1つだけの女子賃率が定められている場合には、この女子賃率を廃止し、熟練度に応じた男子の賃率まで引上げる。（3）特定の労働において、男子には何の規定もないのに女子だけの賃率が定められており（たとえば、その時点で、同種の労働を行う男子がいない場合）、それが労働協約中の男子労働者の賃率のうち最低の賃率より低い場合、女子の賃率は男子の最低の賃率の水準まで引上げねばならない。

労働裁判所への付託は、労働協約の場合は、労働組合、雇主、大臣のいずれかにより、企業内賃金構造については、大臣または使用者により（組合や個人は付託できない）、賃金規制令については、委員会のメンバーを指名する権限を有する団体が、審議会の労使いずれかの委員が大臣に対して付託することを求めた場合、または大臣自身が必要とみなした場合には、大臣が付

託する義務を有する（第3条）。どの場合も個人は付託できないことに注意。

7．EP法の適用対象労働者は、4でのべたような類似の労働、または同一価値と格付けされた労働に従事するあらゆる男女労働者で、年齢、企業規模、常用・パートの雇用形態、徒弟であるか否かを問わない。ただし、主として、または全くグレイト・ブリテンの外で雇用されている者には適用されず、また、軍隊・警察には一般的規定は適用されない[7]。

8．EP法に関して、申立てをうけるIT（労働審判所）は、1964年の職業訓練法（Industrial Training Act）第6条により設立された機関で、以後の雇用関係法規——たとえば、職業訓練法、過剰人員整理手当法（Redundancy Payments Act 1965）、雇用契約法（Contracts of Employment Act 1972）、労働組合および労働関係法（Trade Union and Labour Relations Act 1974）、性差別禁止法（Sex Discrimination Act 1975）、雇用保護法（Employment Protection Act 1975）、人種関係法（Race Relations Act 1976）——に基づく紛争を扱う機関である[8]。それは、法律専門家の議長と素人の労使代表各1名の計3名構成で、全国に散在するので、EP法の取扱いに適しているとされた[9]。

また労働協約などを付託する労働裁判所は、1919年の労働裁判所法（Industrial Court Act）により設立され、71年の労使関係法により労使仲裁委員会（Industrial Arbitration Board）と名称を変え、さらに76年以後は、中央仲裁委員会（Central Arbitration Committee —以下、CAC）に引きつがれ今日に至っている[10]。なお1970年法では、「人種関係法」に対する「人種関係委員会」（Race Relations Board、76年よりCommission for Rocial Equality）のような、EP法の実施を監督する公的機関は設けられなかった。

9．EP法は、1975年12月29日から全面的に施行され、EP法が求めている事項についてはこの日までに完全実施されねばならない（第9条）。しかし労働協約などについては、EP法実施前でも1年以内においては労働裁判所の助言をうけることができる。また大臣は法の実施状況をみて、議会の承認を得て中間段階の73年12月31日までにEP法の要求する事項の1部（女子の賃率を男子の90％に引上げる）を実施することができる（第9条）——しかし、この中間段階での同一賃金の実施状況は遅々としていたのにも

補論1　「同一賃金法」の機能・問題点・効果　　159

かかわらず、70年6月より政権についた保守党政府は、73年1月、白書「インフレ抑制計画」を発表し、TUCの要求をおさえて、インフレを理由にこの中間命令を出さなかった──。

2　性差別禁止法その他の立法に伴う修正──EOCの成立

　以上が1970年のEP法の主内容であるが、最後に、現時点からEP法を論じる場合は、その後、1975年「性差別禁止法」・「雇用保護法」その他の成立に伴うEP法の改正（SD法附則1）とEP法に関する新たな権利の主な点と、SD法とならんでEP法の実施をも監視する行政機関として新設された「機会均等委員会」（Equal Opportunities Commission ─以下、EOC）の権限にふれておく必要があろう（なお雇用、教育、広告その他広汎な分野での性差別、雇用の分野での結婚を理由とする差別、報復を理由とする差別を禁じたSD法自体の内容とその実態については、別の機会にとりあげることにして、ここでは、EP法に関する限りでその内容にふれておくに止める）。

　1. 女性を雇用する契約に平等条項が含まれぬ場合でもそれが含まれているものとみなすこと（SD法第8条）。

　2. 完全実施に際して申立人に与えられた便宜としては、一定限度内の所得・資本をもつ申立人には25ポンド相当までの法律上の援助や助言を無料または少額の費用で弁護士からうける補助計画──「法律扶助法」（Legal Aid Acts 1974）が利用できること[11]。

　3. ITへの不服申立てがなされた時、ACAS（助言、調停、仲裁機関）の調停官は、当事者がITでの事情聴取にまで至らなくても、調停により解決できるよう援助できるか否かを検討する義務がある（SD法第64条）。

　4. 労働審判所での事情聴取に際して、申立人、または、被申立人は、自分の選んだ代理人（弁護士、労働組合代表、雇主組合の代表者など何人でもよい）によって代表されることができる。

　5. 1975年の社会保障年金法の制定に伴い、78年4月6日から当初適用除外とされていた職業年金計画の加入のための条件にもEP法は適用され[12]、さらに、EP法の平等条項は婚姻に対しても適用される（改正EP法第6条1-A）。

160

6．SD 法と同じく、EP 法での権利を主張し、もしくはそれに基づいて行動したことを理由とした報復を意図する差別は不法とされ、EP 法下の権利の主張は保護される（SD 法第 4 条）[13]。

7．EOC の任務は、次の通り。(1) 差別の除去。(2) 一般的に男女間の機会均等の促進。(3) SD 法、EP 法の実施を監視、保障すること。(4) 国務大臣の求めにより、あるいは委員会が必要とみなした場合には、この 2 法の改正案を作成し国務大臣に提出できる。(5) この (1)、(2) の任務を遂行するに際し、「衛生安全委員会」（Health and Safety Commission）と協議の上、主として 1961 年工場法の労働時間に関する女子への保護規定を検討すること。

8．EOC は行動を行うにあたり、EP 法に関して行政的救済を含む次の権限をもつ。(1) 特定の申立てが原則にふれる問題を提起したり、特別の配慮を必要とする場合には、個々の申立人を援助して申立てを提出させ、法的手続を代行することができる。(2) 不法な差別行為、差別慣行を除去するため、公式調査や告訴をすることができる。(3) 不法な差別行為や慣行の中止を求める差別停止通告を出し、その通告に従うことが慣行の変化を含む場合には、それを要求できる。(4) この差別停止通告に違反した場合、または差別が続行された場合には、差止命令または命令（オーダー）を出すことができる[14]。

これらの任務と権限を有する EOC は、常勤の委員長、副委員長 2 名を含む 15 名より成り、年 1 回活動報告を公刊することが義務づけられており、初代委員長ウッドコック女史は、労働者出身で、労働党の Chief Women Officer として党の性差別禁止政策について密接な関係をもった人物であった[15]。

---

1)　EP 法の原文は The Law Report, Statutes 1970 II, pp.1366-1975 の全文による。全文の翻訳は、全日本労働総同盟『男女同一労働同一賃金の実現をめざして』（1973 年）にのせられている。内容についてはこの翻訳と同誌に翻訳されているイギリス雇用省の「手引き」、および、改訂版の原文を参照した。

2)　Cf. Equal Pay and Sex Discrimination: Outcome of applicants to industrial tribunals in 1977, *D. E. Gazette*, April 1978, p.434, Table 1.　時期は 1977 年 1 月 1 日から 12 月

31 日までである。

3) バーバラ・カースル（Barbara Castle）雇用・生産性相の説明。Cf. Hans. Parl. Debates, House of Commons, vol.759, col.921.

4) この点は、カースル女史が下院の第 2 読会の最後の締めくくりの演説で強調して注意を促したところである。Ibid., vol.800, col.772, 23rd April 1970. したがって、「同一賃金法案」の名称は不適切であり、「雇用平等法案」とよびたいとの意見もだされた。Ibid., vol.795, col.971.

5) この点に着目して、労働党下院議員のショート夫人は「概して類似の労働に対する同一賃金の原則」（the principle of equal pay for broadly similar work）と特徴づけている。Ibid., vol.800, col.758, 23rd April 1970. ローマ条約第 119 条に沿ったとされるアメリカの連邦同一賃金法（1963 年）での同一労働の定義に比較すると、イギリスの定義はよりゆるやかで、労働者に有利であると考えられる。アメリカの同一賃金法については浅倉むつ子「米国における男女同一賃金訴訟について」（『法社会学』290 号、1977 年）を参照。

6) TUC, Women Workers 1970, p.51 のチプチェイス書記の解説を参照せよ。カースル女史は、相異の性質と、その発生の頻度が考慮されねばならないと説明している。Ibid., vol.795, col.918.

7) Department of Employment, Equal Pay: A guide to the Equal Pay Act 1970 revised January 1976, paras.26, 41-46. なお、カースル女史の下院での説明では、賃金審議会および農業委員会の対象労働者は約 380 万、うち女子は 237 万 5000 人と認められている。Hans. Parl. Debates, House of Commons, vol.795, col.921. 軍隊は特別規定の対象となる。この規定は国防大臣または国防会議が給与、手当、休暇について差別する規定を勧告することを阻止するが、男女各々の任務間の差に帰因する男女間の差別は認められる。また執務時間、給与、手当などを決める「警察法」の下では、——出産、妊娠、または婚姻についての特別処遇を除いて——男女警察官の差別は認められない。

8) Cf. Otto Kahn-Freund, Labour and the Law, 2nd ed., 1977, p.22, footnotes.24-25.

9) Hans. Parl. Debates, vol.795, col.918.

10) CAC は、1975 年の「雇用保護法」により設立され（第 10 条）、76 年 2 月 1 日より仕事を開始した。それは、中立の法律専門家の議長と、労使代表各 1 名よりなる政府から独立した機関である。Cf. O. Kahn-Freund, op.cit., p.81. CAC のその他の任務については、Cf. ACAS（Advisory Conciliation and Arbitration Service）, First Annual Report 1975, p.28. ACAS は雇用保護法により 76 年 1 月 1 日より法的機関となり、EP 法、SD 法の申立人が IT での事情聴取に至る前に調停による解決を促進する仕事を行っている政府独立の機関である。その仕事の詳細については Cf. ibid., Chapter 1-8.

11) Department of Employment, op.cit., paras.8, 12.

12) 4 について Cf. ibid., para.21. しかしこの規定はどの法に根拠があるのか不明。5 については、Cf. ibid., para.52.

13) Ibid., para.59.

14) Ibid., paras.24, 56. Home Office, Sex Discrimination Act: A guide to the Sex Discrimination Act 1975, paras.11.2-11.20. SD 法の特徴は、（1）直接的差別のみならず、（2）表面的には中立的であるが、実際の効果において一方の性を他の性より差別するような条件を「間接的差別」として不法としたことである。EOC, The Annual Report of the EOC, 1976, pp.4-5.

15) 委員の内訳は、TUC、CBI 代表各 3 名、残り 7 名は、教育界、法曹界、有識者より選ばれ、国務大臣が任命する。労使代表が過半数でないことが TUC により批判されている。TUC, Women Workers 1977, pp.10-11. なお、委員長ウッドコック女史は女子労働者組織全国合同委員会 NJCWWO の書記をつとめ労働党の性別差別禁止に関する諮問文書、政策白書に関係してきた人物である。彼女の経歴については、Cf. Personnel Management, Aug. 1975, pp.16-17.

なお、SD 法の内容については、SD 法の雇用面の規定を翻訳した資料「イギリス性差別禁止法（上）（下）」（『日本労働協会雑誌』212 号、213 号、1976 年）がある。その他、樋口幸子「イギリス性差別禁止法の内容と現状」（『労働法律旬報』952 号、1978 年）――この論文は、イギリスでは人種差別を禁止していないと理解している点に誤解がある。イギリスでは、1965 年に人種差別を禁止する人種関係法が成立し、その後、68 年、76 年に改正されている――。花見忠「イギリスの性差別禁止法について」（『労働法の解釈理論　有泉亨先生古稀記念』有斐閣、1976 年）、安川悦子「イギリスの『性差別禁止法』について――女性解放におけるその成果と問題点」（女性問題研究会機関誌第 4 号『1977 年現在』1977 年 11 月所収）他がある。安川論文は、女性解放の視点から SD 法とその限界を論じたユニークな論文である。EOC の行う行政救済の特徴、アメリカの EEOC（雇用平等委員会）のそれよりすぐれた点については、花見論文を参照。

第 3 節　「同一賃金法」の段階的実施（1970～75年）

1　EP 法審議過程での問題点

EP 法案は、あらかじめ、TUC、CBI との協議の上で提出され、かつて公共部門の非現業公務員に同一賃金を導入した経験をもつ保守党も基本的には賛成していたし、しかもエコノミスト誌が「穏当なもの」であると評した内容のものであった[1]。そのためエコノミスト誌の予想通り、戦後最大の国家干渉であるという[2]画期的法案にしては短い 3 ヶ月余の審議期間（1976 年 1 月 23 日上程、4 月 23 日下院通過）を経て成立した。

議会での審議において、バーバラ女史は、EP 法案の意図を差別という社

会的不正の廃止と女性の能力の能率的利用の強制による生産性向上への刺激をあげ、この法案が、1960年代の労働党の労働政策の2つの流れ、人種関係法にみられるような社会的被差別者の労働条件の改善と、生産性向上促進策の結節点をなすものであることを示した。そして法案のもつ問題点として、(1) 同一労働同一賃金の定義、(2) 実施方法、(3) 実施に不利な経済事情、をあげたが、審議中最も問題となった (1) の定義については、CBIの要求した同一労働_{ザ・セイムワーク}は狭すぎること、しかしTUCの要求するILO100号条約の「同一価値労働」も抽象的でその上、それが前提とする全労働の職務評価は、現行の所得・価格政策では不可能であり、またILO条約はこれを至上命令としていないことをあげて、労使双方の要望の中間ともいえる定義とした事情を明らかにした[3]。

　結局、議会でとくに保守党から批判として論議の的となったのは、同一労働の定義、立法手段という形式による実施方法、資本のコスト負担、実施時期、女子の失業増大への懸念、女子の保護規定撤廃要求、職務評価の主観的性格への危惧、年金の除外反対などであった。とりわけ、委員会審議では予想通り、定義の問題が中心となり、8回の委員会のうち4回が第1条の定義の問題にあてられた[4]。とくにこの法案の特徴である「類似な労働」という広い定義の採用が「同一労働」を「同一の労働」の狭い枠から解放するための手段となり、しかもCBI提案に基づくとされた[5]「実際上重要でない相異」の解釈が将来ITで混乱をひきおこすことが懸念された。のちにみるように、ITはこの解釈に広狭多様な方向を打ちだし、法の運用上大きな問題をなげかけるのである。

　しかし、法案は基本的な点でほぼ原案に近い形で成立したといえる[6]。むしろ保守党からでさえ採用、昇進、教育、訓練の機会均等こそが、男女の賃金収入格差を根本的に解決する手段として必要であること、法案はかかる規定を含まぬことに欠陥があるとして批判が集中した。このことは1975年のSD法の基本理念についての合意が議会の中ですでにできつつあることを示すものであった。

2 準備期間中（1970 ～ 75 年）における同一賃金実施状況と その問題点

　ところで、EP 法は成立時点から施行前日の 1975 年 12 日 28 日まで約 5 年半の完全実施のための準備期間がおかれた。この準備期間にどの程度段階的に実施されたか、その過程で注目される問題点について、簡単にふれておきたい。

　同一賃金の実施状況をみるためには、全国レベルでの最低賃率、ボーナス、交代プレミアム、休暇などを決める全国協約や賃金規制令と、それに上乗せする地方・企業レベルでの協約の双方をみる必要がある。イギリスでの労働条件の交渉は、主としてこの 2 段階のレベルでの交渉によって行われるからである[7]。このうち第 1 のものは、雇用省に登録されるので実施状況を監視し補捉しやすい。そこで注目されるのは、5 年半もの長期にわたる準備期間がありながら、151 の協約・規制令のうち完全実施期限をあと 9 ヶ月後に控えて、差別を全廃している協約などは 29％にすぎないこと、実際に完全実施のための努力が払われたのは最後の 1 年半にすぎなかったことである[8]。

　この 5 年半という期間については、TUC は長すぎると批判し、2 年間を要求していた。CBI はこれとは逆に短すぎるとして 7 年間を要求した。労働党政府は、資本家の賃金コスト負担[9]や EC 加盟準備を急ぐ必要などを考慮して 5 年間を設定したこと、しかし、この期間中、早い時期に労働者が自主的な団体交渉により早期実施することに対して政府は干渉しないこと、むしろ実力による早期実現を歓迎する旨言明していたのである[10]。また戦後労働政策の中で最も強力な介入といわれる EP 法の実施を支えるものは、──介入が強力であるだけに抵抗も大きいわけである──何にもまして労働組合の力であった。ところが同一賃金の実施が遅々とした進展状況の背景には、長年女子の低賃金によって利益を得ていた雇主たちが実施を遅らせるために、また法律の抜穴を求めての抵抗は当然予想されることとして、問題なのは、地方レベルの男子労働組合員にみられる EP 法実施に関する敵対的ないしは非協力的な態度、さらには、一般の女子労働者自身の法律についての誤解、無知があったことである。

　5 年間のうちとくに最初の 2 年間の進捗状況がはかばかしくなかったこと

は、1972 年に出された労働力経済局（OME）の企業レベルでの実施状況を調査した「EP 法実施に関する第 1 回報告」でも明らかにされた。OME はその原因が第 1 に企業側の抵抗にあること、第 2 に労働組合の闘争の仕方に問題があったことを指摘した。

　全国組合レベルでは、同一賃金実現が常に強調されていたが、中央でのかけ声にもかかわらず地方での組合役員や職場委員の EP 法実施への関心は低調で、早期実現を企業に迫らず、報告は、いくつかの事例に対し、「この問題についての組合役員の関心は、いい加減以外の何物でもない」と手きびしく糾弾している[11]。OME の調査は 220 の面接調査企業の 4 分の 1 だけが、組合の圧力をうけたこと、10 に 1 つの企業が同一賃金導入が男子組合員により阻止されていると主張したこと、賃金格差を狭めることに男子労働者が抵抗し、女子と同一比率の増額を企業に要求して成功したいくつかの事例を暴露した[12]。TUC も 1973 年の第 2 回「同一賃金大会」で、経営側にだけ責任があるのではなく、OME に指摘された組合側の取組み方にも問題があることを認めざるを得なかった[13]。

　この OME の EP 法実施に関する 1970 〜 72 年の調査結果は、その後雇用省がロンドン大学の LSE に委託した 74 〜 77 年の「同一賃金と平等な機会」プロジェクトに基づく 26 ないし 25 企業を対象とする調査の中間報告によっても追認された[14]。

　中間報告は、次のことを明らかにした。（1）EP 法は全国レベルの組合では支持されたが、地方レベルでは、職場委員から得た支持は強力ではなく、調査企業の大部分では、1973 年以後までは同一賃金は実施されず、職場委員の側から早く導入するよう経営に圧力をかけた証拠は少なく、むしろ企業のサボリに積極的に協力したいくつかの事例さえあること。（2）大抵の企業で一般の男子労働者は、EP 法が 75 年に効力を発してはじめてこの問題に関心をもち、権利に反対するいくつかの行動をとった。すなわち、女子と同一の格付けされた男子が異動を申し出たり、職場委員を含めた男子の一団が男子同様の夜勤や重労働を女子に強要して女子自身が同一賃金にしないよう経営側に求めざるを得なくしたり、女子が男子より収入がよくならぬよう男子労働者の格付けやボーナスを変えるよう男子が強要して実力行使に訴えた例、

女子を補助する作業を拒否した事例、従来の男女賃率格差の回復のため男子の職務のタイトルを変えて賃上げするよう経営に圧力をかけた事例が紹介されている。このような男子の要求に対し、一般に経営は産業平和維持のため要求に応じたことが報告されている[15]。

　企業レベルでの女子労働者自身の EP 法への反応は受身で、EP 法実施に伴う失業を懸念しており、EP 法によって重労働や交代制労働が要求されると誤解していることも調査は明らかにした[16]。調査は男子労働者の反発と無理解が同一賃金獲得闘争のネックとなっていることを示したが、このことは1973 年 1 月の TUC 同一賃金第 2 回大会でも指摘され、男子組合員に闘争への協力が要請された。男子労働者の反発が同一ボーナス要求ストを行った女子労働者へのスト妨害に発展し、ストが失敗した特徴的事例として、AUEW（合同機械工組合）対　Salford Electrical Instruments（サルフォード電気器具社）の争議の事例がある[17]。男子組合員の妨害による同一賃金争議の不成功に直面して、75 年の婦人大会は、同一賃金と平等な機会の獲得を要求して闘う女子労働者を無視せぬよう、男子組合員の支持を求める決議をとくに採択せねばならなかったのである[18]。もちろん、企業側も、法の負担を回避するため様々な方法をとった。これについては後述する。

---

1)　The Economist, Jan. 31, 1970.

2)　O. Kahn-Freund, op.cit., p.154

3)　Cf. Hans. Parl. Debates, House of Commons, vol.795, cols.915-916, 923.

4)　Cf. Parl. Debates, Official Reports, Session 1969, Standing Committee H. Equal Pay no.2, Bill.

5)　Ibid., col.65.

6)　法案の修正点について注目すべき点は、同一賃金の支払の遡及期間を最大 2 年以内どの程度にするかの判断を IT に委ねていたのを、2 年まで遡及できるとしたことである。

7)　イギリスの団体交渉（賃金交渉）機構については、H・A・クレッグ、牧野他訳『イギリスの労使関係制度』（時潮社、1977 年）の第 6 章、第 7 章を参照。

8)　Cf. Further progress towards equal pay, *D. E. Gazette*, Aug. 1975, Table 2. なお、この時期の同一賃金への進展状況を考慮する場合、保守党政府がとった所得政策を考慮に入れる必要がある。1973 年 1 月の白書でインフレ抑制策第 2 段階として、73 年

補論 1　「同一賃金法」の機能・問題点・効果　　167

末まで賃上制限額とは別に現行の格差の3分の1までに縮小を制限し、90%達成命令（EP法第9条）を中止した。しかし、ともあれ格差の3分の1までは縮小し得るのにもかかわらず、組合はこの規定を十分利用していないことがある雑誌の66企業の調査で明らかにされた。Cf. Equal pay and Equal opportunity, Industrial Relations, Review and Report no.70, Dec. 1973, p.3.

9)　コストは産業毎、企業毎に異なっている。その試算については、Cf. Cost of equal pay, E. & P. Gezatte, Jun. 1970, pp.4-7. そこでは、女子の比率が高いか、または多数の女子労働者を雇用している13産業、226企業で同一賃金実施に伴う直接費用の調査結果が要約されている。その結果、同一労働を「同じ労働」とした場合、女子労働者の比率の最も高い（76%中位値）衣料産業では企業の賃金コスト増は企業により3～31%、最も比率の低い製紙業（42%）で0～1%であることが明らかにされた。

10)　Cf. Hans. Parl. Debates, vol.795, col.926.

11) 12)　OME, Equal Pay, First Report on the Implementation of the Equal Pay Act 1970, 1970, p.29.　熱心に同一賃金獲得運動を展開したのは「運輸一般組合」（T & GW）、「合同機械工組合」（AUEW）、「一般都市労動組合」（GMWU）などの大組合であった。調査対象142企業のうち約3分の1が同一賃金を導入し、40%以上の企業が導入しておらず、また導入するプランを持っていなかった。多くの企業が全国協約での同一賃金の導入を待っている状態であった。Ibid., p.24.

13)　TUC, TUC Conference on Equal Pay, 1973, p.9.

14)　この中間報告は Equal pay experiences in 25 firms, D. E. Gazette, Dec. 1976. として発表された。その後の調査結果については Cf. Equal pay and Sex Discrimination, D. E. Gazette, Apr. 1978, Equal pay and opportunity, D. E. Gazette, July 1978.

15)　Equal pay experiences in 25 firms, D. E. Gazette, Dec. 1976, p.1339.

16)　失業への懸念が、扶養家族をもつ家計支持者である女子労働者に拡がっていることが、1973年の TUC 同一賃金大会でも、GMWU の代議員から報告された。TUC Conference on Equal pay, pp.56-57.

17)　AUEW のコンペナーを除く男子労働者が、ピケットラインをこえて工場に入り女子のストライカーは、「男性至上主義の豚」と非難した。N. C. Soldon, op.cit., p.182.

18)　TUC, Women Workers 1975, p.80.

第4節　「同一賃金法」の機能と問題点

1　「同一労働」の定義の限界

　EP法の直接の目的は、広くても同一または関連企業、狭くて同一事業所という限定された範囲ではあれ、男子と同一の労働（同法では「概して類似

な労働」、および「同一価値と評価された労働」）を行う女子に対し、同一の
賃金率とその他労働契約上の諸条件の平等（不利でないこと）を保障するこ
とにある。

　しかし、労働運動が最終目標とするところは（賃金に限定していえば）、
男女の平均賃金収入の平等＝賃金格差の解消である。そのためには、賃金率
が同一であるだけでなく、格差の主因となっているその他の諸条件──実働
労働時間、交代制の機会均等、各産業・職種分野での男女の就業分布や勤続
年数──の均等化が必要である。そしてこの種の均等化の前提条件として、
高賃金職種における採用・昇進・職業訓練の機会均等など、総じて雇用にお
ける平等が実現されねばならない。また、この前提条件を現実的なものにす
るためには教育の機会均等、男女間の育児・家事負担の平等化、およびそれ
を容易にする労働時間の短縮、託児施設などの家事労働の社会化と低廉化な
どの社会的条件が実現されなければならない。これら雇用における平等のた
めの前提条件の実現にこそ、SD 法の果すべき一定の役割がある。すなわち、
SD 法の 1 つの役割は、男子と同様な労働に就業する女子の創出、つまり、
EP 法の対象となる女子労働者の増大にある。

　では EP 法が既述の女子労働者の特徴的な就業構造と差別された労働条件
という現実のイギリス労使関係の受皿の中で機能するとき、上記の目的を達
成するにあたってどのような問題点を有するか。以下、第 1 に法規定上の問
題、第 2 に IT・EAT・EOC など法の強制機構における運用上の問題点を明
らかにし、第 3 に EP 法が先の諸問題をはらみつつも、賃金格差縮小に及ぼ
した効果を分析、検討することにしたい。本節では 1 と 2 を扱い、3 につい
ては、節を改めて論じることにする。

　第 1 に法規定上の問題点としては、同一労働の定義により、対象となる女
子労働者が、（1）主として同一企業ないし同一事業所内での男子と「同様な
労働」をしているもの、（2）または職務評価により「同一価値労働」と判定
された女子労働者に限定され、このことにより EP 法の対象が大幅に制限され、
実効性が狭められたこと、である[1]。男子と競合しない低賃金のいわゆる「女
子の職場」で働く女子労働者や、同一職場に異種労働の男子がいても、職務
評価制度が実施されていない事業所の女子労働者は、EP 法の対象から排除

補論 1 　「同一賃金法」の機能・問題点・効果　　169

される。既述のように、女子労働者の大部分は、秘書、ホテル従業員、美容師、ミシン工、ウエイトレス、小売店員、繊維産業、軽工業など狭い範囲のいわゆる「女子だけの職場」に集中している。もっとも、理論的にはこれらの女子労働者も職務評価によって、少数の異種労働の男子との比較により、EP法の対象になり得る。しかし現実には、同一価値条項を利用する必要のある女子労働者は、まさにこの条項を利用できない存在なのである。なぜなら、（1）これらの女子は一般に、職務評価を行う余裕のない小企業で働き、また（2）女子労働者の多い職業は組合組織も弱体な分野で、職務評価の全段階に労働組合の強力な代表がなく、職務評価が行われても女子労働者に不利であるなどの理由で事実上、同一価値条項は死文同然だといわれている[2]。定義上の限界は、根本的には全職務に職務評価を拡大し「同一価値労働」の定義への1本化と、比較対象としうる男子を同一事業所、同一企業の枠からはずすことで打破される。

　しかし、このことは職務評価に伴う膨大な費用と職種間の賃率格差構造の再編、規模別賃率格差の解消が招く現行労使関係の秩序の混乱を必至とし、現状では困難である。EP法での定義はこのような予想される困難な事情への配慮と妥協の産物である。TUC婦人諮問委員会（NWAC）の議長パタースン夫人は、この法律では、婦人労働者の3分の2もの多数が恩恵をうけそうもないことを予想していたといわれ、法案審議中に開かれたTUC婦人大会で、EP法案改正が決議された理由はここにある。

　しかし、現在イギリス政府は、EP法の同一価値労働規定が、職務評価実施企業の労働者にのみ適用されていることは、同一価値労働の意味を付加した1975年の「EEC同一賃金指令」を完全実施しないものとして、EEC委員会からその改正を迫られている。また、イギリス控訴裁判所も、78年の判決で、EP法改正をまたずとも、この指令を直接申立人が権利として利用することは可能であるとの見解を示した。従って、今後この種の申立ての出現や、法改正も早晩必至となろう[3]。

　第2の問題点は、男女がEP法上の「同様な労働」に従事している場合でも、性差別に基づかぬ制度上の差として、男女の差別賃金を合法化していることである。つまりEP法は「真に実質的な相異」として、業績考課、勤続年数、

出来高制などによる男女間の賃金格差を容認し、その結果、のちにもふれるようにこれらの諸制度が、性差別を個人差として隠蔽するために雇主により利用されることを当初から看過しているのである[4]。

第3の問題点は、「同一価値労働」の定義が依拠する職務評価制度がはらむ問題である。同一待遇の権利請求の根拠としての「同一労働」の範囲を、「同様な労働」の枠をこえて拡げ、異種労働間にも比較の対象を認める役割を果すものが、職務評価に基づく「同一価値労働」の規定である。では職務評価はこの比較対象拡大の役割を果しているであろうか。そこにはどのような問題が隠されているであろうか。

第1に、職務評価の実施が法規定上、企業に義務づけられていないことである。確かにEP法の実施は企業に対しこの制度の導入に刺激を与えた[5]。しかし、既述のように経済的余裕のない小企業ではこの規定は死文である。第2に、職務評価上の性差別は禁止されているが（第1条第5項）、この制度は労務管理の一手段であって、主観的性格が強いために、女子労働の評価に不利に運用され[6]、科学的扮装の下で、女子労働を男子と同一価値労働と格付けしないために利用されている。すなわち、（1）伝統的に男子労働に附随している重労働、危険などの要因には大きな点数が与えられ、女子労働特有の手先の器用さ、迅速、単調さ、忍耐力などの要因が低く評価される傾向がみられる。（2）職務評価計画中の諸要素を以前よりも女子が低い格になるよう改訂するなどの手段がとられている。

従来労働組合は、職務評価を職場での労働組合の力をそぐための経営技術とみなしてきた。また、この制度が歴史的にそのような役割を果してきていることも事実である。しかし組合は、EP法実施に伴い、職務評価の役割を再検討し、女子労働者に有利になるよう利用する必要に迫られている[7]。そのための方法としては、職務評価のすべてのレベルでの労働組合の積極的介入により、経営側、男子組合員を含めて、一般に男子の女子労働に対する低い評価の傾向を打破し、高い評価点を与えるよう活動することが必要であろう。その際、組合側の代表の過半数は女子が占めることも必要な措置と思われる。

2 「同一労働」に関する IT の狭い解釈と EAT・EOC の役割

第4の問題点は、個人が同一賃金の権利を要求するにあたって、以上のような限界と制約をもつ「同一労働」の定義が EP 法の施行を強制する機関で、この制約を除くよう解釈されているかどうか、換言すれば、個人の同一賃金の権利の救済に IT・EAT・EOC は有効な機能を果しているか否かの問題である。結論的にいえば、第1に IT レベルでは初期には、比較される2つの労働の微細な相違にこだわって「同様な労働」が狭く解釈され、その上 IT 間に解釈上の混乱と不統一が生じ、一般に労働者の権利の救済に失敗している傾向があった。しかし、1976年10月の最初の判決以来、EAT は IT への EP 法解釈上の指針を与え、「同様な労働」については広く解釈し、できるだけ救済する方向が出されていること、また、EOC が、ある面では、迅速な行政救済の方法をとっていることが指摘されよう。

1. IT における「同様な労働」の解釈

「市民的自由全国協議会」（National Council for Civil Liberties —以下、NCCL）は 1976 年末、「平等問題報告書」（The Equality Report）を発表し、同一賃金についての申立てに対する IT の判決を分析した結果、「同様な労働」の定義が狭く解釈され、権利の救済に失敗している傾向があると結論づけた[8]。EP 法発効後約2年間に IT に申立てられ決着をみた件数、1742件（76年）、942件（77年）の内訳を分析した第1章表1.21によれば、IT の審議件数各々790件、492件のうち敗訴した件数は各々409件、約70%、317件、約64%を占めている。別言すれば、勝訴率はそれぞれ、30%、36%、申立件数全体からみれば、各々12.2%、18.6%という低率である。敗訴件数のうち、「同様または同等な労働」で争ったものが最も多く、76年度は366件で敗訴件数の73%を占め、77年度では、その比率は下るがそれでも約40%に達している。またその次に高い比率を占めているのが「実質的相異」に基づく申立てであって、各年度、約16%、40%である。つまりこの2つの理由の占める比率は76年度で89%、77年度で80%で圧倒的であるといえよう。このように敗訴の比率が高い理由は、主に IT における「同様な労働」の解釈の狭さと、「実質的相異」に基づく解釈の広さに基づくといってよい。

EOC は第 1 回年次報告の中で、IT によって多様な解釈が行われ、混乱を発生させた原因は、(1)「同様な労働」、(2)「真に実質的な相異」、(3)「雇用条件に関して実際的に重要な相異」のこの 3 つの定義であったと指摘している[9]。(3) は (1) に関連した定義なので結局 (1) と (2) の定義の解釈の問題に帰着する。以下この点に立ち入って検討してみよう。

(1) 「概して類似な労働」の解釈

「同様な労働」の定義は「同一か、概して類似な性格」の労働を行っていること、男女の労働に相異があればそれは「雇用条件に関して実際的に重要なもの」ではないこと、である。問題は、「概して類似な労働」の解釈で、これが EP 法が「究極的には成功か失敗かの鍵となる要因の 1 つ」とされた[10]。EAT の最初の判決が出されるまで全国の IT の解釈はまちまちで、狭く解釈する傾向がみられた。たとえば、

ケース I　O'Conner v. Alpha Cleaning Services.　女子が一般の清掃に雇われ、男子は窓ふきと同時に一般の清掃を行った。この場合、IT は両者は「根本的に異なったタイプの労働」と判決し、女子労働者は敗訴した。

ケース II　Bennett & others v. May & Baker Ltd.　女子の清掃人は男子のトイレ世話係と比較し、同一賃金を要求した。IT の判決は、両者の行う労働の詳細はどうであれ、基本的には清掃であって「概して類似な性質のもの」とし、女子は勝訴した[11]。

1976 年 10 月、EAT は最初の判決を出して、IT に対し解釈上 1 つの方向づけを与えた。それは、第 1 に、2 つの仕事の内の微細な相異にこだわらず、できるだけ広く解釈することにより、第 2 に、現在比較する男子がいなくても、前任者に男子がいた場合、前任者でも比較対象となり得るとし、比較できる男子をできるだけ広く解釈することによって、である。

IT の解釈をめぐる第 2 の問題は、「実質的相異」の解釈をめぐる問題、すなわち、「同様な労働」であることが立証されても、雇主が同一待遇を女子に与えなくてもよい場合の条件の問題である。

（2）「実質的相異」の解釈

　この場合、「同様な労働」であることについては労使双方が合意済みで、従ってその場合の男女の契約上の相異は性差別以外の「実質的相異」に基づく合法的なものであることを雇主が挙証する責任がある。「実質的相異」を構成する要因として EP 法の手引書で例示されているものに、勤続年数、生産高水準、比較する人間の業績考課（メリット）の差、所有する資格の差、などがある[12]。

　この「実質的相異」（第 1 条第 3 項）の解釈で問題となったのは「いかなる要因を実質的相異」と認めるかの問題と、これとの関係で「類似な労働」でないと判断する場合の条件である「実際に重要な相異」（第 1 条第 4 項）との区別の問題であった。両者の区別は、前者では「同様な労働」であることについては異論がなく、個人的な差に基づく賃金差かどうかが問題であるのに対し、後者は同様な労働かどうかが問題なのである。両者は言葉も似ており、IT の間で混同をひきおこした。女子の同一賃金要求を拒否する手段として雇主はこの 2 つの定義を利用した。まずこの概念の混乱した場合の例を示そう。

　ケース I　Goutcher v. Monteith Building Services Ltd.　13 ヶ月勤続の女子が 4 年勤続の男子と同一賃金を申立てた。会社は、男子の長期勤続と経験は男子により高い賃金を支払うことを正当化する「実質的相異」だと主張。IT はこの相異は実際に重要でないと判断、会社は敗訴した[13]。だがこの場合は、同様な労働という点では異論がないのだから真の争点は、「実質的相異」か、「実際に重要でない相異」かの問題ではなく、勤続年数を性差別に基づかない「実質的相異」とみるかどうかの問題で IT の判決は両者を混同している（この場合には会社の主張が基本的には正しい）。

　ケース II　Hobson v. Rowntree Mackintosh Ltd.　ブラックマギーチョコレートの箱をセロファンで包む機械を運転する女子労働者が、キットケーツ（チョコレートの商品名）を包む機械を運転する男子との同一賃金を要求した。会社は、男子は消費者に消費される生産物に関係し、女子は単に箱を包むのに関係しているだけだと主張。IT は生産物に関して男子がもつ責任を「実質的相異」と認め、会社側の主張を認めた[14]。このようにむきだしのチョコレートを包装する機械を扱うか、包装されたチョコレートを包む機械を扱う

かの間にある些細な「責任」の相異を「実質的相異」とし男女の賃金格差を正当づける論拠とするなら、全く同じ労働をしている場合以外には、同一賃金を要求できる場合は乏しいことになる。この事例は、「実質的相異」を争う問題としてではなく、類似な労働かどうかを判定するため両者の間に「実際的に重要な相異」があるか否かの問題とすべきで、「概して類似な労働」と判定すべき問題である。

第1章表1.21のように「実質的相異」が雇主により従来の男女間の格差温存の手段として利用され、成功を収めているのは、このようなITの2つの概念の混同と、些細な責任上の相違までも「実質的相異」とみなす、広い解釈に一因があるものと推察される。

ところで次にどの要因を「実質的相異」と認めるかの問題についていえば、「同様な労働」を行うことでは承認ずみの男女の内で、最も頻繁に発生し争点となった「実質的相異」の1つが、ITが「赤丸^{レッド・サークル}」ケースと名づけた種類の問題である。このケースは、労働者が経済的理由、組織の再編の結果、異動を求められた場合、または職務評価の結果、その時までもらっていたサラリーの格付けよりも、より以下の低いグレードに格付けされた場合に発生しがちである。この表現は、賃率表や付表を編成する場合、この異常な事情下におかれた労働者を、はっきりさせるため赤丸でかこむところからきている[15]。すなわち、男女が同様な労働をしているにもかかわらず、男子が過去の「歴史的理由」から高い賃金を得ている場合、男子のより高い賃金は、「1つの異例」であるという場合、ある男子は「特別のケース」だという場合、男子の給料は「保護されるべき」だといわれる場合、などである。1975年に5ヶ月の長期ストで女子労働者が同一賃金を獲得したトリコ・フォルバース社の例は、最初はこの赤丸ケースとしてITに出され却下されたケースであった。この例をあげよう。

ケースⅠ　Bedwell & others v. Hellerman Deutsch Ltd.　これは、男子の「異常^{アブノーマリー}な地位」から生じた「実質的相異」を主張した最初の「赤丸」ケースである。女子が時間賃率で支払われており、「類似な労働」をしている男子は、職員身分^{スタッフ・ステータス}をもち、それゆえより良い雇用条件であった。職務評価計画の導入により、男女ともに時間賃率の格付けにされた。旧賃率から、その

職務の賃率また女子の賃金は引上げられた。しかし男子は、以前職員身分であったという理由で、なおも女子より高い賃率を維持した。この男子に対する女子労働者の同一賃金要求は、IT では「実質的相異」に基づく格差として却下された[16]。

NCCL は、「実質的相異」に基づく申立ては成功率が低いと分析している[17]。雇用省月報は、1977 年中、「実質的相異」として IT で棄却された 86 件の要因別統計を載せ、（1）パート労働、（2）夜勤、（3）年齢、（4）業績考課制、（5）マークタイム賃金、（6）その他の要因が IT により認められ、（5）、（6）が多いことを示した[18]。

2. EAT の解釈

EAT は判決を通して次の点を明らかにした。（1）微細な相異にこだわる IT を批判して「広く常識的に」解釈するよう指示し、（2）既述の 2 つの概念の適用上の混乱をただすため、その内容を明確にした。すなわち、「実質的相異」とは、女子が男子と「同様な労働」についているかどうかとは無関係であること、「実際的に重要な相異」とは労働の内容の相違に関する概念であること、である[19]。（3）「実質的相異」の事例として、追加的サービスに対する付加賃金（Capper Pass v. Lawton）、アカデミックな資格の相違（Murray v. Lothian Regional Council）、慣習的な週労働時間数の相違（NAAFI v. Varley）責任、および労働市場要因（Clay Cross（Quarry Service）Ltd. v. Fletcher）を認めた[20]。（4）また EAT は、「赤丸」ケースを審理し（Snoxwell & Davies v. Vauxhall Mortor Ltd.）、過去の差別が男性への特別の保護（＝赤丸）、すなわち現在の女子との「実質的相異」を構成していると主張する場合、男女の契約上の格差は、性差別に基づかぬ「実質的相異」といえないこと、赤丸自体は、女子のより低い賃金を正当化する「実質的相異」ではない、との判断を示した[21]。さらに EAT は、IT が赤丸の発生原因にさかのぼって検討すること、赤丸は消滅し除去されるべきだと労使双方に要望した[22]。

EAT の IT への指示を論評した 1 論文は、この判決の効果として、1976 年に敗訴したケースは、77 年には勝訴するだろうと予想している[23]。76 年末までに EAT に対して EP 法関係では 20 件の控訴件数があった。このうち 7

件が取下げられ、12件が審理された。雇主控訴のケース5件中1件が勝訴、4件が却下、労働者側控訴7件中1件が却下、3件が勝訴、3件がIT差戻しとなった。EATレベルでは、労働者の救済率は高いといえよう[24]。

このようにEATは「同様な労働」の場合は広く解釈して同一賃金の権利をできるだけ労働者に認め、ITの機能を女子労働者に有利な方向に規制している。しかし、「実質的相異」については、EATはかなりの要因を認めており、問題がないわけではない。たとえば、Clay Cross（Quarry Services）Ltd. v. Fletcher のケースでは、「同一労働^{ザ・セイムワーク}」をしている男子が、以前の仕事では高い収入を得ており、その収入でなければ働かないと主張したため、会社が女子より高い賃金を払っている場合、EATはこの差は性別に基づかぬ「市場要因」として認めた。このケースは、「労働市場要因」の扮装の下に過去の性差別——直接的にせよ間接的にせよ——の存続を認めるものとして大きな影響を及ぼすものと考えられた。そこでフレッチャー夫人は、TGWU（運輸一般組合）の援助を得て、SD法違反として控訴裁判所（Court of Appeal —以下、CA）に上告した。CAは、アメリカの同一賃金法の解釈を参考にしながら、労働市場要因による賃金格差を不法とし、これを「実質的相異」として認めたEATの判決を覆した[25]。

これは「実質的相異」をなす要因が過去の性差別を隠蔽している場合の問題であるが、「実質的相異」をめぐる問題についてはさらに、(1) 表面上は性差別に基づかぬ格差であれば、どこまでこの要因を認めるべきか、(2)「実質的相異」に基づく賃金格差が果して公平で妥当なものかどうかの問題があろう。これまでのところ、EATは形式的に性差別に基づかぬと判明すれば、一般にこの要因を「実質的相異」として認めているように見える。また雇主は、実質的相異に基づく賃金格差額を正当化する論理を明らかにすることを義務づけられていない。またこれはITやEATが判断できる問題でもない。したがって雇主はこの方法をEP法回避に活用することができる。EP法はSD法と異なり、「間接的性差別」を禁止する規定を設けていないが、EOCは、勤続年数、常用、転勤などが「実質的相異」として認められている現在の慣行が「間接的差別」となるのではないかと注目している[26]。

ともあれ、この条項は、従来の男女の賃金格差の存続と、EP法適用を免

補論1　「同一賃金法」の機能・問題点・効果　177

れる労務管理上の手段として、今後雇主により大いに利用されよう。事実、「実質的相異」に基づいて同一賃金の権利請求の申立てが却下される件数は1976年の約16％から、77年の約40％へと上昇している。ITの狭い解釈によって「同様または同等でない労働」に基づいて却下される件数が、EATの広い解釈で漸次姿を消してゆく傾向を示しているのに比し、「実質的相異」に基づく多様な同一賃金阻止の方法が、EATの判決を通しても今後有効であることを第1章表1.21はある程度示しているといってよい。

　ITの権利救済機関としての役割をしめくくるにあたり、最後に「赤丸」ケースでITの判決に反発して5ヶ月にわたるストライキにより同一賃金を実力で獲得したトリコ・フォルバース社の女子労働者の例をあげておきたい。

　この企業はアメリカ人所有の車のワイパー、モーターなどを製造する多国籍企業であるが、2人の女子労働者が、夜勤から昼勤になっても、なお女子より高い賃金を得ている5人の男子との同一賃金を要求した。当初AEUWが団体交渉で解決しようとしたが会社はこれを拒否してITに申立てた。400人の女子労働者はストライキに入り、当初からITは労働者の権利を保護しないとしてIT出席を拒否し、ITを利用しないこととした。しかもITはこの件を「実質的相異」に基づく「赤丸」ケースとして会社の言い分を認めた。労働者はこの判決を認めず5ヶ月ストを続行し、同一賃金を獲得したのである。この事例は、同一賃金獲得にあたってストライキという手段がEP法より有効なことをあからさまにしたといえる[27]。

　またEATは職務評価については、この評価の仕方の正当性を判断する基準として、組合の合意をあげている。この基準は、職務評価への組合参加を促進する役割を果すであろう。EATは、ITが経営側の職務評価の結果を理由なく受容したり、拒否したりしていることを批判し、労働者が参加した職務評価の尊重を主張している（Green & others v. Broxtowe District Council)[28]。EATが、かような形で職務評価が経営側の恣意に委ねられぬよう歯止めをかけていることは評価されよう。

　3．EOCの行政・司法救済その他の活動
　EOCはEP法について次の諸活動を行っている。（1）行政救済。IT申立

に至らないケース、すなわち EP 法に関する問合せ（1976 年、957 件、77 年、460 件）のうち、必要に応じて EOC が助言したり、関係組合、雇主、「調停仲裁サービス機関」（ACAS）への直接接触により、本人の満足のいく迅速な解決がみられたことを報告している（しかしこれによる解決件数は不明なのでこの種の行政救済の占めるウエイトは定かでない）。(2) 司法救済。IT の裁決を監視し、法的援助を扱う「援助、監視委員会」を設け、EP 法の原則に係る問題・個人で解決困難なケースには、申請を待たずとも積極的に法的に援助している。77 年度には EAT 上告の重要な 4 件への援助が報告（77 年度は SD 法を含め法的援助は 46 件）されている。この他、権利救済についての EOC の権限（公式調査、非差別通告など）とそれに基づく活動については現時点ではあまり行われておらず、明らかでないので、EOC 活動の問題点については別稿に期したい[29]。

　次に IT の機能上の問題との関係で、EP 法の第 5 の問題点として、「実質的相異」の場合を除き――この場合は雇主に挙証責任がある――権利を請求する労働者の側に同一労働であることの挙証責任があることが指摘されよう。これは個人の権利追求に一定の制約を課している。IT での申立人の代表別分類件数をみると、個人は 1976 年で 10％、77 年に 15％もあり、組合が代理人となっているのは各々 30.6％、67.5％に止まる。個人の場合、その女子が未組織労働者であることを推測させる。NCCL の先の報告は、個人・組合代表ともに準備不足と不馴れから、同一労働であることを十分挙証できず敗訴する場合が少なくなかったと指摘している[30]。個人が弁護士を雇う余裕のないことは、弁護士が労働者側代理人となっている比率の低いことに示される。そこで代理人としての労働組合の役割と、組合役員を代理人として訓練することが重要となる。しかし、この場合でも未組織労働者、組合の弱体な労働者は、権利を気軽に請求できないという問題が残る。表 補 1.1 の 77 年度の申立人の企業規模別分類によると、500 人以上の規模の労働者は不明の 16.2％を別としてなお、過半数（52.3％）を占めるのに比し、49 人以下の小企業労働者は 3.1％にすぎない。しかもこの規模の男女労働者の全労働者に占める率は 76 年の数値で約半分に近い（45.4％）のである[31]。女子は全体として組織率が低いだけでなく、一般に小企業に集中しているといわれ、

補論 1　「同一賃金法」の機能・問題点・効果　　179

きわめて限定された産業の統計によってではあるが、企業規模が小さいほど組織率も低いことが推測される（表 補1.2）[32]。従ってこの 3.1%の数字は、小企業の労働者ほど比較する男子がいないため、本来権利を有しないことを示すだけでなく、未組織のため権利を請求しにくい傾向にあることを明らかにしているとみてよかろう。表 補1.3 はいかなる協約の影響もうけぬ女子労働者、すなわち個人的に IT に申立てる手段しかない労働者の潜在的比率を概略ながら示している。賃金規制令の対象職種では約半分、それ以外でも約3分の1の女子労働者がこれに該当する。産業別では、女子の集中度の高い部門ほど、協約外におかれている女子労働者は多い（表 補1.4 参照）。そしてまたこのような産業ほど低賃金である（表 補1.9 参照）。

　結局、権利を請求しやすくし、不馴れ、準備不足による敗訴を避けるためには、（1）雇主側に同一労働でないことの挙証責任を転稼し、（2）未組織労働者の組織化と代理人となる組合役員の特別訓練、（3）IT での個人の代理人についての公費による法的援助などが必要である。

　なお IT については最後に構成メンバーの問題、つまり男性優位の社会の中で女性の権利を擁護するという新しい型の EP 法を扱うのに妥当かどうかにふれておく必要がある。それは第1に、女子のメンバーの少ないことにある。表 補1.5 が示すように、1977 年 12 月現在のふるい数値では、男子 1278名に対して、女子は 494 名、女子の比率は 38.7%にすぎない。女子の比率を増大させる要望が法案の審議過程で修正案として労働党議員から出された。EP 法、SD 法のケースの審理の際には、女子を加えることは強制されてはいないが、75 年末、労働党政府はその方向であらゆる努力をするよう IT に勧告したといわれる[33]。しかしその結果については不明であるが――。EP 法に偏見がなく、女子労働者の立場に理解と好意をもった審判員の存在が女性の新しい権利の救済には必要である（ただし、この問題と IT で却下の比率が高いこととの直接の関係を示す資料はない）。第2点は、法律の専門家だが労働問題には素人で、性別主義者で EP 法に偏見をもつ議長の性格が EP 法の審理に妥当かどうかの問題である。NCCL はこのことが、同一労働の解釈にあたって2つの仕事の間の微細な相違にこだわり、同一賃金要求を退ける傾向につながっているとの判断を示している[34]。議長が労働問題に素人

表 補1.1　申立人の企業規模別分析（1977 年度）

従業員数	申立人数　　　（人）	全体との割合　　（％）
20 人未満	20	2.1
20 〜 49 人	9	1.0
50 〜 99 人	90	9.6
100 〜 249 人	110	11.7
250 〜 499 人	67	7.1
500 〜 999 人	121	12.8
1,000 人以上	372	39.5
不明	153	16.2
合計	942	100.0

出所：EOC, Second Report, p.45.

表 補1.2　企業規模別の組合員と組織率

	企業規模（労働者数）						
	1〜25人	26〜 50人	51〜 100人	101〜 250人	251〜 500人	500人 以上	全体
組合員数 （1,000）	1.4	3.6	15.9	39.2	22.5	41.6	124.2
各規模別の全労 働者に占める組 合員の比率（％）	4	9	30	33	37	69	33

出所：CIR Survey, Cited in: CIR, Report no.77, 1974, Clothing Wage Council, p.17, Table 5.

補論 1　「同一賃金法」の機能・問題点・効果　　181

表 補1.3　種々の型の協約によって影響される
　　　　成人女子労働者

(職種別比率%、1973. 4)

協約の種類	標本数		全国協約および補助協約会社協約など		全国協約のみ		会社協約地方協約のみ		いかなる協約の影響もうけない	
	①	②	①	②	①	②	①	②	①	②
全筋肉労働	14,253	3,049	25.2	18.5	36.4	22.2	10.1	10.6	28.2	48.7
非筋肉労働	25,719	2,872	9.2	12.5	48.1	24.3	7.6	9.3	35.2	53.9
全職業	39,972	5,921	14.9	15.6	43.9	23.2	8.5	10.0	32.7	51.2

出所：D. E. Gazette, Feb. 1974. より作成。
注 1.　①賃金審議会、賃金委員会の対象となる職種以外の労働。②賃金審議会、賃金委員会の対象
　　　となる職種。

表 補1.4　全く協約の影響をうけぬ成人常用女子労働者の産業別職種別比率

(賃金委員会、賃金審議会対象部内を除く、1973. 4)（%）

	衣服・履物業	繊維産業	運輸・通信業	自動車産業
全労働者に占める女子の比率	74.1	46.7	18.1	12.9
筋肉労働者	42.8	20.1	7.9	11.4
非筋肉労働者	60.6	53.8	24.1	19.9

出所：D. E. Gazette, Feb. 1974. より作成。

表 補1.5　裁判所に対する任命人員の男女別構成

(1977. 12)

	男子	女子	女子の比率（%）
労働審判所の議長	70	2	2.8
労働審判所の素人メンバー	1,181	487	41.2
労働控訴裁判所の素人メンバー	27	5	18.5

出所：EOC: Women in The Legal Services 1978.3. Cited from: Labour Research, Dec. 1978.

であることが、法案審議の段階でも懸念されていた。

　また第1章表1.21が示す如く、申立件数中、取下げられた比率が約半分に達し、極めて高率である。この取下げの理由、調停による解決の内容が公表されていないので、このことがEP法のどのような問題点を示すものか明白に知るよしもない。しかしこの取下げが全く問題のないものではないことは、TUC大会での「店舗小売合同組合」の代議員の発言から推測される。つまり申立人が救済できないとして取下げさせる調停官の法律解釈に問題があるケースもあり得るわけで、狭い解釈により請求権を放棄せしめられている場合がある[35]。

3　労働協約などにおける集団的救済の問題

　問題点の第6は、同一賃金の権利の集団的追求に関わる。すなわち、法の規定の不備のために、全国協約以外の、すなわち地方・企業レベルの協約や、公開の企業内賃金構造（employer's wage structure ─ 以下、EWS）に関しては、EP法の即時実施を確保し得ぬことである。全国協約、賃金規制令の場合は、雇用省に登録が義務づけられているので、雇用省発表では1975年12月29日までにすべて形式的には差別賃率は除去された[36]。問題は登録されない種類の協約の場合である。EP法第3条は、EP法実施日の前か後かに結ばれ、男女別々に適用され、形式的にも明白な差別規定を含む団体協約やEWSを中央仲裁委員会（CAC）に付託することができ(May)、CACは差別除去のためにいかなる修正が必要かを公表するとしているだけである。付託された以上、企業はCACの命令に従う義務が発生するが、付託すること自体は、企業に義務づけられていない。そこで、付託できる人物が問題となる。この権利は協約の場合、当事者である労働組合、雇主または大臣にあり、EWSの場合には雇主か大臣である。いずれの場合とも個人はその権利をもたない。このことは、EOCも認める如くCAC制度の主たる欠陥である[37]。第3条は、3つの盲点をもっており、個人が付託権をもたぬことがこの問題点を決定的としているのである。すなわち、（1）労働協約、EWSがCACに付託されぬ場合、EP法発効後、付託されるまで雇主は合法的に差別賃率を維持し得るものと解釈された。とくにEWSの場合、個人が権利をもたな

いのであるから、大臣が介入せぬ限り雇主はその気になれば、いつまでも
EP法を回避できる。(2) この条項は、雇主にEP法発効日までに協約・
EWSについて当局の許可を義務づけていないので、CACに付託された時点
ではじめて、同一賃金を支払う義務が発生し、発効日まで遡及して支払う必
要はない[38]。だから、個人に付託権のない企業レベルの協約の早期是正には
組合の自覚に基づくCAC付託が不可欠である。(3) しかし、雇主の一方的
決定になるEWSに関しては、付託権は雇主か大臣しかもたぬため、EP法
実施には、実質的には大臣の付託が唯一の手段である。しかし、大臣が付託
できる条件については、雇用相は、APECCS (Association of Professional,
Executive Clerical and Computer Staff) の組合に対し、EWSが男子賃率、
女子賃率の如く、形式上明白な性差別をとらぬ場合には付託できぬことに注
意を促した[39]。もちろん、協約や公開のEWSのない企業では、CAC付託の
道ははじめから否定されている。ここにおいて、個人の付託権のないことが
決定的欠陥となる。何故なら、雇主が大臣に付託の口実を与えるような形式
的にも明白な違反を犯す場合は限られており、しかも実質的には差別を温存
するEP法回避の様々な手段を講じている。このような現実に対してCACは、
付託された協定やEWSに関して、労使双方の主張を基に、形式的差別規定
のみならず、隠蔽された差別をも摘発することができ、事実摘発している。
EWSの場合、CACのこの有効な機能を利用できない。そこでEWSにおけ
るこのような性差別隠蔽、EP法回避の企てに対して、現状では労働者は第
1に個人的に、自分の差別問題だけを解決する他ない。その場合、大企業の
場合には、ルートンのエレクトロルクス社の如く、最終的にはほぼ全女子労
働者による600件のITへの申立てが発生するという極端なケースが起こり
得ること[40]、個人がITに申立てる場合の諸問題がある。第2に、より根本
的解決としては労働者が組合に参加し、組合を強化することより、雇主の一
方的な決定に基づく賃金構造を組合との団体契約に変え、その中でEP法を
実施させるか、組合によるCAC付託を通して実質的に同一賃金を獲得するか、
であろう。ここでもEP法の不備を補い、EP法を実施させる手段は何より
も労働組合運動の強化である。ところで雇主によるEP法回避の手段として
次の多様な方法が採られた。

（1）職務を分離する方法。男女の比較を避けるため、男女混合職種を一方の性の職務に限定する。（2）職務評価計画を改訂し、女子を以前より低い格付けにする。（3）男女単一の格付けと給料表を導入し、大抵の男子はこの表の最低よりも上に格付けし、女子は大部分を男子より下に格付けする。（4）男女混合職務の場合、男子を女子よりも高く格付けするために男子に追加義務を与えて職務内容を変える[41]。（5）賃金格差の維持。女子の基本給与の増加を相殺するため、女子の出来高賃率をよりきびしくする。または、男女各々別で1つの賃率がある運転工の職務の場合、いくつかの格（グレード）に分けて大抵の女子が男子と同じ賃率にならぬようにする。（6）職務名の変更。労働協約上の男女別賃率の差を撤廃する代わりにそのまま「重労働」、「軽労働」として職名の差にすりかえるだけですませる。（7）同一雇主の複数の事業所内の職務比較をさけるため、各事務所ごとの独自の職務構造に再編する[42]。

また1973年、サンデー・タイムズ紙は、雇主連盟（EF）の内部メモをすっぱ抜いた記事をのせ、EP法回避のための雇主たちの組織的で慎重なやり方を暴露した。それによるとそれ以外の方法として、（1）職務評価が利用される場合には、ある職務内容を再評価が正当化される程度にまで変え、同一賃金の影響を最小限にする。（2）組合が職務評価計画を問題とせぬ場合には、経営側が割りふったカテゴリやタイトルは最小限の格差に適合するようにし、昇進させることの困難なグレードに女子を凍結する。（3）連盟はEP法の適用をめぐり、労使対立が発生した場合には、女子労働者は男子または機械に変えることを助言した[43]ことが明らかにされた。

このような巧妙なEP法の回避方策を暴露し阻止することは容易でない。組合が団体交渉力を基に自主交渉で解決するか、自主的に解決できない場合には、CACに申立て、周到な準備をもって組合の主張を展開し、賃金構造にひそむ実質的差別方策を明らかにし、CACに認めさせ、是正させるしかない。

事実この点でCACの差別修正に果している役割がきわめて有効であることは、1976年の間にCACに付託された35件の団体協約（うち22件は組合、6件は雇主と組合の双方が、2件のみが雇主の付託による）のうち審理に至った20件のすべてについて協約を修正する裁定が出されていることにその

一端を知ることができる（35件中、10件は延期または審理待ち、5件は取下げ）[44]。76年の裁定の内容は不明であるが、しかし77年CAC付託のEWSのケース──この少なさは、差別賃率の是正が行き届いているとみるよりも、むしろ先のCAC欠陥に根ざすものと考えた方が事実に近いものと思われる──について公表された裁定内容（第1章表1.23参照）をみると、CACの有効性が明白となろう。ここで注目したいのは、CACの役割と同時に、77年になってもなお単一性の賃金構造の採用、女子の格付けの最低男子の格付けまたは引上げ勧告といった最も単純な差別の是正勧告を生みだすような形式的差別が通用していたことである。また修正勧告の内容も、女子の賃率を女子の労働の熟練度に照応した賃率にまで引上げるのではなく、中間段階としてまず男子の最低賃率まで引上げる程度[45]に止まっていることにも注目されねばならない。さらにCACの裁定の内容を立ち入って検討するならば、CACに付託された場合、CACの裁定はEP法実施にかなり意欲的で、企業内賃金構造における実質的な女子差別の隠蔽の摘発を意図する組合の主張がほぼ認められていることが明らかとなる[46]。

このように一方では自主交渉や、CAC付託を通して、EP法の企業レベルでの実施に努力が払われてはいるものの、LSEに委託された企業レベルでの調査結果の発表（1978年7月）によれば、回答した19企業中なおも4企業ではEP法は実施されず婦人の大多数が男子の最低賃率以下にあること、大体においてEP法が実施された企業は約3分の1の6企業にすぎぬことが明らかにされている。このような少数企業の調査結果から直ちに一般的傾向を結論づけることはできないが、婦人労働者の比率、組織化の程度などEP法の事例研究に適した特徴を示す企業が意識的に調査対象に選ばれていることからみて、これが異常な例外的事例でないとみてもよいであろう[47]。

4　EP法から除外された問題

問題点の第7は、労働契約上同一待遇を要求できぬ条件として退職、結婚、死亡に関する条件や、年金などの付加給付を除外したことである。企業での職業年金は重要な付加給付であり、加入率について男女間にかなりの格差があることはすでにふれた。しかし年金については、1975年の社会保障法（Social

Security Act 1975）により、78 年 4 月より同一の権利が女子にも認められた。また婚姻による差別についても SD 法で除外された。

　問題点の第 8 は、EP 法は、報酬を含む契約面での「直接的性差別」は禁止しているが、「間接的性差別」を禁止していないことである。SD 法は、雇用分野の非契約的側面においては直接的差別はもちろん「間接的性差別」をも禁止している。したがって契約的側面での間接的差別の問題——たとえば、圧倒的に女子であるパートタイム労働者の、同様な労働をしている女子常用労働者に比べてより低い賃率[48]や長期勤続、常用労働を条件とする特別のグレードや手当による男女間の賃金格差——は現在の EP 法では除去できない。これらは EP 法では、「実質的相異」としてむしろ合法化されている。安い賃率、雇主の社会保険拠出金負担の義務が発生しない限度の時間数のパートタイム労働者の利用は EP 法回避の 1 つの手段でもある[49]。EOC は第 2 回報告で EP 法の欠陥にふれ、「特に、EP 法における『間接的性差別』の概念の欠如が、雇主をして合法的ではあるが差別的効果を及ぼす方策を実施することを許容しているかどうかを検討中である」[50]とのべているのはこの問題をふまえてのことである。

　問題点の第 9 として総括的にのべるならば、EP 法が同一待遇の実現にあたって、罰則により雇主に実施の責任をもたせず、その導入の仕方を主として労使の力関係に放任していることである。工場法監督官のように企業レベルでこの法律を強制し、違反を摘発する機関を設けず、結局のところ労働者個人や組合の自主的な権利の追求に依存しているのである。

　1968 年の人種関係法に比べ、差別禁止を強制する方法として苦情の申立てと権利の追求がこのように個人のイニシアティブに依存することは、目的実現のための手段としては弱い。この方式はイギリス労使関係に伝統的な産業自治を尊重する思想や、強制的方法に批判的な保守党、雇主への負担への配慮に根ざしていると思われる。個人のイニシアティブに依存する方法は、74 年 9 月の労働党の政策白書「婦人の平等」が自己批判した点でもあった[51]。この自己批判は、SD 法成立にあたって、これを監督する機関としての EOC の所管事項に EP 法を含め、EOC の積極的な介入による行政救済を一部認めることによって部分的に実現されたといえよう。

補論 1　「同一賃金法」の機能・問題点・効果　　187

このように EP 法の履行を労使の自主交渉に大きく依存しているだけ、職務内容の再編などの多様な差別隠蔽の方法による、雇主の EP 法回避を許す危険は大きい。労働組合の果す役割や、女子労働者が組合に加入する必要がそれだけ大であり、また個人の自主的な権利の行使も重要である。EOC が、EP 法実施を含む企業レベルでの労働条件の改善のための労働者の争議権は、イギリス労働関係制度の基本的なものであるとのべて、自らの介入の限界と、労働組合への期待を表明したのも[52]、EP 法が大前提としている産業自治を指摘したものに他ならない。

---

1) 「同一労働」の概念の具体的な適用の仕方は複雑である。雇用省は、従って関係者向けに EP 法の手引書を発行し、具体例をあげて説明している。Cf. D. E. Equal Pay, A guide to the Equal Pay Act 1970, Revised January 1976, paras.6-7.

2) J. Coussins, The Equality Report, 1976, p.11.

3) N. C. Soldon, op.cit., p.181. EEC 委員会からイギリス政府への要請については、Cf. Industrial Relations Review and Report no.201（June 1979）, p.12. 当初、ローマ条約第 119 条の同一賃金条項は equal pay for the same work の意味であった。しかし 1975 年 2 月の「指令」で同一価値労働の意味が付加された。控訴裁判所（デニング卿）は Shields v. E. Coomes（Holdings）Ltd. の判決（78 年 4 月）でローマ条約はメンバー諸国では直接適用可能だとのべた。Cf. The Weekly Law Reports（以下、W. L. R.）, 1978, pp.1413-1414.

4) ある会社は EP 法に備え、勤続加俸がはじまる年齢を 25 才にくり下げ男子に有利にした。業績考課は技術資格、一般的能力に支払われ、恣意的な場合が多いといわれる。長期勤続・出勤ボーナスは出産休暇をとり病気の家族（子供・老人）の看護のため欠勤せねばならぬ女子に何の配慮もなく、また残業意欲手当は既婚女子に不利である。F. Field ed., Are Low Wages Inevitable?, 1976, Spokesman Books, pp.70-71. J. Hunt., op.cit., p.13. とくに残業手当、交代賃率は、女子を差別することなく、基本賃率における従来の男女の格差を維持する手段として男子から期待され、組合代表もこの方法で男女の収入格差維持をはかっていることが、OME の第 1 回報告書で明らかにされた。OME., op.cit., para.156.

5) Cf. Equal pay experiences in 25 firms, *D. E. Gazette*, Dec. 1976, p.1137, para. 8.

6) この懸念は OME の第 1 回報告書にも指摘されており、TUC も職務評価について基準が定められていず、労働組合が評価方法について協定を結ばなければこの制度が女子への差別を作りだすことも可能だとしている。日本労働総同盟、前掲書、33 頁。

7) J. Hunt, op.cit., p.13. 職務評価がはらむ問題について、EOC 第 2 回報告書も注目し、ガイダンスを出し、最終的には施行細則（Code of Practice）を議会に勧告する意図

を表明している。EOC, Second Annual Report 1977（以下、Second Report）, para. 12.

8) J. Coussins, op.cit., p.17.

9) EOC, The Annual Report of the Equal Opportunity Commission 1976（以下、First Report）, para.16.

10) J. Coussins, op cit., p.22.

11) Cf. EOC, First Report, p.27, para.20.

12) D. E., Equal Pay, para.13.

13) 14) J. Coussins, op.cit., pp.31-32.

15) EOC, Second Report, p.14, para.8.

16) 17) J. Coussins, op.cit., pp.33-34.

18) Equal Pay and sex discrimination, *D. E. Gazette*, April 1978, p.436, Table 8. マークタイム賃金とは、出来高給の1種と思われる。

19) EOC, Second Report, p.13, para.5, EOC, First Report, p.28, para.26. また EAT は、1977年には IT に対して、EP 法ケースを処理するための方針についてその概略を明示した。これについては Cf. EOC, Second Report, p.13, para.5.

20) EOC, Second Report, p.15, para.14. Idem, First Report, p.28, para.28. Discriminated, equal pay and the living changing law, *Personnel Management*, Jan. 1978, p.24. キャパー・パス事件の EAT 判決の詳細については Cf. W. L. R., 1977, pp.26-32.

21) このケースの具体的経緯については、次の論文をみよ。The Straight Facts about Red Circling, *Personnel Management*, Aug. 1977. Cf. EOC, Second Report, p.14.

22) EOC, op.cit., p.14, paras.9, 10. EOC はこのケースに援助を与えた。

23) Rubenstein and others The Equal Pay Act, the EAT to the rescue, *Personnel Management*, Feb. 1977, p.9.

24) TUC, Annual Report 1977, p.65

25) EOC, Second Report, p.14, paras.9-10. CA の判決内容については Cf. W. L. R., 1978, pp.1429-1440.

26) EOC, Second Report, p.7, para 10.

27) Cf. L. Mackie & others, Women at Work. 1977, pp.139-140, Industrial Management, Oct. 1976, pp.11-12, The Strike for equal pay at Trico-Folberth, *TASS Journal*, Aug. 1976, pp.16-17.

28) J. Coussins, op.cit., p.35.

29) 行政救済の例をあげよう。（1）水泳プールの監視人のケース。女子の監視人の賃率が切り下げられ、男子の監視人と同一労働を行っているとはみなさないとの通告をうけ、EOC に苦情を訴えた。EOC は、彼女の属する組合に接触するよう助言し、同時にその手紙を雇主に送付し、彼女は同一賃金を得た。（2）機械工業の一企業に働く女子事務員のケース。彼女は同僚との同一賃金を要求して EOC に相談、EOC の職員が直接雇主に手紙を書いたが解決がつかず、ACAS の調停で同一賃金をさかのぼって獲得した。EOC, First Report, p.16, para.9. 法的援助件数については、Cf. idem, Second Report, p.48. エレクトロルクス社の公式調査（1977年）については、

ibid., 948. 現在まで公式調査は 2 件のみとされている。

30) J. Coussins, op.cit., p.41

31) Cf. How big is British business?, *D. E. Gazette*, Jan. 1978, p.37, Table 1. ただし、この数値は農業と家事サービスの 2 部門を除外したもの。

32) イギリスでは日本と異なり企業規模別の組織率を示す統計は公表されていない。この表と同様な傾向は紙箱製造業での調査でも示される。Cf. CIR, Report no.83, Paper Box Council, 1974, p.7, Table 2.

33) J. Coussins, op.cit., pp.43-47.

34) Cf. ibid., pp.44-47. この報告書は何人かの偏見をもった議長の事例をあげ、その審問中の発言を批判し、偏見の結果敗訴したケースを紹介している。このことは、TUC 大会でもとりあげられ、GMWU（都市一般組合）のターナー夫人は、議長が労働事情に無知な例として、大抵の議長が 1 日に二度 7 時があることを知らないとの女子職場委員の苦情を紹介した。また女子の構成メンバーの増加について、中産階級の専門職の婦人ではなく、活動的な女子組合員の参加を要求している。TUC, Annual Report 1976, p.469

35) TUC, op.cit., p.468. EOC も、多数取下げの件数の内容に注目し、1977 年 7 月 1 日以後は、EOC がうけとった取下げ通告について、理由をフォローすることを決めた。EOC, Second Report, p.20, para.49.

36) EOC, First Report, p.20, para.49. 確かに、全国協約・賃金規制令は単一性の賃率になり、形式的には差別は除かれた。だが協約内容を立入って検討しなければ、実質的に差別が除去されたか否かはわからない。たとえば TUC の 1977 年大会で、全国農業関連組合の代議員は、農業賃金令では、パートは常用労働者より低い賃率でしかもパートは全員女子、常用はすべて男子という形で性差別が隠蔽されて存続していると指摘している。TUC, Annual Report 1977, p.108. パートと常用の賃率の差、そこに潜む間接的差別の可能性については後述。

37) 40) EOC, First Report, p.24, para.8. この欠陥は、1976 年、ルートンのエレクトロルクス社での女子筋肉労働者の同一賃金申立てで露呈された。この企業では、7 人の女子労働者が IT への申立て成功後、最終的には 600 件申立て（ほとんど全員）が発生した。EAT に控訴した企業がそれに失敗した際、EAT は、個人的申立ては、一貫した賃金構造を生みだせないという理由で、EOC の助力を提案し、EOC は SD 法第 57 条に基づいて公式調査を行った。TUC, Annual Report 1977, p.64. この事件により第 6 節でふれるように ACAS または関係組合による CAC 付託を可能とするよう、TUC・GC より法改正の必要が指摘された。Cf. TUC, Women Workers 1978, p.6, item viii.

38) 1975 年、TUC・GC はこの点の改正を労働党政府に要望したが、政府はこの改正がいくつかの実際的問題を発生させるとして反対した。また CAC に付託される前に、雇主に強制することを政府は意図していないと言明、そこで TUC は、政府の見解を変える見込みは少ないと判断し、75 年 11 月、加盟組合に EP 法のこの面での不満足な性格について注意を促した。TUC, Annual Report 1975, pp.72-73.

39) TUC, Annual Report 1976, pp.469-470. 筋肉労働者の団体協約でカバーされない他

の職業として清掃人、食堂労働者、ホワイトカラーとしては、協約や EP 法にいう EWS のない小企業の事務員、秘書があげられる。Equal pay and opportunity, *D. E. Gazette*, July 1978, p.777.

41) たとえば、男女 2 人のトイレ世話係の場合、男子は男子トイレ、女子は女子トイレで働いている。EP 法成立後、女子トイレは週 1 回女子の監督が監督に行くことにし、女子は監督をうけない男子世話係と同一の賃金を要求できないとされた。F. Field ed., op.cit., p.72.

42) Cf. Equal pay experience in 25 firms, *D. E. Gazette*, Dec. 1976, pp.1338-1339, F. Field ed., op.cit., p.72, J. Hunt, op.cit., pp.13-14. EP 法実施前に、このような回避の方法により、EP 法の有効性を疑問視した論文として、次のものがある。Cf. John A. Greenwood, Some problems in the Implementation of the Equal Pay Policy, 1969 (Industrial Educational and Reseach Foundation, Research Paper no.2), pp.20-21.

43) J. Hunt, op.cit., p.14

44) EOC, First Report, p.24, para.7.

45) EOC, Second Report, pp.22-23, paras.63-64.

46) 形式的には単一性の賃率ではあるが、実質的には女子差別を隠蔽した格付け構造の是正勧告のケースとして次のものがある。CAC, Award no.17, 19, 20, 29, 51, 64, 69, 249.

47) Cf. D. E. Gazette, July 1978, pp.777-778. しかしこの調査に完全な回答を寄せた 19 企業の産業別分類、組織化の程度など公表されていない。

48) たとえば、Meeks v. NUAAW. のケースでは、常用女子労働者の補助事務員よりも低い賃率のシークス女史はこれを性に基づく間接的差別であることを IT に実証した。IT はこれを認めたが賃率は EP 法の領域問題であり SD 法では扱えぬとされた。しかしこの問題は比較しうる同一の職務の男子がいないという理由を含めて EP 法では扱えない。J. Jenifer Hurstfield, The Part-Time Trap (Low pay pamphlet no.9), 1978, p.67.

49) Ibid., p.68. 女子パート労働者の問題は SD 法と EP 法の間隙を突いた問題となってこれへの対策を迫っている。

50) EOC, Second Report, p.7, para.10.

51) Home Office, Equality for Women (cmnd.5724), 1974, p.7.

52) EOC, First Report, p.29, para.31.

第 5 節　「同一賃金法」の効果

1　賃金格差の縮小とその頭打ち

　EP 法は、法の規定上、実施機構上、以上のような問題点を抱えているが、これらの結果、EP 法による「同一労働同一賃金率政策」という手段を通して、

最終目的とする男女の賃金格差の縮小、その他、主として賃金についてどのような影響を与えたであろうか。以下、この点について検討をすすめねばならない。

　第1に、1970年のEP法成立により6年間の毎年の賃上げ比率が女子の方が男子よりも大であったことの結果（表 補1.6）、表 補1.7に明らかなように70年以降残業時間の影響を排除した男子に対する女子の平均時間賃金の比率は高くなり、70年4月の62.9％から76年4月の73.5％に急上昇している（しかし残業時間を含めるとその比率は77年で約65％に下がり、他のヨーロッパ諸国に比べて賃金格差はなお大である）。これは、特定のEP法にのみ原因を求めることはできぬとしても、適用対象の広汎な、全国協約、賃金規制令などで、男女同一賃金が75年末までに実施された結果が大きく影響していると考えてよかろう。しかし、個人の権利救済規定が発効してEP法の完全実施となって後1年を経た77年以降、格差縮小のペースは著しく鈍化し、77年には前年比0.3％の伸びに止まり、78年に至っては、EP法成立後はじめて格差は拡大に転じ72.2％におちこんだ。このことは、登録という方法によって雇用省が監視できる全国協約などと異なり、労使の自主交渉に委ねられ、実施を強制できぬ企業レベルでの労働協約、EWSにおける同一賃金実現の進展度が緩慢であることを示すと同時に、EP法という賃金率の同一化手段が、男女間の平均時間賃金収入格差の縮小に果しうる役割の限界を示すものと推量される。78年における賃金格差の拡大は、ホワイトカラー労働者において――70～77年まで、筋肉労働者、ホワイトカラー、ともに男子より女子の前年比賃金増加率がつねに大であった――77～78年に逆転し、男子の増加率13％にし女子のそれが約10％に止まったことが影響している（表 補1.6をみよ）。

　EOCは、EP法ではこれ以上賃金格差の縮小は期待できないものと考えている。この見方に立ってEOCは、活動の重点を賃金の男女差別のような直接的差別から、間接的差別を阻止する方向へ、すなわち、女子による技能や昇進機会の獲得を通して高賃金職種での雇用機会の平等化を保障できるよう、SD法の活用、教育を通しての男女の意識改革などに向けていく方針を表明している[1]。

192

表 補1.6　毎年時間賃金収入の前年度に対する
　　　　増加率

(常用男子 21 才以上、常用女子 18 才以上)（%)

	1970 〜1971	1971 〜1972	1972 〜1973	1973 〜1974	1974 〜1975	1975 〜1976	1976 〜1977	1977 〜1978
筋肉労働者								
男子	11.3	11.4	14.3	15.0	30.9	18.3	9.4	12.0
女子	14.7	12.3	14.7	19.6	38.2	23.6	10.5	12.4
非筋肉労働者								
男子	11.8	11.5	10.0	13.5	26.4	20.6	8.2	13.2
女子	12.1	12.9	10.7	16.0	38.1	24.5	9.0	9.9
全産業								
男子	11.8	11.5	13.4	14.4	29.9	19.6	8.9	12.9
女子	13.2	12.9	13.1	17.1	39.2	24.5	9.4	10.5

出所：NES（毎年 4 月）、D. E. Gazette（各年）より作成。

表 補1.7　1970 〜 78 年の常用労働者の平均時間収入
　　　　（残業時間を除く）

(男子 21 才以上、女子 18 才以上)（ペンス / 時間)

全産業	1970	1971	1972	1973	1974	1975	1976	1977	1978
男子	66.3	74.1	82.6	93.7	107.2	139.3	166.6	181.5	204.9
女子	41.7	47.2	53.3	60.3	70.6	98.3	122.4	133.9	148.0
男子の収入に対する 女子の比(%)	62.9	63.7	64.5	64.4	65.9	70.6	73.5	73.8	72.2

出所：NES（毎年 4 月）、D. E. Gazette より作成。

補論 1　「同一賃金法」の機能・問題点・効果　　193

しかし、男女間の賃金収入格差は、単に EOC が目指している雇用機会の均等化によっては解消しえない性質のものである。約 74％で頭打ちになっている理由としては、高賃金職種への女子の就業比率の低いこととは別に、賃金収入の決定について次のような問題もあることを考慮に入れる必要があろう。すなわち、(1) EP 法適用過程の問題、(2) EP 法に認められている、結果として男女の賃金格差を招くような多様な諸手当、勤続年数にリンクした昇給制の問題、(3) 類似な労働の間での男女間の賃金格差に結果するような企業間賃金格差——男子は大企業、女子は小企業に雇用される傾向がある——の問題がある。

　(1) の適用過程の問題としては、①既述の EP 法実施による女子の賃上げを回避するため職務評価計画、職務再編の多様な方法により、女子賃率は、形式上は除かれても事実上女子賃率が維持されていること[2]。②労働協約中、女子だけの賃率は女子の熟練のグレードに応じた男子の賃率まで引上げるのでなく、第一段階として認められている男子の最低賃率に引上げる程度の改善に止まっていること[3]。③最低賃率を決める全国協約レベルでは同一賃金原則は実施されているが、すでにふれたようにそれに上乗せする企業レベルでの賃率では、この原則が導入されていない場合が少なくないことであろう。

　また (2) の問題としては、EP 法で実質的な相異として認められている勤続手当、業績考課や、様々なボーナスなどの付加給^{メリット}[4]、ホワイトカラーに認められている一定の職種内での勤続年数に基づく自動昇給制——1973 年の調査では、公共部門の非現業労働者の 92.6％、約 250 万がこの制度の対象とされ、私企業では対象者の比率ははるかに低いといわれている。この制度による賃金格差も「実質的相異」として認められている。自動昇給制の下では、既婚女子労働者は出産など、勤続中断により不利である[5]——に基づく、結果としての賃金格差がある。これは全国協約賃率と企業レベルの実収賃金の差としてウェイジ・ドリフトの一部を構成しているもので、たとえば全国基本賃金が男女同一でもこのウェイジ・ドリフト発生の段階で男女の格差も発生する。たとえば、第 1 章表 1.11 にみるごとく、70 年の EP 法実施前の数値では、残業手当を除いても製造業では男女各々の全収入の 20％に近い比率を占める諸手当がある。中身は、交代手当、夜勤手当、精勤手当、勤続

手当などを含むが、第1章表1.12が示すように、全労働者をとって基本給における女子賃金の男子に対する比率をみると64％であるのに、諸手当を含んだ平均週賃金総収入では54.3％と10％も下り、残業手当を除いた諸手当（給与総額から基本給＋残業手当を差引いた額）の男女比は28.1％で女子が少なく、これらの手当が一般に女子に不利であることを示している。この格差は、EP法の実施後もあまり縮小していない。たとえば78年では、基本給（主として）の男女比は71.8％（全労働者）であるのに、給与総額では63.3％とやはり8％近く下がっている。また残業手当を除いた諸手当の男女比は32.9％で、格差はやや縮小したに止まる（表 補1.8）。

　また（3）の賃率の企業間格差については、チプリンとスローンの共同研究は、類似の職務における大企業と小企業との賃金格差は20％にも達し、この格差は主として小企業の低い賃率によること、また小企業では男子よりも女子を多く雇用していることを紹介している[6]。この研究は結論として、婦人は低賃金（小）企業に集中しているため、とくに筋肉労働者の場合、女子の賃金を引上げるためには、高賃金（大）企業に入る方が効果的であること、一般に男女の賃金収入格差は、男子の職業間分布上の不均等——女子の低賃金職種への片寄り——に基づくよりも、むしろ同一職業内の男女の企業間賃金格差によって説明される部分がはるかに大きいことを主張し、その意味ではEP法の方が雇用機会均等をはかるSD法よりも女子の賃金を引上げる力が大きいとのべている[7]。この結論はきわめて挑戦的で興味深い。しかしイギリスのEP法は（1）、（2）の問題に対処できないだけでなく、せいぜい広くても同一企業ないしは関連企業の枠内で同一賃金の実現を目的とするため、企業間格差を解消できない欠陥をもっている。これらの諸問題の総合結果が格差の最も縮小した1977年でも男女の賃金格差を73.8％に止まらせているのであろう。

　つぎに1970〜76年の週収入の賃金格差の絶対額は70年の全産業、3.6ポンドから76年の25.6ポンド、78年には30ポンドへ増大している[8]ことにも注意したい。このことが76年のTUC婦人大会で注目され、格差縮小が決議された[9]。しかし男子の組合役員や一般労働者は、EP法による男女時間賃率の同一化に伴う男女の週賃金収入の絶対額の格差の縮小に抵抗し、

補論1　「同一賃金法」の機能・問題点・効果　　195

表 補1.8　常用成人男女労働者の給与の構成要素の累積比と
**　　　　男子の給与に対する女子の比率**

(1978. 4、大ブリテン)

		基本給他	基本給＋残業手当	基本給＋残業手当＋交代その他	給与総額
筋肉労働者					
男子	（£）	59.5	71.1	73.1	80.7
女子	（£）	42.0	43.7	44.4	49.4
男子に対する女子の給与の比(%)		70.6	61.5	60.7	61.2
非筋肉労働者					
男子	（£）	94.2	97.2	97.7	100.7
女子	（£）	57.6	58.2	58.5	59.1
男子に対する女子の給与の比(%)		61.2	60.0	60.0	58.7
全労働者					
男子	（£）	74.1	82.1	83.7	89.1
女子	（£）	53.2	54.1	54.6	56.4
男子に対する女子の給与の比(%)		71.8	65.9	65.2	63.3

出所：NES, D. E. Gazette, Nov. 1978.

縮小を防止するため残業手当など男子により有利な諸手当を利用して、EP法成立後も依然として同じ賃金収入格差を維持すべく努めていることが、72年のOMEの報告でいち早く指摘され、事実ボーナス、各種手当などが基本賃率における男女格差の縮小を相殺していることが、LSEの74年から3年間にわたる25ないし26企業の追跡調査の最近の結果報告でも確認されている[10]。

　短い勤続年数、残業、交代制への制限など、女子労働者を拘束している家庭による制約から発生する男女間の賃金格差には、母性保護、ノーマルな社会生活の保持の観点からいって止むを得ないものもある。しかし結婚、出産、育児、老人の看護の結果としての短い勤続、欠勤などによる勤続手当、精勤手当などにおける男女格差は——女子労働者中に占める既婚者の比率が半分に及ぶ現状では——結局、性別分業の否定による女子だけへの家事負担からの解放、家事負担自体の軽減、家事労働の社会化とその費用の低廉化によってしか解決できないであろう。この種の格差の縮小は、EOCの主張する、女子の職業訓練機会の拡大による技能の獲得、昇進機会の平等化などを通しての女子への高賃金職種の形式的な門戸開放によっては、根本的には解決されない。

2　EP法の低賃金女子労働者への影響

　EP法の効果として次に検討したい点は、低賃金女子労働者への影響である。EP法は男子と同一労働を行っている高賃金職種の女子労働者に有利であって、そうでない低賃金労働者はあまり恩恵はうけないというのが、TUC婦人大会で出された1つの問題点であった。賃金統計はこれまでのところこの予想を裏書きしているように思われる。すなわち、1970年から78年までの時間収入（残業の影響を除く）の階層別男女格差の変化をみると、次のことが明らかである。

　筋肉労働者の場合、最低10分の1位層の男女賃金格差は、1970年の60.4％から78年には71.8％へと11.4％縮小している。しかしこの格差縮小の程度は最高10分の1位層で12.8％（57.1％から69.9％）、中位層では14.8％、上位4分の1位層で13.9％で、いずれも最低10分の1層よりも大であるこ

補論1　「同一賃金法」の機能・問題点・効果　　197

とが注目される[11]。すなわち、最低の賃金収入階層ほど、格差改善の程度は
小さいのである。非筋肉労働者の場合では70年と78年の格差を比較した
場合、最低10分の1位層の格差縮小は他の階層と比較して最大で12.2%で
あるが、格差縮小が頭打ちをみせる76年までの変化をみると、格差改善の
最大のグループは最高10分の1位層の11.6%で最低10分の1位層の10.1
%を凌いだ。

　また比較する男子のいない、女子が集中している産業と、女子の集中度の
低い、したがって比較する男子の存在する産業を比較すると、一般に集中度
の高い産業は、低賃金産業で、賃金格差改善度は、女子の集中していない、
したがって高賃金産業での改善度より低いことも明瞭となった。たとえば
表補1.9にみるように女子が全雇用者の74.1%（1971年）を占める衣服・
履物業での1970〜78年の格差の変化は63.0%から72.7%へ9.7%、女子が
46.7%を占める繊維産業では、7.5%（67.7%→75.2%）の改善にすぎない。
これに対し、女子が各々12.9%、18.1%、33.4%しか占めない自動車産業、
運輸・通信業、紙・印刷出版業での格差の変化は各々16.3%（63.0%→79.3
%）、3.8%（79.2%→83.0%）、15.9%（53.5%→69.4%）である。このうち
改善度の小さい運輸・通信業では、すでに70年に格差は79.2%で他に比べ
小さいことを考えれば、改善度の小さいのも当然のことでこの一般的傾向を
否定するものではないと考えられよう。

　さらに女子の集中度の高い衣服産業の女子の平均週収入を他産業の全女子
と比較すると1970年には98.5%でほぼ平均に位置していたのが76年には
84.0%と下がり、全産業男子との格差をみると70年の50.7%から76年の
50.8%までほとんど変化していないのである。同様なことは、衣服産業の中
でも女子が支配的な職種であるミシン工にも妥当する[12]。このことは、「女
子の職業」ではEP法の影響は相対的に小さいことを物語っている。もっと
も女子の低賃金問題の改善にはEP法よりも一律に底上げする全国一律最賃
制の方がはるかに有効であることは判明していたのであるから（EP法は低
賃金産業では低賃金での平等化を意味するにすぎない）、この実態はむしろ
予測通りというべきであろうが[13]。

表 補1.9　産業別平均時間賃金の男女格差の変化

（残業の影響の除外、筋肉労働者、4月）（％）

	衣服・履物業	繊維業	紙・印刷出版業	運輸・通信業	自動車産業
全労働者に占める女子の比率（％）	74.1	46.7	33.4	18.1	12.9
1970	63.0	67.7	53.5	79.2	63.0
1971	63.7	63.9	52.9	74.6	60.1
1972	63.0	64.6	53.7	75.0	62.1
1973	63.5	65.8	56.3	74.3	63.0
1974	65.7	66.7	58.0	75.5	68.3
1975	71.5	70.5	64.9	80.9	—
1976	71.8	71.6	69.1	80.7	78.0
1977	73.7	73.0	68.7	79.9	77.8
1978	72.7	75.2	69.4	83.0	79.3
女子の賃金（ペンス）	(115.0)	(121.2)	(130.4)	(140.1)	(155.1)

出所：D. E., Manpower Paper, no.9, Women at work, Table 18.
注 1．女子の就業比率は 1971 年のセンサスによるもの。
注 2．格差は毎年の NES の数値より計算、1970 年度は旧貨（シリング）の数値である。

補論 1　「同一賃金法」の機能・問題点・効果　　199

1) EOC, Second Report, p.5. および EOC の教育部長ヘイリー女史の来日中の発言（『朝日新聞』1978 年 11 月 8 日朝刊「教育を基本にします―英国の男女平等を語る―」）をみよ。なお、EOC の報告では、男女とも 18 才以上の時間賃金収入を比較した場合には、格差はより縮小し、1977 年で 75.1％まで上昇している。Ibid., p.78, Table 4.1. しかし 78 年の 18 才以上の男子の数値は執筆時点では利用できなかったので、利用できる数値（男子 21 才以上、女子 18 才以上）を用いて 70 ～ 78 年を比較した。

2) Equal pay and opportunity, *D. E. Gazette*, July 1978, p.778.

3) Ibid., pp.777-778. さらに CAC の行った数多くの裁定をみよ。

4) F. Field ed., op.cit., pp.68-76. これらの手当以外にイギリス企業における特別手当の種類と、それが賃金総額に占める比率、それが増加する傾向と理由については、Cf. R. I. Hawkesworth, Fringe Benefits in British Industry, *British Journal of Industrial Relations*（以下、*B. J. I. R.*）, vol.XV, no.3, 1977.

5) B. Chiplin & P. T. Slone, Male-Female Earnings Differences: A Further Analysis, *B. J. I. R.*, vol.XIV, no.1, 1976, p.80. その内容については Cf. OME, Incremental Payment Systems, 1973, p.6.

6) B. Chiplin & other, op.cit., p.80. イギリスの企業規模別賃金格差の統計は少ないので、特定職種での 1 例をあげると、機械工業での熟練組立工（工作室および保全以外）の場合、500 人以上の企業の平均時間収入（残業プレミアムを除く）を 100 とすると、100 ～ 499 人の規模では 82.7、25 ～ 99 人の規模は 76.7、不熟練労働者の場合、各々 83.6、79.8 で小企業と大企業の格差は大体 80％とみてよい。Cf. D. E. Garette, Oct. 1973, pp.996-997, Table 7.

7) B. Chiplin & other, op.cit., pp.79-81. たとえば、小分類の狭い職業グループをとって男女の賃金格差をみると（1974 年で）13.7 ポンド、このうち 15.3％にあたる 2.1 ポンドは実働時間の差により、5.0％の 0.7 ポンドは職業分布の差により説明され、格差のうち 79.6％の 10.9 ポンドが男女間の収入の格差によって説明されるとのべている。Ibid., p.79. ここで採用している方法については同論文および同じ業者たちの次の論文を参照せよ。Sexual Discrimination in the Labour Market, *B. J. I. R.*, vol. XIL, no.3, 1974.

8) TUC, Women Workers 1977, p.43.

9) TUC, Women Workers 1976, p.43.

10) D. E. Gazette, July 1978, p.778. 第 4 節注 42）に示した 1969 年の人事管理研究所の報告は、男子労働者は残業時間の配分割当を男子に有利にすることによって EP 法の男子労働者の打撃を相殺する試みを行うだろうと、すでに予測していた。

11) NES, D. E. Gazette, 1970-1978.

12) Low Pay Unit, Bulletin, no.14, 1977, pp.3-4.

13) 低賃金問題については別稿にゆずり、ここでは詳論はしない。

第6節　労働組合運動の「同一賃金法」への対応

1　EP法修正要求と労働組合自身の取組み方の改善要求

これまでのべてきたEP法の問題点、効果に直面し、労働組合運動とくにTUCはどのように対応してきているだろうか。

第1に、EP法の限界を認識し、女子労働組合員を中心とするストライキの手段により、同一賃金の獲得をはかっていることである。1972年TUC大会は、同一賃金獲得を目的として実力行使を行う組合を支持する決議を採択したが、この種のストライキがいくつも発生した。先述のトリコ・フォルバースのケースはその代表的なものである[1]。

第2に、TUC大会およびTUC婦人大会で次の諸点でのEP法改正が決議されている。1. EP法適用対象を多数の低賃金労働者に拡大するため、(1)同一労働の定義をILO100号条約の「同一価値労働」に拡大統一すること[2]（1977年）、(2) 比較する男子のいない女子労働者の賃金を引上げるため「観念上の男子」の存在を想定し、それとの比較で賃金を引上げること、(3) 同一企業の狭い枠をこえて同一産業内、地域内の横断的比較の権利を認めること（76年）[3]。2. 女子労働者がITに申立てた場合、同一労働であることの挙証責任は現在労働者側にある。この場合、挙証責任を雇主側に転嫁することにより、同一賃金の権利を獲得しやすくすること（77、78年）[4]。3. 差別協約の疑いでCACに付託された協約やEPSが裁定に基づいて同一賃金の実施を行う場合、現今のように付託日からとするのではなく、EP法実施後の差別発生時点にさかのぼって行うこと（77年）[5]、4. 独立の労働組合が異議を唱えた職務評価は実施されるべきでなく、その組合は雇主に共同で合意した評価計画を交渉する権利が与えられるべきであること（77年）[6] などが要求された。これらの諸点のうちEOCは、第2回報告で「観念上の男子」の方法の有効性を認め、その採用を考慮しているとのべている[7]。

これらの法改正ないし機構改革要求についてTUC・GCは1977年9月時点では時期尚早としていた[8]。しかし、WAC（婦人諮問委員会）の要請をうけて77年11月に開かれたEP法実施と改正要求点を討議する特別大会（39

組合の代表者会議）の討議資料と報告に基づいて GC は、雇用相に 13 項目にわたる法改正点に関する問題提起を行うことを決めた。その内容は、既述の諸点を含み（1 の（3）を除く）それ以外は次の通り。（1）組合が組合員を代表して直接同一賃金申立てを IT に提出可能とすること、（2）ACAS は組合員のいる企業の労働者の申立てについて当該組合に通告すべきこと、（3）IT の裁定が申立人以外に影響を及ぼす場合、このケースは、ACAS または関係組合のイニシアティブにより CAC に付託されること、などである[9]。

第 3 は、雇用保護法および性差別禁止立法（EP 法を含む）を審理する場合、IT の非法曹メンバーの少なくとも 1 人は女子とし、議長の資格を 2 年以上の経験者とすることを要求している（1977 年大会）[10]。

第 4 に、TUC 婦人大会は各組合が EP 法実施に積極的に参加すること、組合員の代理として IT に出席する組合代表の十分な訓練を行うことで申立人の利益を十分代表できるよう要望した[11]。

第 5 に、AUEW の代議員から職務評価の実施にあたり、女子労働が備えている技能の再評価、社会により従来課せられた女子労働への差別的要因を補償すべく再評価しなおすことが組合員、役員に要望された。再評価により、女子だけが従事してきた職業での女子の賃金が改善されることが予想されている[12]。また職務評価改善を保障する方法として、左翼の「労働統制運動」の側から、その実施にあたっては半数以上を女子が占める工場委員会が監督すべきであると提案されている[13]。しかしその実施には女子労働者の結集が必要であろう。

第 6 に、同一賃金の獲得のためには、女子労働者自身による積極的な組合活動への参加の必要性が強調された。それは単に女子労働者の組織率を高めるという程度のものに止まらず、職場委員（ショップ・スチュワード）や専従の役員、全国中央執行委員として組合活動の中核に積極的に参加することを求めている。第 1 章表 1.30 は女子労働者の代表が女子組合員数に比べ相対的にいかに少ないかを示している[14]。組合の中核に女子が加わっていないことは、とりわけ、一般男子労働者の偏見や抵抗を克服して女子労働者の利益を積極的に推し進めねば効果を期待できぬような同一賃金交渉や、職務評価計画にあたっては不利である。1970 年以後の EP 法実施過程での歩みののろさは、組合における女

子の役割の貧弱さと密接に関連しているといってよい。

　第7に、同一賃金収入という意味での同一賃金を実施するために TUC が提唱している方法は、職業における平等な機会を保障するため労働協約の中で「機会均等条項」を獲得する方法である[15]。すでに 1961 年の早い時期に同一賃金を導入した教育部門、地方自治体において、なおも賃金収入の格差が存在する重要な理由として、男女間の格付けの不平等が明らかにされた[16]。このための法律としては SD 法があるが、これは EP 法同様、不服申立てをし、権利が認められた場合にのみ実施される主として受動的立法である[17]。そこで TUC は、75 年 3 月、加盟組合にあて、現行の女子保護立法と矛盾しない「機会均等条項」を労働協約に挿入するよう提案するガイダンスを出した[18]。職業に関する機会均等についての法的権利を身近かな労働協約の中に具体化し、主として個人の自発的な権利請求に依存している SD 法の限界を、組合の力で補完しようというのが TUC の政策なのである。

2　むすび

　イギリスの女子労働者はこれまでみたように、同一賃金の獲得にあたってEP 法の成立を目的実現の第一歩にすぎないものと考え、法律の限界を十分認識し、法改正の方向を具体的に明らかにすると同時に、目的実現のためには何よりも女子労働者の組織化の促進と、それと並行して女子組合員がTUC・GC をはじめ組合運動の指導的部分に入っていくこと、それにより女子に有利な政策の展開の確保が必要であることを痛感しており、現在組織率の急上昇など一定の成果を収めている。労使の力関係に主としてその実効性を委ねている EP 法では、結局この方向以外に組合運動のとるべき方途はあり得ない。この運動を強力に推進する機関として TUC 婦人大会は存在する。

　この婦人大会の存在自体が婦人への差別を生みだすとしてその存在意義を問題にする決議案が労働条件が比較的有利なホワイトカラー、専門職の女子労働組合員から 1970 年前後より公然と毎年のように出はじめ、とりわけSD 法成立後の 75 年以降毎年提起されている。しかし現在までのところ、男女の完全な平等の実現を獲得するまでは大会は必要であるとの立場が大勢を制し、婦人大会は必要な修正を加えながら存続している[19]。EP 法・SD 法の

成立は、婦人の経済的・社会的平等への第一歩にすぎず、その道は決して平坦でないこと、そのために女子労働者の力の結集が不可欠であることがいよいよ明らかになりつつある現在、女子労働者の団結のための中核となるこの大会の存在価値は決して小さくないのである。

---

1)　その他の例については、Cf. N. C. Soldon, op.cit., pp.181-182. 小林勇「欧米諸国の婦人労働者の闘争」(『労働運動』1975 年 5 月号) をみよ。同一賃金ストの件数は、政府統計では区別されていないので不明である。

2)　TUC, Annual Report 1977, p.64. TUC, Women Workers 1975, p.76. この定義については、客観的ではない職務評価を前提とするとの理由で反対する「労働者統制」運動の立場からの批判がある。この立場では、同一賃金の定義としては「全職業における婦人の平均賃率が男子と異ならない状態」をあげている。A. Wise, op.cit., p.9.

3)　TUC, Women Workers 1976, p.44. TCU, Annual Report 1976, p.467.

4)　TUC, Women Workers 1977, p.34. Labour Research, May 1978, pp.18-19. また 1977 年大会では、雇主の挙証責任を「実質的相異」の場合と同じく「実際的に重要な相異」について求めるよう要求している。TUC, Women Workers 1977, p.34.

5) 6) 10)　TUC, Women Workers 1977, p.34.

7)　EOC, Second Report, p.7, para.11.

8)　TUC, Annual Report 1977, p.64.

9)　TUC, Women Workers 1978, pp.5-6. 詳細については同書をみよ。

11)　Cf. TUC, Women Workers 1976, pp.44-46.

12)　J. Hunt, op.cit., p.15.

13)　A. Wise, op.cit., p.9.

14)　TUC, Women Workers 1975, pp.51-52.

15)　TUC, Annual Report 1975, p.73.

16) 17)　J. Hunt, op.cit., p.16.

18)　その内容は次の通り。「この協約の両当事者は、労働者の性、婚姻、信条、皮膚の色、人種、宗教にかかわらず、雇用における機会均等を促進する積極的政策の展開に参加する。この原則は、賃金、労働時間、休日資格、残業、交代労働、仕事割当、保障賃金、疾病手当、年金、募集、訓練、昇進、失業を含む全労働条件に関して適用されるものとする」、「経営側は、訓練、昇進機会について、すべての有資格者の注意を喚起し、機会均等についてのこの協約を全被用者に知らせるよう努力すること」、「両当事者は、時々、共同機構を通して、機会均等政策の運用を検討することに同意する」、「自分が性、婚姻、信条、皮膚の色、人種、宗教により不平等な扱いをうけていると考える労働者は、不服を申立てることができる。それは合意された苦情処理手続きを通して処理される」。Ibid., pp.16-17.

19)　Cf. TUC, Women Workers 1970-1978.

追記

　この小論を脱稿・加筆したのち、初校までの 4 ヶ月の間に EP 法に関して明らかになった重要な 2 つの事実について付記しておきたい。

　1 つは、McCarthys Ltd. v. Smith 事件で CA の下した判決が EAT の判決を覆したこと（1979 年 7 月 19 日）により、EAT がこれまでとってきた、IT の狭い解釈を広げ、女子労働者の権利を救済する道の 1 つがとざされそうなことである。この事件は、現在比較する男子がいなくても、前任者が男子である女子労働者が、同一雇用の前任の男子との比較により、同一賃金を要求した場合、この女子は、EP 法第 1 条（2）(a)(i) および、ローマ条約第 119 条に基づいて現在雇用されていない前任の男子と比較できるか否かが争点となり、EAT は比較できるとし、女子労働者が勝訴したケースである。この判決は女子の同一賃金請求を回避するため、男女の職務を分離して男子が比較の相手とならぬようにする企業の労務政策への 1 つの歯止めとなった。

　CA での 3 判事の見解は分かれ、2 対 1 で EAT 判決を覆したが、EAT 判決を支持したデニング卿の見解は、EP 法第 1 条（2）(a)(i) およびローマ条約第 119 条は、男子と同じ時に同様な労働に従事している女子に適用されるのみならず、男子の後任の女子にも適用されるというものであった。しかし他の 2 判事は、この条項は、その自然の普通の意味によれば、男子と同じ時に雇用されている女子の場合に限定されること、ローマ条約第 119 条は、この点については不明瞭で、この問題はヨーロッパ法廷の回答に委ねるべきであるとのべ、結局この事件は、ヨーロッパ法廷の判決まちとなった（Cf. IRLR［1979］316-321）。多数派の解釈は、あまりにも条文の表面上の意味にとらわれており、この結果ふたたび女子労働者の同一賃金の権利は狭められる懸念が出てきたのは遺憾である。

　第 2 は、EOC がはじめて、差別停止通告を出したことである。これは 7 月 18 日付でルートンのエレクトロルクス社の EP 法違反（差別的賃金構造）

補論 1 　「同一賃金法」の機能・問題点・効果　　205

に対して行われたもので、同社は、1977年4月から女子労働者による EP 法、SD 法違反の申立てに関して2年ごしに EOC の公式調査をうけており、EP 法の調査が終わった段階でこの通告が出された。SD 法違反については年末に調査が終わる予定といわれる（この背景については、第4節注37）を参照）。通告は、現在行われている差別、または過去に行われた差別行為に関して行われ、このケースの場合、過去の差別についてである。すでにこの企業に実施されている新たな賃金構造が、将来非差別的であることを保証するため、EOC がこれを監視する権限を得る目的で通告が出された。エレクトロルクス社は、通告送付日から6週間の間に通告に反対の申立てを行う権利が認められている。異議申立てがなければ、8月30日に通告は確定する。

　通告は次の3点を含むルートンの賃金構造の詳細のすべてを、今後4年間6ヶ月毎に EOC に提出することを求めている。すなわち、（1）各グレード、範疇^{カテゴリー}の男女工場労働者の分布、（2）賃率計算の基礎と方法、（3）職務評価などについての情報である。8月現在の時点で判明している会社側の反応は、EOC の監視期間4年について、長すぎるとして異議申立てを行うか否かを考慮中とのことである。労使関係担当重役は会社側には EP 法を回避する意図はないので、1年か2年で十分であると語っている（IR-RR, no.5, p.12, Aug. 1979）。このように、公式調査から差別停止通告までの期間の長いことは、（とくに差別が現在続行中の場合）問題であろう。

　本稿では EOC の第3回報告は未入手のため利用できなかった。

[I]
1970 年イギリス「同一賃金法」（Equal Pay Act 1970）の成立と課題

第2章

「同一賃金法」の改正1

1983 年「同一賃金法」改正令

はじめに──問題の限定

1

アメリカをトップ・ランナーとする男女雇用平等への法制化の波の中で、先進資本主義国のうち、イギリスは比較的早い時期に平等立法を実施した。1970 年の「同一賃金法」（Equal Pay Act ─以下、EP 法）、1975 年の性差別禁止法（Sex Discrimination Act ─以下、SD 法）がそれである。両法とも、75 年 12 月末より完全実施され、本年末で満 10 年を迎える。とくに SD 法は、先駆者アメリカとは異なり、間接差別禁止を明文化し、婚姻身分による差別も同時に禁じただけでなく、性差別禁止の対象分野を雇用分野から拡げて、教育、広告、公共施設・便宜の利用の側面もカバーし、その包括的な点において特筆すべき立法であった。

今日、すでに 10 年の雇用平等立法の実施経験をもつイギリスでは、雇用平等を実現する上での立法上の問題点が明確にされ、平等の促進と立法の監督を目的とする機会均等委員会（Equal Opportunities Commission ─以下、

EOC）の限界や、企業・労働組合など労使関係の当事者の平等化取組みの不熱心さなどが露呈され、雇用平等を阻む問題の所在が明らかにされている。従って、イギリスでの雇用平等をめぐる問題は、いかにこれらの問題を解決するかというすぐれて具体的な形で提起されているのである。

　これら諸問題については筆者はすでに論じる機会があった[1]。ここで再論して屋上屋を架することは避け、本稿では、立法の効果について若干紹介し、最近話題となっている問題、とりわけ EP 法改正問題をとりあげることにしたい。

2

　雇用分野の男女間の差別、とく雇用上の機会や待遇における女子への差別の結果は、どこの国でも、周知のように、男女間の著しい賃金格差と、男女間の垂直的、水平的職務分離現象として現れている。

　そこで、これら雇用分野での男女の差別撤廃を目的とする雇用平等立法2法の効果のほどを示す客観的指標として、2法成立後の男女の賃金格差と職業分布の時系列的変化をみてみよう。

　表 2.1 は、残業の影響を排除した1時間あたりの男女成人労働者間の賃金格差の 1970 ～ 84 年の変化を示したものである。これによれば、70 年の EP 法実施以後急速に格差は縮まったが、76 年から縮小傾向は鈍化して、77 年の 75.5％を天井にその後は 73 ～ 75％の間を低迷していることが示されている。また男女の賃金の絶対額の格差は年々拡大の一途を辿っている。EOC がいち早く 77 年の年次報告書でその年の 75.5％をもって現行の EP 法によって到達し得る限界だと判断したことは、その後の低迷状態からみるなら、きわめて正確明敏な予測であったといわねばならない。そこで EOC は、その後活動の重点を、格差形成の主要因である職務分離現象の打破へと移し、その活路を SD 法の活用に見出したのである。

　では、肝腎の「職務分離」現象は改善されてきただろうか。「職務分離」現象とは、別言すれば特定の狭い領域の産業や職業への女子の集中化傾向をさすものであるが、このような女子の職業分布上の集中化傾向の 1975 年以降の変動を追ったものが表 2.2 である。

表 2.1　男女平均時間賃金（1970 〜 84 年）

（残業の影響を除く、18 才以上の常用労働者）（ペンス）

	1970	1974	1975	1976	1977	1978	1979	1980	1981	1982	1983	1984
男子	67.4	104.8	136.3	162.9	177.4	200.3	226.9	280.7	322.5	354.8	387.6	417.3
女子	42.5	70.6	98.3	122.4	133.9	148.0	165.7	206.4	241.2	262.1	287.5	306.8
賃金格差（実数）	24.9	34.2	38.0	39.5	43.5	52.3	61.2	74.3	81.3	92.7	100.1	110.5
賃金格差（％）	63.1	67.4	72.1	75.1	75.5	73.9	73.0	73.5	74.8	73.9	74.2	73.5

出所：New Earning Survey, 1970-1984.

　表で明らかなように、従来女子が支配的な職業での女子の占有率は、不況の中で逆に高まる傾向がみられる。もっとも、この集中化傾向は、機械工、大工など、伝統的に男子の独占職種であった個々の職種でのパイオニア的な女子労働者の新たな入職と並存しており、また、女子に多い事務職での、女子のマネジャー層の比率の漸増傾向を指摘することもできる。しかし、全体としてみれば、まだ顕著な変化は起きていないことを示しているのである。

　このような、賃金格差・職務分離現象の改善傾向が頭打ち、あるいは停滞しているという事実が明らかにしたものは、何よりも雇用平等立法が平等化に果す役割の限界、効果の弱さに他ならない。

　2 つの立法の効果が乏しい理由としては、（1）法自体の非強制的、任意的、漸進的性格——アメリカの立法が肯定的活動（Affirmative Action）に象徴されるように、政府が企業に対し採用、昇進などについて女子を積極的に差別（優遇）させる強制的急進的性格をもつのにくらべ、イギリスではこのような逆差別は訓練などについてのみ、しかもそれを雇主の任意に委ねている——、（2）被差別の申立人を救済する上での法自体の弱点、（3）雇主、労働

表 2.2　職業別労働力に占める女子の比率（1975 〜 83 年）

（大ブリテン）（%）

職業	1975	1980	1983	1975〜1983 の変化
非現業				
管理職（一般管理）	9.7	7.6	8.3	− 1.4
経営・行政を支える専門職及び関連職	12.4	14.2	17.3	＋ 4.9
教育・福祉・保健における専門関係職	63.1	65.5	66.7	＋ 3.6
文学・芸術・スポーツ	23.4	24.6	30.7	＋ 7.3
科学・工学・技術類似分野での専門職及び関連職	7.1	7.7	8.6	＋ 1.5
管理職（一般管理を除く）	10.9	12.9	14.9	＋ 4.0
事務、関連職（パート）	71.3	75.6	76.7	＋ 5.4
販売（パート）	57.5	60.0	58.8	＋ 1.3
防衛・保護的サービス（パート）	5.4	7.7	7.3	＋ 1.9
非現業　合計	48.3	50.8	51.4	＋ 3.1
現業				
事務、関連職（パート）	10.2	12.7	13.6	＋ 3.4
販売（パート）	13.0	20.9	15.4	＋ 2.4
防衛・保護的サービス（パート）	10.3	19.4	22.5	＋ 12.2
賄業・清掃・美容その他個人サービス	72.1	76.3	76.0	＋ 3.9
農業・漁業関連職	7.3	10.2	11.4	＋ 4.1
原料加工（金属を除く）	26.9	24.8	23.9	− 3.0
製造・修理（金属・電気を除く）	37.7	35.8	34.3	− 3.4
加工・製造・修理関連職（金属・電気）	5.9	5.3	4.8	− 1.1
塗装・組立・包装関連職	48.9	48.0	45.4	− 3.5
建設、鉱業他に特定されない関連職種	0.2	0.5	0.7	＋ 0.5
輸送、資材、運搬、貯蔵関連職	4.6	5.5	5.0	＋ 0.4
様々な職種	6.6	7.2	7.5	＋ 0.9
現業　合計	26.0	28.7	29.2	＋ 3.2
非現業・現業　合計	36.2	39.4	40.9	＋ 4.7

出所：New Earning Survey, 1975, 1980, 1983, cited from: EOC, Fifth Annual Report 1980, Figure 3.6,
　　　Eighth Annual Report 1983, Figure 3.4.

組合など雇用平等推進のイニシアティブをとることを期待されている労使関係の両当事者の職場レベルでの消極的取組み、（4）平等問題への取組みに不利な高水準の失業などの経済的環境（不況）、などをあげることができよう[2]。

　このうち、2法自体に胚胎する、申立人救済上の欠点については、EOCは2法の実施過程で露呈された問題点を詰め、1981年初め、2法に関しての改正点を25項目にわたってサッチャー政権に提案した[3]。EOCは、この時点で、2法の相当の改正なくしては、これ以上の進歩は望めないと確信したからである[4]。しかし政府はこのうち、後述のようにヨーロッパ共同体正義裁判所（Court of Justice of European Communities —以下、EC裁判所）によって強制された、同一価値労働同一賃金原則の全労働者への拡大のための改正を除いては、今日までこの提案を棚上げにしている。

　300万をこえる失業者を抱え、国際競争力を失いつつある現状の中で、減量経営、能率的弾力的な労働力の活用による生産性向上によって経営の建て直しを模索するイギリス企業の労使にとって、法律に抵触しない形式的な程度以上の雇用平等政策の実施は、決して団体交渉における優先順位の高いものにはなり得なかった

　しかしながら、EOCの助言を求めて雇用平等政策の積極的推進をはかる企業、自治体、労働組合などが近年、僅かながらも年を追って増えてきていることも見逃せない[5]。

　このように、雇用平等への歩みが遅々としている中で、最近2つの注目される話題がある。第1は、先述のEP法改正の実施、第2は、雇用上の性差別の新たなカテゴリー、「性的いやがらせ」（sexual harassment）の申立ての登場である。アメリカと違ってイギリスでは、漸く1984年にこの種の申立てが行われ、控訴審で「性的いやがらせ」が雇用上の性差別として認められた[6]。

　　　3
　第1のEP法改正は、「1983年同一賃金（改正）令」Equal Pay（Amendment）Regulations 1983〔S.I. No.1794 of 1983〕（以下、改正令）と「1983年労働審判所（手続規則）（同一賃金改正）令」The Industrial Tribunals（Rules of

Procedure）（Equal Value Amendment）Regulations 1983〔S.I. No.1807 of 1983〕（以下、手続改正令）によって行われ、1983 年 12 月に成立、84 年 1 月 1 日から実施された。

　改正は、異種労働を行う男女の労働の職務評価を前提として、男子（女子）と同一価値労働を行う全女子（男子）労働者に同一賃金の権利を認めるものである。1970 年 EP 法が、職務評価制度（job evaluation system ─以下、JES）のある企業の女子にのみ、同一価値労働同一賃金の原則（以下、同一価値労働原則）を認めたのに対し、これを修正して、JES の有無に関係なく、全女子労働者にこの権利を拡大したのである。

　同一価値労働原則の実施の大前提である JES には、従来から性差別的偏向が指摘されており、その結果、「女子の仕事」には低い評価が与えられる傾きがあった。従って、この原則は同時に性差別のない JES を土台に実施される必要がある。そこで性差別を排した JES を基礎にこの原則が実施される場合、女子の賃金への引上げ効果はきわめて大きい。

　アメリカでは、女子の運動の成果として、1983 年以来、いくつかの州で性差別を排した JES 改革を基礎に、異種労働間に同一価値労働原則を実施する試みがなされてきている。

　たとえばミネソタ州では、1983 年以後、新たな評価法による職種ランクの改定によって賃金是正がはじまり、第 1 期予算は 2200 万ドルで 9000 人が平均 1600 ドルの昇給を獲得し、最終的には約 3600 万ドルで賃金の是正が達成されるということである[7]。

　このような公共機関での JES 改革に基づく原則の実施は、当然一般企業にも波及し、これまで以上にこの種の同一賃金要求運動に拍車がかかることは必至である。

　すでに、1981 年にある論文は EOC のアメリカ版行政機関、雇用機会均等委員会（EEOC）の主張──図書館司書は酒屋の事務員と、教員は消防士や工場の機 械 工との同一賃金を支払われるべきである──にみられるような、同一価値労働同一賃金への積極的取組みを危惧して、この EEOC の動きは、台風級の嵐であって、これを放置すれば、アメリカの企業に何百億ドルもの負担をもたらすことになると警告した[8]。また、ここで批判の対象とされて

いる EEOC 委員長 E・ノートンは、異種労働間の価値の比較問題を、「1980年代の重要な法的、労使関係問題の 1 つ」であると指摘している[9]。

つまり、同一価値労働問題は、職務評価の改革を通して、女子労働の価値の再評価を求めるものであり、従って、女子を雇用する全企業の賃金構造や労務費に多大の影響を与える潜在的能力を内蔵しているのである。

イギリスにおいても、1983 年の改正令の実施に伴い——それが後述のように様々な制約と問題を孕むとはいえ——性差別を排した職務評価制度の上に同一賃金要求の権利を全女子に拡大したこの措置が及ぼす影響については、アメリカと同様の認識がなされている。

たとえば、1984 年秋の人事管理研究所（The Institute of Personnel Management）の年次大会で 1 つの焦点となったのは改正令であったが、同大会で労働争議調停機関（ACAS）の委員長 P・ローレイ氏は、この改正が全企業の賃金構造に及ぼす潜在的意味を指摘し、労使関係上の問題を惹起するだろうとのべた。また労務担当のマネジャーは、改正令は労働審判所への女子労働者の申立ての洪水を埋蔵する潜在的鉱脈だとも予測してきた[10]。

ところが改正令実施後、ほぼ 1 年の時点で明白になったことは、申立てが予想に反して少なかったことである。1 年の間に審判所の審問にまで持ち込まれたのはただの 2 件にすぎなかった。うち 1 件が成功したヘイワード事件（Hayward v. Cammell Laird Shipbuilders Ltd.）[11] である。また逆に申立てを行いながら本審問にまで持ち込めなかったケースとして、フォード自動車、ミシン工のネイル事件（Neil and others v. Ford Motor Ltd.）がある[12]。この 2 件については、改正法の抱える問題を示すものとして後でとりあげる。が、ともあれ少ない申立てと、同様により少ない審問件数の理由としては、改正令自体の申立て抑制的性格、申立て成功がもたらす職務格付けや賃金構造の再編に男子組合役員が乗り気でないこと、女子労働者の改正令内容への無知などが指摘された[13]。

以下、本稿でこの改正令の背景、内容、問題点と意義を明らかにしたい。

第 2 章　「同一賃金法」の改正 1——1983 年「同一賃金法」改正令　213

1) たとえば、①本書第 1 巻第 1 部第 1 章、②同第 3 巻第 2 部第 1 章、③同第 3 巻第 2 部補論他がある。

2) この問題点については、EP 法に関しては、注 1）の論文①③、SD 法については論文②および③を参照されたい。

3) 改正点の内容については、Cf. EOC, Fifth Annual Report 1980（1981）, p.39, Appendix 5.

4) Ibid., p.1.

5) たとえば、この種の組織体は、1982 年度には 8、83 年度には 49 を数えている。EOC, Seventh Annual Report 1982（1983）, p.10, para.2, Eighth Annual Report 1983（1984）, p.12, para.29.

6) Cf.［1984］IRLR 467-468. 最初の控訴審（雇用問題審判所）判決は、1984 年 9 月のポーセリ対ストラスクライド地方議会事件（Porcelli v. Strathclyde Regional Council）である。学校の自然科学の実験技術員であったポーセリ夫人は、夫人を追いだし転勤させる運動の一部として、同僚の男子 2 人によって行われた性的いやがらせのため、転勤を申出ざるを得なくされた。これは、雇用契約上の不利益な性差別と認められた。アメリカでは毎年、性的いやがらせ問題は性差別申立件数の 1 割を占めており、たとえば、1982 年度では 4 万 5255 件の申立件数中、約 9.3％の 4195 件である。Cf. EEOC, Annual Report 1982, p.55. この問題についての判例は、アメリカで最も確立しており、最も有名なのがポーレット・バーンス事件（1974 年）で、失った昇進の賠償金として、1 万 8000 ドルのバック・ペイを獲得した。1980 年、EEOC は、性的いやがらせは、公民権法の性差別にあたることを確認するガイドラインを採用した。Cf. Ann Sedlay et al., Sexual Harassment at Work, NCCL, 1982, pp.17, 23.

7) 「"女の職業" は低賃金……評価の物差しを変えよう、米国に『同一価値労働同一賃金論』」（『朝日新聞』1985 年 2 月 18 日朝刊）。

8) E. J. Spelfogel, Equal Pay for Work of Comparable Value: A New Concept, *Labour Low Journal*, Jan. 1981, p.30.

9) Ibid., p.31.

10) J. Mathewman, Equal Pay Under Evaluation, *Personnel Executive*, Oct. 1984, p.23.

11) Cf.［1984］IRLR 463-467.

12) Cf.［1984］IRLR 339-350.

13) Cf. J. Mathewman, Equal Pay Under Evaluation, *Personnel Executive*, Oct. 1984, p.33.

第1節　1983年同一賃金改正令の成立と背景

1

改正令は、1982年7月、EC裁判所がイギリス政府宛に出した、同一賃金の原則に関する75年2月のEEC命令（Council Directive 75/117 EEC）に対する遵守命令[1]に沿って制定されたものである。

1973年のEEC加盟に伴い、EEC法はイギリス法の一部となった。EEC法やEEC命令が国内法と矛盾する場合、前者が優先し、またEEC加盟国民は、直接EEC法によってEC裁判所に訴えることもできる[2]。

ことの発端は、EC委員会が1979年に先述の命令の実施状況を調査し、イギリスを含む7ヶ国に命令違反のかどで告発手続きをとると公表したことにはじまる。79年4月以来、イギリス政府との一連のやりとりの後、81年3月、命令違反を承服しない政府を、同委員会はEC裁判所に告発した[3]。裁判所の判決はイギリスのローマ条約下の義務不履行を認め、その結果、遵守命令が出されたのである。政府は敗訴した[4]。

同一賃金に関するEEC命令第1条は、次のように規定している。「ローマ条約第119条に大要が示されている男女同一賃金原則とは……同じ労働または同等の価値が賦与されている労働に対し、報酬に関するあらゆる局面や条件に関連して、性に基づくすべての差別を除去することを意味する」[5]。

つまり、改正令制定の直接の原因は、EEC命令に照らして1970年EP法の同一価値労働に関する規定の不備を是正することにある。そこでまずEP法の主としてこの部分に関する規定の内容を明らかにしなければならない。

2

EP法の内容は次のようになる。

1.「同一労働」とは第1に、「同様な労働」（like work）である。それは「同じ労働」（the same work）か、「概して類似の性質の労働」（work of broadly similar nature）——雇用条件に関して、実際上、重要でない相違のある労働——とする。第2に、「同等と評価された労働」である。ただしこの規定

の適用は、JES 導入企業の労働者に限定され、JES の導入を企業に義務づけなかった。イギリスは、ローマ条約第 119 条の同一労働（equal work）基準と ILO100 号条約の「同一価値労働」基準のいずれをとるかの選択にあたり、その中間をとった。そしてこの 2 つのどちらによるかは現場の労務管理の中での労使の選択に委ねた。

2. この意味で男子との比較で同一労働を行うと認められた女子労働者は、男子と同一賃金（および同一雇用条件）を要求できる。しかし、男女の賃金の格差が、性差別以外の「真に実質的な相異によるもの」（genuinely due to material difference）であることを雇主が立証した場合、その格差は合法とされる。これまで、判例により実質的相異の要因として認められたものには、勤続年数、年齢、資格、個人的特質など、10 種をこえている[6]。

3. 比較できる男子の職場の範囲は、同じ事業所か、同一雇主の他の事業所あるいは連合雇主の事業所で、申立人と同一雇用条件にあるものに限定される。

これらの諸点を骨子とする EP 法が施行されて以来、同法には申立人救済上、多くの欠陥があることが判明した（労働審判所への申立て成功件数は、1976 〜 83 年の間では 1305 件中 359 件、成功率約 28％の低さである）（表 2.3）。問題点は EOC により 25 項目（EP 法に関しては 10 項目）にまとめられ、政府に修正が勧告された。EP 法関係では、(1) 同一価値労働同一賃金を全労働者に認める、(2) SD 法同様、間接差別概念の導入、(3) 実質的相異の要因から、パート労働を除く、(4) 観念上の男子との比較を認める、(5) 挙証責任を申立人から雇主へ転嫁する、等が含まれる。

EP 法では同一価値労働同一賃金の権利は、JES 実施企業の労働者にのみ認められ、全労働者のものではない。EC 裁判所はこれを問題とし、EEC 命令違反でないとするイギリス政府の解釈は、JES がない場合には、「同一価値労働同一賃金への権利の存在そのものが否定されるに至る。そのような立場は、命令の一般的計画や規定に一致しない」[7]とし、EP 法は命令に抵触するとしたのである。

EC 裁判所の判決後、雇用省は判旨を実施するため、この問題に限定して EP 法の改正を行った。それが既述の 2 つの改正令である。改正令の最終改

表 2.3　労働審判所における EP 法審理結果別件数（1976 〜 83 年）

結果	1976	1977	1978	1979	1980	1981	1982	1983	合計件数	棄却理由別比（%）	支持、棄却率（%）
申立支持	213	91	24	13	4	6	2	6	359		27.5
申立棄却	496	272	56	65	22	21	11	3	946	100.0	72.5
棄却理由											
1. 同様労働でない	366	134	22	31	2	3	2	1	568	43.5	
2. 同一価値労働でない				2	3	2	—	—			
3. 同一雇用でない	10	2	—	0	1	4	1	—	18	1.4	
4. 実質的相異	78	86	27	7	9	6	2	1	216	16.6	
5. その他	42	50	7	25	7	6	6	1	144	11.0	
合計審理件数	709	363	80	78	26	27	13	9	1,305		100.0
全申立件数	1,742	751	343	263	91	54	39	26	3,309		

出所：Department of Employment Gezette, May 1977, April 1978, 1979, EOC, Forth Annual Report 〜
　　　Eighth Annual Report.
注 1.　各年度とも 1 月 1 日〜 12 月 31 日。

訂案は EOC や TUC などの批判の一部をとり入れ、1983 年 7 月下院に上程され、167 対 107 で下院を通過、12 月に上院の審議を経て成立した[8]。手続改正令については、83 年 9 月公表され、前者と同時に発効となった[9]。

上院は、改正令に批判的で、成立にあたりそれが EC 裁判所の判決、EEC 命令第 1 条を十分反映していない、との決議を可決した[10]。

3

サッチャー政権は、EP 法改正にきわめて消極的であったが、それは、同じ内容の改正案が 1981 年に EOC により提案されたにもかかわらず、EC 裁判所に命令されるまでは実施しなかったこと、立法でなく命令という形式、判旨の事項にのみ限定した改正の範囲、上院の批判的決議を惹起するような不十分な内容に露呈されている。

ではなぜ、消極的なのか。政府の同一賃金問題への対応を考えるにあたり、改正令を政府の低賃金政策の一環として理解する必要がある。つまり、国家による賃金への介入、とりわけ法的な下支えを一切排除しようとする自由放任政策の一翼を担っているためである。失業者が巷に溢れている現状では、労働市場が自由であれば、賃金は労働力の需給によって経済力に沿って定まり、低賃金に落ち着く。低賃金であれば雇用も増える。現在、雇用の増大を抑制しているのは、賃金を、本来の水準よりも人為的に高くしている法的規制があるからである。このような理論に立って、保守党政権は、1979 年の登場以来、労働党、TUC その他労働者の反対を押し切って、相次いで低賃金労働者保護政策を廃止してきた。すなわち、(1) 1980 年 8 月、雇用保護法附則第 11 条の廃止、(2) 1983 年 9 月、1892 年以来の歴史をもつ下院の公正賃金決議の廃止[11]、(3) 1985 年 3 月、1909 年以来の賃金審議会制度の廃止ないし改革のための討議文書の公表[12] がそれである。これに、79 年以来の賃金監督官定員の 3 分の 1 激減策なども付加する必要があろう。

現蔵相は、1985 年 3 月 21 日、イギリス産業連盟（CBI）すら廃止に批判的であるのに、賃金審議会の完全廃止というラディカルな政策に賛成して次のようにのべている。「〔賃金〕審議会は、雇主が支払うことができ、失業者がうけとる用意のある賃金で仕事を提供することを不法とし、このことによ

って仕事をなくしている」[13] と。

　失業は過大な賃上げと関連し、賃率が引下げられれば失業は減るとの考えは、最低賃金審議会廃止の効果をテーマとした、雇用省のケンブリッジ大学への委託研究により、むしろ否定されているのである[14]。

　一連の低賃金政策とその思想的背景を辿るなら、賃上げをもたらすEP法改正義務を最小限度に食い止めようとする意図が明らかになろう。その意図が、修正についての協議や討議を最小限度に止めたこと、修正方法も立法でなく「命令」という形式に依ること[15]、申立ての権利を抑制するような不十分な内容として示されたのである。

　草案の段階で、政府は、発効日時を早める、JESが差別的であることが挙証された場合、JES実施企業の労働者にも申立ての権利を認めるなど、3つの[16]点でEOCなどの批判を採り入れたが、後述のような、労働者への不平等な権利の保障の仕方は、全従業員に同一賃金の原則を保障すべしとしたローマ条約の義務を完全に履行するものかどうか疑問視されている[17]。

---

1)　判決の内容については、Cf. Commission of the European Communities v. United Kingdom of Great Britain and Northern Ireland, in: Court of Justice of European Communities, *Report of Cases before the Court*, 1982-7, pp.2601-2625.

2)　Cf. EOC, Equal Pay for Work of Equal Value, A guide to the Amended Equal Pay Act, 1984, Annex B, p.30.

3)　この経緯については、Cf. M. Rubenstein, Equal Pay for Work of Equal Value, Macmillan, 1984, p.45.

4)　Case 61/81, Court or Justice of European Communities, op.cit., p.2618, para.15. イギリス政府の主張は、命令は「同等の価値を賦与されている」といっているのであって、「同等の価値の労働」といっているわけではない、つまり従業員は賃金が職務評価計画で決定されるよう主張する権利を有するとは規定していない、ゆえに、EP法は命令に違反していないというものであった。つまり、政府の反論は、賦与されているという文言を、JESによって賦与されていると解釈しているわけである。しかし、命令の精神からみれば、これはいささかこじつけの印象が強い。EC裁判所がこの見解を否定したのは当然であろう。Cf. Ibid., p.2607.

5)　Directive 75/117 EEC of February 1975 on the approximation of the law of the Member States relating to the applications of the Principle of equal pay for men and women（*Official Journal*, L 45, 1975, p.19）.

6) これらの要因の例については、Cf. Income Data Services, IDS Handbook series no. 14, Equal Pay, Sex Discrimination, Maternity Rights, 1979, pp.40-45. 要因としては他に、経験、労働時間、職員身分、地域差、臨時の身分、赤丸(レッド・サークル)などがある。赤丸とは、職務の変更による減給から保護するため、その職務の給与よりも高い以前の給与を維持することを認めることをいう。Ibid., p.45.

7) Case 61/81, op.cit., p.2615, para.7. また政府が同一価値労働の概念実施上の困難——同一価値労働の基準が抽象的すぎて法廷で適用されない——を強調したことについては、裁判所は直接答えず、「加盟国は当局が必要な情報を入手した後、当該労働がその他の労働と同一価値か否かを決定するに必要な権限を与えねばならない」と示すに止まり、具体的方法は明示しなかった。Ibid., p.2617, para.13.

8) Official Report, H. G., vol.46, col.497, July 20, 1983. TUC の対応については、Cf. TUC, Annual Report for 1983, p.61.

9) Cf. C. McCrudden, Equal Pay for Work of Equal Value: The Equal Pay（Amendment）Regulations 1983, *Industrial Law Journal*（以下、*I. L. J.*）, vol.12, no.4, 1983（以下、C. McCrudden［1983］), p.199.

10) Official Report, H. L., vol.445, col.929, Dec. 5, 1983, cited from: C. McCrudden, Recent Regislation, Equal Pay for Work of Equal Value（cont.）, *I. L. J.*, vol.13, no.1, 1984（以下、C. McCrudden［1984］), p.50.

11) この（1）と（2）については、本書第 2 巻第 1 部第 5 章第 1 節・第 2 節を参照。

12)13) Cf. The future of Wages Councils, leader of *The Financial Times*, 22 March, 1985. 監督官定員は 160 名から 116 名に減らされた。Robin Smail, Two Nations, Poverty Wages in the North, LPU, 1985, p.23.

14) Cf. D. Byrne, An Unequal Right to Equal Pay, *Journal of Law & Society*, vol.11, no.2, 1984, p.249. この委託研究は、政府の主張を疑問視しただけでなく、低賃金雇用の拡大を基にした高水準の雇用への復帰は、長期の雇用見込みの改善のために必要な、将来の生産性の改善の基盤とはならないだろう、と指摘した。EP 法による女子の賃上げが女子の失業を増大させるとの批判は、その逆の現実により否定された。Cf. H. Neuburger, Unemployment: Are Wages To Blame?（LPU Discussion Paper no.4）, 1984, p.15.

15) D. Byrne, op.cit., p.250. EEC 法第 2 条に規定する命令の形式をとることにより、法改正に必要な議会による十分な討議をさけ、討議は 90 分に限定された。またこの形式での改正は、議会が完全にうけ入れるか、拒否するかのいずれかで修正の余地を許さない。M. Rubenstein, op.cit., p.47.

16) Cf. IR-RR 297（IRLIB 234）, pp.15-16. 下院の雇用委員会での草案の討議については、cf. House of Commons, The Employment Committee, session 1982-83, *The Equal Pay Order, Minutes of Evidence*, 27 April, 1983, 347-i, pp.1-9. 修正の第 3 点は、雇主の「実質的相異」についての抗弁についての譲歩にある。原案は、雇主が実質的相異のあることを示した場合、今度は申立人の側に、賃金格差は性に基づくものであることの挙証責任が移るとした。この点、EOC は強く批判し、政府は移らないものとしたのである。IR-RR 297, p.16. この他、EOC は、職務評価を委託される専門

家への手引となる基準の欠除、同一価値労働規定に関連して、中央仲裁委員会による団体協約の修正の権利を認めないことなど、合計6点について批判している。IR-RR 293（IRLIB 230), pp.15-16.

17) 　Cf. D. Byrne, op.cit., p.256.

第2節　改正令の内容と問題点

1

改正令（手続改正令を含む）の内容は次のようなものであった[1]。

1．EP法で規定された平等条項（それは賃金のみならず、協約に規定された雇用条件全体についての、同一労働を行う男女の平等を定めている）を、努力（effort）、熟練（skill）、決定（decision）のような項目に関して必要とされる労苦（demand）の点からみて、同一雇用の男子の労働と平等な価値の労働を行う女子にも適用する（改正令2 (1)、改正EP法第1条 (2)(c)──以下の条文は改正EP法による）。

2．労働の価値の測定には、職務に含まれる努力、熟練、決定などのような、要因についての分析的な職務評価方法をとった（第1条 (2)(c)）。

3．既存のJESによってすでに比較した男子とは異なった（低い）価値と評価された労働についても、同一価値労働の申立はできる。その場合、申立人は、JESが性差別的であることを挙証しなければならない。しかし、労働審判所は (1) JESが性差別に基づくとみなす正当な理由がないと決定した場合、申立を棄却できる（第2A条 (2)）。(2) JESに基づく価値の決定が、性差別に基づかぬものとして正当化できない場合、その価値評価は性差別的JESに基づくものと判断する（第2A条 (3)）。

4．審判所は、申立をうけた場合、同一価値労働か否かを決定するにあたり、まず、申立をそれ以上進めるか、却下するかをきめる予備審問を行う。すなわち、JESがある場合は3のように行い、ない場合、(1) 2つの職務が同一価値と考える妥当な理由がないかどうかを決定し、(2) 理由がないと決定した場合には申立を却下する。(3) 理由があると決定した場合、およびJESが性差別的であるか、非分析的方法に基づく場合には、審理を先に進め、第三

者の専門家に職務評価を委託する。審判所は、この報告を認めた場合に、最終的に同一価値労働か否かを決定する。報告は証拠以上のものではない。両当事者は報告について拒否でき、専門家を反対尋問し、各自の専門家の証人を呼んで証言できる。審判所は、推論に不満な場合、非分析的職務評価などの場合は報告を拒否し、別の専門家に委託できる。

5. 同一価値労働と認められた場合でも、2つの労働の賃金間の相異の理由が性差別以外の時、格差は合法として認められる場合がある。これを「真に実質的な要因」（genuine material factor）とよぶ。（第1条（3））。この要因は「同様な労働」「同等と評価された労働」の場合に従来認められた「実質的相異」を形成する要因よりも広いものと理解され[2]、従来否定されてきた、技能者不足、団体交渉力のような「市場の力」（market forces）も含められる可能性がある[3]。雇主のこの抗弁は、予備審問の段階、および専門家の報告後に提出できる[4]。

2

では改正内容はどのような点で問題があるだろうか。第1に、新設された予備審問制度（適格審査審問）は申立人にとっては前例のない障害であり、申立てに抑制的に作用する可能性があることである。政府は、ACAS（助言・調停・仲裁サービス機関）の調停で解決しなかった申立てが従来通り、審判所の審問に持ち込まれた場合、明らかに失敗する申立てでも同一価値労働に関係する申立てのすべてが専門家の職務評価報告に自動的に委ねられることは、費用と時間の浪費だと考えた。この種の見込のない申立てを阻止するためにとられたのが「労働が平等の価値であると決定する合理的理由がない」と審判所が決定した場合、申立てが却下される予備審問制なのである[5]。

しかし、審判所は、すでにいつの段階でも、馬鹿げた、いやがらせの訴えを阻止する権限をもっている。従って、資格審査のための予備審問という濫訴防止策は不必要である。それは見込みない申立てを抑制するばかりか、職務評価の仕直しをすべき、とりあげるべき申立てをも抑制し門前払いを喰わせ、労働者の同一価値労働要求権利を奪う怖れがある点で有害である。何故なら、とりわけ、既存のJESによる評価に反対する申立ての場合、予備審問

で申立人に JES が性差別的であることを挙証させることは、申立人にとりかなり重い負担で困難であるからである[6]。これは強く批判された点である。また、審判所は、予備審問の時と、専門家の報告の検討の際の二度にわたって、同じ職務について各 JES が性差別的でないかどうかを検討しなければならない[7]。このことは審判所にとっても二重の負担である。

JES に異議があって申立てる場合には、それなりの根拠があり、本審問の場で争う余地があると考えるべきで、従来通り、予備審問をしないことが、権利保護に重要である。事実、後で触れるフォードのミシン工事件は、17年も職務評価で争ったケースであるにもかかわらず、予備審問によって却下されており、このことから、JES のある企業の労働者の申立ては困難という判断がされている。

3

第 2 の問題は、新たに性以外の「真に実質的な要因」という概念を同一価値労働申立ての場合に導入し、その要因の中に、「市場力」など経済的要因を認め、同一労働間の賃金格差を正当化する条件の範囲を、「同様な労働」、「同一価値労働と評価された労働」において認められた、性差別以外の要因である「実質的相異」の条件よりも広くしたことである。この点は議会で最も論争の的となった。

ここでの問題は 2 つある。第 1 は、同一労働に対しても同一賃金を支払わなくてよい理由、雇主の抗弁（defence）の余地を広くし、新たな同一賃金回避手段を提供し、「同一賃金法」の効果を一層乏しくしたこと、第 2 に、このことにより、旧 EP 法下の「同様な労働」、「同一価値労働と評価された労働」の規定下の申立人よりも、改正令下の申立人の方が雇主の弁明の余地が広いため、不利な立場におかれる可能性があること、つまり、同一労働について申立てをする労働者間に権利の不平等が発生する可能性があることである[8]。

とくに第 1 の点についていえば、旧 EP 法では、雇主が同一労働差別賃金を支払うための弁明としての「真に実質的相異」の要因は、勤続年数などの個人的要素に限定されてきた。たとえば、1979 年のクレイクロス対フレッ

チャー事件（Claycross〔Quarry Services〕Ltd. v. Fletcher）の控訴審では、デニング判事はこの「相異」を個人的要素に限定するにあたり、募集難など労働市場に関する経済的要因を「相異」として認めることを否定した。「それらは雇主にとって個人的理由である。もしこのような理由が言い訳として認められるなら、戸は大きく開かれることになろう。法を逃れたいどの雇主もその戸からどんどん歩いて行くだろう」[9]と。

　しかし、女子パート労働と男子常用労働者の時間賃金の格差が「実質的相異」かどうかを争った1981年のジェンキンス事件（Jenskins v. Kingsgate〔Clothing Productions〕Ltd.）の控訴審、およびそのEC裁判所判決では、「実質的相異」の範囲は拡大され、一定の範囲内で経済的理由を認めた。つまり、男女間の賃金格差が、雇主にとり、女子の低賃金労働以外の結果（ここでは、欠勤の減少、生産性向上など）を得る経済的目的で当然必要なことが証明された場合には、その経済的目的は格差を正当化し得るとし、さらにEC裁判所は、差別の意図がない場合、パート労働と常用労働間の賃金格差のような間接的差別も合法的と示唆した。しかし、「実質的相異」は職務間、職務従事者のことに限定され、経済的要因にはまだ一定の枠がはめられていた[10]。

　改正令は、「実質的要因」という別概念を投入し、同一価値労働の場合の「実質的相異」は個人的枠に必ずしも拘束されず[11]、技能者不足、団体交渉の差のような市場力も、格差要因として合法化される可能性を示唆した。

　これら「市場力」も実質的相異として認めることは、女子に不利で、性差別的賃金を恒久化するという批判が議会でなされたのも当然である。何故なら、雇主は男女間の賃金差を組織力の差と主張できる。しかし、女子が同一価値労働を行っているのにもかかわらず歴史的に低賃金に甘んじてきたのは、まさに市場における女子への低い評価、低い地位（市場力）によるもので、市場力の差の公認は、同一価値労働規定をおく意味を無にするものである。まさに「市場価値を同一賃金排除の一方法として認めるなら、完全な抜け道を提供しているのである」[12]。

　政府はこのような批判に対し、直接的間接的性差別とならぬ市場力という限定を付した[13]。政府が、実質的要因の中に市場力を含める理由は、賃金は、労働者に求められる労苦（demand）だけによっては決定されず、市場力に

よっても決定される現実を配慮したといわれ、また、実質的要因がすべての市場力を含むか否かについて政府内での意見も分れている[14]。しかし、間接・直接の性差別を含まぬとの限定が付されるなら、認められる「市場力」はかなり狭くなり、男女の団体交渉力の差は含められないことになろう。ともあれ、市場力を含むいかなる種類の経済的要因が合法とされるかは、今後の判例法の形成を待たねばならない[15]。ここで確実に言えることは、旧 EP 法より雇主の抜け道が確かに増えるということである。

改正令の問題としてはさらに、次の点で申立てが限定されていることがあげられる[16]。(1) 旧 EP 法と同じく、比較する男子または女子の範囲が同一雇主、すなわち、同じ事務所か、申立人と同じ雇用条件下にある同一雇主または連合雇主の他の事業所に限られること（女子だけの事業所ではこの権利は認められない）、(2) 同一価値労働が立証された場合にのみ申立ては成功し、同様な労働、同一価値労働でなくても、男子よりも不釣合に、相対的に低い賃金を得るという形での差別には適用されないこと（ただし、女子が男子より大きい価値労働の場合には、少なくとも男子と同一賃金までは要求できると予想されている）、(3) 団体協約に適用される規定（1 つの申立てがそれに関係する団体協約に及ぼす影響を考えた場合必要で、この欠除は、EC の1976 年平等取扱命令に違反）がないこと[17]。

最後に、改正令の文言が難解かつ曖昧なことも問題点として付け加えておく必要があろう[18]。

4

終わりに、改正令が直接及ぼす影響として、企業における JES の導入、またはその再検討の促進という問題がある。以下この点についてふれねばならない。

同一価値労働の申立ては、異種労働間の価値評価が前提である。改正令は、性差別を除去した、職務内容の分析に基づく JES により価値の比較を行うことを指示している。このことは企業に、性差別のない、分析的な JES への改革、もしくはその新規導入を迫ることになろう。

EOC の指導にもかかわらず、従来企業の JES は性差別的である場合が多く、

この事実が、JES 実施企業の労働者には申立権利を与えないとする政府案への批判にもなり、その権利が強く要求されたのである。改正令により、女子は女子労働に特有の手先の器用さ、忍耐力に対し、男子労働特有の体力、危険さよりも低い点数をつけられる代わりに、同一またはより高い点数をつけること、女子労働特有の要素を評価要素として導入することなど、従来のJES に挑戦することができることとなった[19]。また EP 法では阻止された、同一企業内の他の JES の下にある労働者との比較も可能となった。

JES のイギリス企業への普及率は、1980 年調査で全事業所の 23％にすぎず、大半の企業で未導入で、また大企業ほど導入率は高い（表 2.4）。つまり、大半の企業の女子労働者が 83 年までは、JES による同一価値労働同一賃金申立ての権利を奪われていたことになる。

政府は、CBI の要望に沿って、影響力の大きい公認の JES の実施をやめ[20]、多様な方式のある JES に関しては、分析的方法のもの、との枠を設けた。

ある調査によれば（1981 年）、イギリスで実施されている JES の方法には点数制など 8 つが区別され、うち、分析的方法である点数制が最も利用されていることが明らかにされている[21]。

JES は利潤追求目的の企業の労務管理上の技術で、決して科学的なものではない。点数制は数値で表現されるため一見科学的で正確な印象を与えるので多くの企業で活用されているが、要因選択、与えられる点数など多くの恣意的主観的要素を含む[22]。そこにはいろいろな点で、直接、間接の性差別が忍びこむ可能性がある[23]。

では JES が性差別から自由であるための実施条件は何か。（1）JES 検討委員会での労使対等、とくに職種数に比例した女子代表の参加、（2）技術革新下での職務内容の激しい変化の現在、JES の定期的検討の必要、（3）労働者への JES への異議申立て、権利の賦与があげられよう。この点からみれば、先の 2 つの調査は女子代表の参加の点で不十分であり、また非分析的な JES の採用企業が少なくないこと、要因の選定、ウエイトのつけ方など性差別発生の可能性の高いこと、総じて改善の必要なことを示している[24]。

EOC は 1981 年、性差別的でない JES をよびかけて手引書を出して事例を示したが（表 2.5、表 2.6 参照）[25]、このように性差別的な JES が従来多かっ

表 2.4　職務評価計画（JES）の普及率とその内容

(％)

	全事業所	事業所規模（従業員数）				
		25〜99人	100〜199人	200〜499人	500〜999人	1000人以上
JESのある事業所 （対象＝全事業所）	23	17	24	40	53	57
2つ以上の制度	25	18	17	26	45	64
実施後3年以内 [(1)]	33	33	33	34	31	36
再検討機関あり	63	55	64	70	82	73
点数制に基づく （対象＝JESのある事業所）	47	41	44	55	63	50
再検討機関に労働者代表がいる （対象＝再検討機関のある事業所）	65	63	62	65	73	74
他の事業所にもJESあり （対象＝JESがあり他にも事業所 をもつ企業の一部である事業所）	80	95	76	64	65	57

出所：W. W. Daniel et al., Workplace Industrial Relations in Britain, Heinemann Education Book Ltd.,
　　　1984, p.204, Table VIII.20.
　(1) 1つ以上ある場合には、最も最近実施のものについて調査。対象は25人以上の全産業の事
　　　業所2041所。

表 2.5　EOC が例示した差別的な職務分析要素

	要素	保全組立工	会社看護婦
	各要素は 1 から 10 まで点数がつけられ 単純化のため全く加重されていない		
技能	職務における経験	10	1
	訓練	5	7
責任	金銭への責任	0	0
	設備、機材に対する責任	8	3
	安全責任	3	6
	他の労働者がする仕事への責任	3	0
労苦	持ちあげる要件	4	2
	要求される体力	7	2
	肉体的努力の持続	5	1
環境	物理的環境	6	0
	労働する場	6	0
	危険	7	0
合計		64	22

出所：EOC, Job evolution schemes free of sex bias, 1981, pp.6-7.

表 2.6　偏見の少ない職務評価要素の事例

要素	保全組立工	会社看護婦
各要素は 1 から 10 までの点数をつけ 単純化のため加重しない		
基礎的知識	6	8
仕事の複雑さ	6	7
訓練	5	7
人々に対する責任	3	8
資材、設備への責任	8	6
精神的労苦	5	6
肉眼による注意	6	6
身体的活動	8	5
作業条件	6	1
合計	53	54

出所：表 2.5 と同じ。

たにもかかわらず、これに異議申立てをすることは旧 EP 法下ではきわめて限られていた。改正令はこの異議申立権を拡大した点で評価されよう[26]。

---

1) 改正令は、1970 年 EP 法に挿入されたが、改正 EP 法の改正条文、手続改正令については以下のものによった。M. Rubenstein, op.cit., Appendix II, III.

2) Ibid., pp.68-69, 116. 専門家は、報告書作成にあたり、両当事者に面接することが期待されている。しかし、雇主の意向に反して専門家が職場に立入ることができるという規定はない。この専門家は 15 名で、組合役員 2、企業の労務担当者 3、大学教師 6、前 ACAS 職員 2、他 2 名である。Cf. IR-RR 315, p.15.

3) EOC, Equal Pay for Work of Equal Value, A guide to the Amended Equal Pay Act, 1984, p.17, para.48. EOC は、この雇主の抗弁が EEC 法の下でうけ入れられるかどうかについて不明だとしている。Ibid.

4) EOC, op.cit., p.17, para.47. 予備審問で雇主の抗弁が採用されれば、申立はこの段階で棄却される。

5) M. Rubenstein, op.cit., p.69.

6) Cf. ibid., p.81.

7) 何をもって性差別であると判断するかについては、解釈の分かれるところである。この点については、Cf. ibid., chapter 6.

8) D. Byrne, op.cit., p.225. とくに、すでに JES の対象下にある女子で、旧 EP 法下の規定が利用できる場合、その申立は、JES がなく、改正令下で同一価値労働の申立てを行う女子よりも有利だということになる。

9) [1979] ICR, I, cited from: ibid., p.254.

10) Ibid., p.254. 1981 年 7 月の雇用問題控訴審判所での第 2 次判決では、賃金格差が欠勤率減少などの経済的目的にとって合理的必要性があることを示すこと、つまり、賃金格差によって、実際に常用労働者の欠勤率減少のためにより高い賃金を支払う必要の立証を求めた。これはかなり困難な事柄である。この判決の詳細については、浅倉むつ子「雇用平等立法とパートタイム労働者の賃金差別――イギリス・ジェンキンス事件判決の検討を中心に――」(『賃金と社会保障』869 号、1983 年) を参照。

11) 「同様の労働」や「平等と評価された労働」では、2 つの職務間の賃金格差は「それが性差以外の女子と男子との実質的相異でなければならない (must)」(改正 EP 法、第 1 条 (3)(a)) とされている。しかし、同一価値労働の場合には、「性差以外の男女間の実質的相異であることができる (may)」(改正 EP 法、第 1 条 (1)(3)(b)) とある。つまり、個人的実質的相異である必要は必ずしもなく、個人的要因以外の外部要因 (市場力) を導入することが可能である。この must と may の相異について、労働党ミカード議員は次のようにいう。「われわれの誰もが知っているように may が用いられる場合にはそこには気にする必要がないのである。至上命令のものから、気にとめる必要のないものに堕してしまったのである」と。Official Report, H.

C., vol.46, col.493. 個人的要素と外部的要因（＝経済的要因）との区別は明確ではないことを一言しておく必要がある。個人的要素とされる勤続年数による賃金格差も、外部的要因とされる募集難を配慮した加俸に基づく格差も、すべて雇主が労働者を確保するという事業上の目的（＝経済的要因）の手段である点で区別できない。EP法の目的は、賃金における性差別の排除にあるのだから、実質的相異容認の基準は、個人的要素か否かではなく、性差別でないかどうかに徹底すべきなのである。Cf. M. Rubenstein, op.cit., pp.132-133. EP法で実質的相異として認めている年功給は、したがって間接差別の疑いがある。

12) Ibid., col.486. ハーマン女史の発言。

13) 上院で政府のスポークスマン、ゴーリー伯は、同様な労働の場合、職務が同様な経済事情の下で行われるため、市場力を弁明に用いる余地がほとんどない。しかし、異なった経済事情が適用される異種労働間の比較を行う同一価値労働のケースには、性に基づく直接・間接差別のない場合に雇主が市場力で賃金格差を説明できることが重要だと主張している。Official Report, H. L., vol.445, col.925, cited from: D. Byrne, op.cit., p.252, IR-RR 312（IRLIB 249), p.4.

14) Cf. Official Report, H. C., vol.46, col.486. 雇用省次官の発言。

15) ジェンキンス事件は、間接的差別となる経済的要因の「実質的相異」でも、雇主に差別的意図のない場合、合法としたが、その場合、雇用問題控訴審判所は、第2次判決で厳しい限定を付した。注10）参照。

16) C. McCrudden（1983), pp.209-211.

17) （1）については、cf. EOC, Equal pay for Work of Equal Value, p.20. これまで旧EP法下では、女子の価値の方が大きい場合、男子と同一の賃金も要求できないという悪名高い判決（Waddington v. Leicester Council for Voluntary Services）がある。Cf. Catherine Scorer et al., Amending the Equality Laws, NCCU, 1983, p.20.（2）については cf. C. McCrudden（1984), p.52.

18) 改正令は議員にも理解できず、女子申立人の障害になるとの批判が議会でされた。Official Report, H. C., vol.46, cols.488-489.

19) Cf. IR-RR 312（IRLIB 249), p.3.

20) CBIは公認の一律のJES導入は、長い間確立した給与、交渉構造を攪乱するとして反対。Cf. C. McCrudden（1983), p.202.

21) IRRR誌の調査による。Cf. IR-RR 249, p.3, ibid., 310, p.3.

22) 要因に対するウエイトの高低、点数配分は単なる判断の問題だとされている。Cf. J. V. Grant, et al., Personal Administration and Industrial Relations, Longman, 1984, p.196.

23) マックルーデンによる性差別的JESの例としては、（1）女子労働に特有な一定の要因（集中力、手先の器用さ）のオミット、（2）要因の選定に間接差別の可能性（勤続年数が経験の中に入ることなど）、（3）男子労働にみられる要因や要素に大きなウエイトの割当て、（4）点数制による結果を阻止するため、男女間の推定身分差を再導入し、「公平感」を与える方法の採用、（5）男子の格付け、女子の格付けを結果として創るやり方で、両者の点数を分離する、区分点をおく。Cf. C. McCrudden（1983), p.206, EOC, Sixth Annual Report 1981, 1982, p.9.

24) IR-RR 310, p.6, IR-RR 311, p.2.
25) EOC, Job evaluation schemes free of sex bias, 1981.
26) JES に根本的欠陥のあった場合にのみ（記録上の単純なミス）反対できた。Cf. C. McCrudden（1983）, p.206. しかし、改正令によっても、この権利はまだかなり制約があることは後述の通りである。

むすび──改正令の意義

1

　では、既述の問題点を抱えた改正令は、現実に同一価値労働同一賃金の権利の保障に、果して有効に機能しているだろうか。実施後まだ1年余で判例法が十分形成されていない現段階では、それを論じることは時期尚早であるが、改正令の有効性の試金石となった勝訴と敗訴の2つの例により、この問題に若干接近してみよう。

　〈敗訴例──ネイル他対フォード事件〉これはフォード自動車会社の女子ミシン工が、会社のJESに基づく格付けに反対し、上位の男子裁断工、熔接工らとの同一価値労働、同一格付けを求めて申立てを行い、1984年6月予備審問で棄却された事件である。

　1966年に導入されたJESでの格付けをめぐる会社とミシン工の紛争は、以来17年間の長い歴史をもち、68年には3週間のストライキにより、70年のEP法成立の契機をつくったことで名高い[1]。A〜Eの格付け中、Bとされたミシン工は、熟練工の裁断工などと同じCの格付けを要求してきた。イギリス経済を震憾させた68年のストライキでもこの問題は解決せず、以後5回この問題は苦情委員会に提起されたが失敗に終わった。近年仕事の熟練度が増したミシン工は、改正令施行に伴い、組合の支持の下に84年4月、申立てに踏切った。予備審問で、JESが性差別であるとの労働者側の主張を審判所は2対1で退け、専門家の職務評価を経ない段階で早くも申立ては却下された[2]。

　この件は、JESに挑戦する申立ての場合、審判所の性差別についての狭い解釈によっては予備審問のハードルがいかに高いかを証明した。審判所がフ

第2章　「同一賃金法」の改正1──1983年「同一賃金法」改正令　　231

ォードの JES が性差別的でないとする推論には、専門家から疑義が出されているが[3]、ここでは次の結果のみを記しておく。(1) ミシン工は同じ要求で11月、1万人のレイオフを伴った6週間のストライキで、第三者チームによる職務再評価を行うとの譲歩を獲得したこと、(2) 同チームは、1985年4月、ミシン工の C または D への昇格を承認し、その要求を認めたこと、(3) その結果、フォードの賃金構造の根本的改革が必要になると組合は予想していること、(4) 組合は同時に申立てについて上訴したこと、である[4]。

この事件は、(1) 企業が委託した第三者の職務再評価で労働者の要求の正当性が認められたことによって、審判所の予備審問の著しい権利抑制的性格を社会に広く知らしめ、(2) 既存の JES への挑戦は審判所の性差別についての狭い解釈により——伝統的な女子の特質を過大評価もしくは男子のそれを過大評価している場合でなければ——困難であること[5]、(3) 審判所への申立てだけでは不十分で、団体交渉との併用が必要であり、むしろ後者の方法の方が能率的な場合のあることを示した[6]。

2

〈ヘイワード対キャンメル レアード造船所事件〉これは、JES のない造船所の食堂で働く不熟練工の格付けのコックのヘイワード嬢が、労働組合とEOC の支援で、同じ造船所の男子塗装工、指物工など3名の熟練工の労働と同一価値労働であることを申立て、1984年10月、2対1で勝訴したケース。

審判所は、予備審問で、専門家の職務評価に委ねる決定を行い、専門家の報告は、表2.7の5項目について、高中低3つの水準で労働の価値を測り、4種の労働をすべて同一価値とした。この報告に対し、評価方法が単純すぎ、正確に欠けるなど会社側は批判したが、審判所は批判を退けて報告を採用し、申立人の主張を認め、申立人は週約30ポンドの賃上げを獲得することになった[7]。

このケースは、改正令下での最初の成功例で、その影響は大きい。多くの女子労働者に同様な申立てを促すものと思われる。しかし、このケースの成功は、実は申立人にとっていくつかの僥倖な条件が重なった結果であって[8]、必ずしも他の同種の申立ての成功は保証しないと考えられている。

表 2.7　第三者の専門家による職務評価の点数の要約

要因項目 \ 職種	コック	塗装工	指物工	電気絶縁工
肉体的労苦	中	中	中	中
環境上の労苦	中	中	中	中
計画・意見決定上の労苦	中	低	低	低
技能および知識上の労苦	平等	平等	平等	平等
責任上の労苦	低	中	中	低

出所：IR-RR 332, 1984, p.23.

　けれども、改正令が「同一賃金法」としてより有効であるためのいくつか
の条件、比較する男子の職場の範囲が広いこと、賃金格差を正当化する要因
（実質的要因）の少ないこと、団体協約に適用されること、などの点で同一
価値労働同一賃金の権利を労働者に保障する上で制限的であるとはいえ、男
女間の根強い職務分離の現実の中で、類似の労働を行う男子のいない女子労
働者の 3 分の 2 に一応の門戸を開くものであることは間違いない。その門戸
がどれほど広いものであるかは、今後の申立てによる曖昧な文言や、JES に
ついての狭い性差別の解釈についての控訴審での判例法の形成に待たねばな
らない。ともあれ、ヘイワード事件以後、1985 年に入っていくつかの組合
が同一価値労働の申立てを行っていると伝えられている[9]。ACAS は、70 件
をこえる申立てをすでに抱えているといわれ、また、女子を多く抱える労働
組合も協約改訂にあたり、女子の職務の再評価に立ってその賃金の引上げ要
求を行う動きも出ており[10]、今後改正法は、むしろ団体交渉に重要な影響を
及ぼすものと考えられる[11]。1 つの職種の再評価は別の女子職種のそれへと
波及すると思われ、改正法の波紋と効果は、2 年目に入って大きくなりつつ

あるといえよう[12]。

---

1) 1968 年のストライキについては、本書第 3 巻第 2 部第 1 章を参照。

2) 判旨については Cf. [1984] IRLR 339-350. この紛争の経過については Cf. ibid., LPU, Low Pay review 21, The Guardian, Dec. 7, 1984.

3) この批判については Cf. [1984] IRLR 337. ここでの批判の要旨は、審判所が JES を性差別と考える場合は、伝統的に女子の特質や技能が過小評価され、男子のそれが過大評価された場合と解釈していることを、あまりに制限的だとしたことにある。つまり性差別は直接、間接差別の双方を含むべきであり、JES における間接差別とは単に女子の伝統的特質の過小評価、男子の過大評価に限らず、その特質が中立でも、実際にその特質が申立グループに不利な影響を及ぼす場合は間接差別的なのである。したがって正しい方法は、女子の職務に低い点数を生む JES の要因を確認し、その要因を利用する否か、その要因のウエイト、男女の職務の各点数が性と無関係に正当化できるか否かを考慮すべきである、とされる。

4) Cf. LPU, op.cit., pp.22-23, The Financial Times, April 26, 1985, p.11.

5) Cf. IR-RR 323 (IRLIB 260), p.13.

6) LPU, op.cit., p.23.

7) 判旨については、Cf. Hayward v. Cammell Laird Shipbuilders Ltd., [1984] IRLR 463-467. 事件の経過と意味については Cf. IR-RR 332, pp.12-13

8) その条件とは、(1) JES がなかったこと、(2) 一般に雇主が行う「真に実質的な要因」の抗弁を専門家に職務評価を付託する前に行えなかったこと、(3) 専門家の報告に有効に対抗する方法は、雇主が別の専門家の報告を提出することである。双方の報告結果が異なる場合、審判所は、いずれかを選択し、その理由を示さねばならない。しかし、このケースの雇主側はそれを行わなかった。Cf. ibid.

9) Cf. Labour Research, March 1985, p.78. ホワイトカラーの組合 APEX は、200 件をこえる申立てを準備中といわれる。IDS Report, no.452, p.25.

10) Equality settlements start to force up wage bills, *The Financial Times*, April 10, 1985 たとえば印刷業では、組合 SOGAT82 は、全国協約改定を要求するにあたり、2 万 5000 人の女子製本工などが 3 年間をかけての男子ミシン工助手との同一賃金達成の賃上げを要求している。

11) Cf. IDS Report, no.452, p.25

12) Cf. A. Lester QC, D. Wainwright, Equal Pay for Work of Equal Value, Law and Practice, TMS Management Consultants, 1984, p.20.

[I]
1970年イギリス「同一賃金法」（Equal Pay Act 1970）の成立と課題

第3章

「同一賃金法」の改正2

1992年まで

はじめに

1

　男女の平均賃金格差は、第1に、一国の雇用上の機会や待遇に関する男女の実質的平等の程度を示す尺度である。第2に、資本主義の発展が男女の被用者比率を増大させ、賃金が社会的労働の支配的な報酬形態となるにつれ、男女の経済的地位一般と相互規定関係にある男女の社会的・政治的地位の格差を現す尺度となる。

　この賃金格差は、社会の存続に不可欠な2種類の生産と再生産（物・サービスと人の生産、再生産）のうち、女子を人の生産・再生産（私的な家事労働）に配当し緊縛する、家父長的近代家族の性別分業体制（男＝職業、女子＝家事労働、またはプラス職業）における労働市場レベルでの女子の従属の反映である。この性別分業を土台に形成された男子中心の社会的労働の編成（フルタイム・長期就業・長時間労働）の中で、家事労働を背負う女子労働者は、二次的、補助的、短期労働者として、待遇、昇進などあらゆる面で差

別されてきた。だからこの雇用上の平等の実現には、今や多様な形態をとりつつある家族の中で、女子が品位ある水準で自立できる賃金を得、また生理的相異を超えて男子と平等な立場で職業と家事労働を分担できる社会体制の実現（短い労働時間、保育・介護条件の完備と社会化、強制的転勤の廃止）と性別分業観の消滅＝家父長的家族の解体が必要である。もっとも、家事労働の領域は、長期的には資本主義経済の発展に伴う市場経済の侵食、就業女子の増大など多様な要因により、多様な形態での社会化（有償化）を通して縮小される。

2

では、男女賃金格差（以下、特記しない限り、格差）の原因は何か。それは、(1) 性別職務分離（Job Segregation by Sex ─以下、JSS）とよばれる男女の職階上の分離と異なる職業・産業への分離、この結果としての、大半の女子の低賃金職務への偏り、(2) 女子が支配的な、「女子職務」に対する相対的に低い社会的評価としての低賃金（＝同一価値労働差別賃金）、(3) 男子と同一労働を行う少数の女子への差別賃金、(4) 賃金支払形態上の女子の不利（勤続年数・学歴・年齢など、男子に有利な給与体系）、(5) 賃金の企業規模別格差（女子の零細企業への集中）などが挙げられる。

これら諸要因の格差への寄与率は、JSS の程度、賃金決定機構や賃金支払形態のあり方で異なる。日本は先進国中、格差は最大（近年、男子の55〜60％を低迷し拡大傾向）である[1]。

この格差要因について、(1)〜(3) が重要なことは、19世紀中葉以後、イギリスの経済学者やフェミニストたちが明らかにし、とくにそれらが性別分業と家族・社会での女子の男子への従属に規定されていることを示してきた。第二次大戦後の雇用平等立法の課題は、この認識を基にこれら3つの格差要因を除くことにある。しかし、構造的な JSS 現象とその解消の困難さを前提とする時、最も有効で、現実的な格差縮小手段としては、第2要因の除去、女子職務へのより公正な再評価、同一価値労働同一賃金の実現が重要となる。もっとも、第1要因、JSS を生みだした原因が、男女の自然的機能の差によるのか、社会的なものかという両者の関係や、資本蓄積の発展は JSS

を強化するのか否かをめぐって、欧米では論争が蓄積されてきた（Bradley, H., Part I）。この紹介は別稿に譲るが、JSS の解消を目的とした雇用平等立法が資本主義各国に成立したことは、女子労働者の増大とその主体的運動の結果である。この事実自体が多少の動揺や後退はあれ、性別分業を作り出した資本主義自身が JSS を長期的には解体する諸条件も作り出してきたことを示すものといえよう。

　ところで同一価値労働同一賃金が実現する前提は、職務範囲が明確で、賃金に反映される職務の格付けでありヒエラルキー概念である「熟練」・職業概念が、企業を超えて「資格」として社会的に成立していることであり、欧米的職務給が成立していることである。日本では、職務範囲が曖昧かつフレキシブルで、スペシャリストとして企業を超えた熟練概念が成立せず、人事管理は企業内でのゼネラリストの養成を目的とし、職務給の形態をとる職業は限定されている。従って、この方策の日本での適用は大きく制約される（専門職として職務範囲が明確な異種労働〔同学歴のレントゲン技師・臨床検査技師・歯科技工士・看護婦・保母〕間では可能）。

　現在、欧米先進諸国で同一（価値）労働同一賃金立法を手段に格差を解消する運動が展開されている。だが JSS の解消が一朝一夕に進まない現状では、同一賃金要求の方法として、同一価値労働の要求に 1990 年代の運動の焦点は据えられているといってよい。

　本稿の目的は、第 1 に、イギリスを中心に、格差の要因、とくに JSS の形成と女子労働の価値が相対的に低い社会的評価をめぐる論議を学説史的系譜の中で簡単に紹介することにある。それに関連して同一労働同一賃金論が、(1) 家族賃金（妻子扶養可能な賃金）論批判の中で主張されてきたことをビアトリス・ウェッブを例に考察し、(2) 格差の第 2 要因、女子職務の相対的低評価が性差別に基づくことが、1970 年代のフェミニストたちの「熟練」概念の再検討の中で明らかにされ、同一価値労働同一賃金要求が、職務の再評価を必要とすることに理論的基礎を提供したことが示される。第 2 に、イギリスの同一価値労働同一賃金規定（とくに 1984 年 1 月 1 日以降）の 9 年間の実態と問題点を明らかにすることである。

1)　　たとえば、労働省『平成4年版　婦人労働の実情』、付表43、89をみよ。また、日
　　　本の賃金格差の要因については、竹中恵美子（1989）、津田美穂子（1991）を参照。
　　　本稿は、上の2文献を含め、わが国の同一労働同一賃金論を検討すべき場であるが、
　　　紙幅と能力の制約で果せなかった。労働力の使用価値の同一を問題とする同一（価
　　　値）労働同一賃金と、男女の労働力の価値との関係を、労働市場論を媒介にして統
　　　一的に展開する試みは今後の課題にしたい。

第1節　男女同一労働同一賃金をめぐる問題

1

　男女賃金格差の事実と原因について最初に言及したのは、おそらくは『女
性の隷従』（1869）の著者でもあったJ・S・ミル（Mill, J. S.）（1848）であ
ろう。また当時の不十分な統計に拠り、格差要因の分析をした草分けは、S・
ウェッブ（Webb, S.）といって大過なかろう[1]。古典学派の祖A・スミスを
はじめ、賃金論での賃金とは男子賃金を意味したそれまでの経済学説からみ
れば、女子賃金への言及自体が画期的なことであった。

　S・ウェッブの議論の背景には、多分1880年代の一連の労働者調査（Report
［1890］、高島［1992］）、1888年の労働組合会議（以下、TUC）でのC・ブ
ラック女史提出の同一労働同一賃金決議の最初の成立の背景となった運動な
どがあったと思われる[2]。

　1880年代から1910年代の労働者調査の報告書、ウェッブの議論に触発さ
れた様々な賃金格差論の検討は別稿で果し（本書第4巻第3部第1章）、こ
こでは、S・ウェッブ以来今日までの格差要因をめぐる主要な論点は、第一
次大戦後の1920年代までにほぼ出揃っていることを指摘し（Pujol, M. A., p.17,
Hartmann, H.）、同一労働同一賃金論に必要な限りで、調査での事実発見と
格差要因をめぐる論議にふれるに止める。

2

　事実発見に関しては以下のことが明らかにされた。

1. 就業分野では男女の職業に関する棲み分け（JSS）があり、高給の熟練職、専門職から女子は排除されていることである。このことを最初に明らかにしたのは、ウェッブの先の論文と思われる。彼はJ・E・ケアンズ（Cairnes, J. E., pp.66-77）が男子の熟練・不熟練労働者に用いた 非 競 争 集団の概念を賃金格差の大きい男女間にも適用し、少数の男女同一労働の場合には、女子は被扶養者・従属者という社会的伝統的通念とその団結の欠如に格差主因を求めた。JSSの事実は、1919年の戦時内閣女子労働委員会報告ではより詳しく示された（Report［1919］）。

2. 男女同一労働の職域は狭いが、教員では70%の格差があること（Ibid., para.78）と、その格差要因は男子の家族扶養責任と市場力（男子労働力吸引の必要）で説明された。職務給における男女別賃率の事実も確認された（同一労働差別賃金）。

3. 男女異種労働が一般であるが、その際女子職務に対する社会評価（賃金）は、男子と比較するとき、その職務内容（使用価値）に比べ相対的に低い、という認識があった[3]。特に顕著な例は、熟練労働の女子賃金が、男子不熟練労働者より低い事実である（Webb, S., Dilke, E. F. S., Smart, W.）。

4. 女子労働者の典型は、20世紀初頭では若年未婚者であったが[4]、既婚女子（寡婦、遺棄された妻も含む）も多く働いており、男子（夫・父）1人の賃金は決して「家 族 賃 金」でなく、ホブスンら経済学者の男子家族賃金仮説は「神話」であることである（Black, C. ed., Beechey, V., Morris, J., Roberts, E.）。1911年センサスに基づいたA・L・ボーレイの研究によれば、熟練・不熟練労働者各1000世帯のうち、前者の43.3%、後者の39.4%だけが男子1人の賃金で生活していた。専業主婦、子供3人の標準世帯で男子1人の賃金で生活していたのは熟練労働者の5.6%にすぎない（Bowley, A. L.）。

この事実のうち、まず第1のJSSについては、いかにイギリスの男子支配的な労働組合がこれに積極的にかかわっていたかについて、多くのフェミニストの研究がある。また、第3の女子職務の相対的低評価に関していえば、イギリスの職務給の格付け、「熟練」概念は、労働内容の難易・訓練の必要度などを示す客観的な概念でないことについて、欧米のフェミニストの社会学者たちの1970年代の労働調査・歴史研究が明らかにしてきた（Philips. et al., Cockburn, C., Coyle, A., Beechey, V.)。その極論として「熟練」の技術的内容をほとんど否定した「熟練とは技術的能力とは無関係で、女子を犠牲にして〔男女の〕賃金格差を正当化するため、団体交渉によって獲得されたタイトル」との定義（Dex, S.）すらある。「熟練」・「不熟練」という職務の社会的格付けは、社会的労資関係の産物ゆえに当時の偏見と無関係ではあり得ない。職務内容に基づかない性差別（人種差別）的偏見が賃率に潜入していることは、1970年の「同一賃金法」（以下、EP法）施行後、合同機械工組合が同法実施期限の75年末まで、全国協約中に男子熟練工、不熟練工賃率のさらに下に、最も低い「女子賃率」を定め、女子労働の内容を示す「格付け」を示していないことに明瞭である（CSEU [1975], section 2）。これは、同組合だけのことではない[5]。

　そもそも、「熟練」概念の「幻想性」、「社会的性格」を指摘したのは、マルクスやターナーであった（マルクス [1969] 42頁、注18、Turner, H., p.114）。彼らとフェミニストたちとの相違は、熟練の「幻想的」、「社会的性格」の中に性差別が含まれていることを認識しなかった点である。この「熟練」概念論争（Thompson, P.）は、同一価値労働同一賃金要求の理論的基礎で、今後、一層検討さるべき問題である。

　第2に明らかにされたのは、男女格差を合理化する理由、男子の「家族賃金論」の問題である。既述のように、成人男子の賃金は19世紀、20世紀初期には決して事実において家族賃金ではない。その意味でマルクスの「労働力の価値」概念は、時代により規定されるとの限定はあったにせよ、明らかに「家族賃金」を土台にしており、労働者賃金の当時の実態に基づかず、ビクトリア時代の中産階級の家父長的家族を理想とした熟練工に革命の担い手を托したイデオロギー的性格をもつものだ、との批判がある。マルクスの男女平等、女子解放についての自覚における問題、エンゲルスとの差については指摘があり、論争がある（Benenson, H., Humphries, J., Barrett, M. et al., Land, H., Roberts, E.）。経験主義的なイギリスの経済学者は、家族再生産費が賃金を規定するものとは見なかった。今後検討さるべき問題である。イギリスの経済学者で不熟練労働者の最低賃金として初めて家族賃金が必要だとして主張し、具体的な生活水準を描いてみせたのはA・マーシャル（Marshall,

A., p.44）であった。彼の場合、その主張が事実に基づかないイデオロギー
という自覚が明確にある。同時代の経済学者 W・スマートは、近代工場制
度の下で家族が崩壊した当時では、賃金の単位は家族ではなく個人であると
のべていた（Smart, W., p.90）。

　だから家族賃金論は、20 世紀の同一労働同一賃金論とは対立する思想で
あったことに注目する必要がある。同一賃金論は、女子労働者の大量進出を
必要とした第一次大戦の前後で、フェミニストの間に意見の相違と変化を生
みだした。B・ウェッブや M・フォーセットは、同一労働同一賃金論は、女
子の排斥を目的とする男子組合の同一賃金主張の戦略に加担し、女子の職域
を狭めるものであり、ウェッブは JSS を前提とすれば、「最低賃金制」こそ
望ましいと主張、女子の労働権を優先させて反対したが（Webb, B.［1914］,
Fawcett, M. G.［1892］）、戦後は、賛成に転じた（Report［1919］, Fawcett, M.
G.［1918］）。

　　　　3
　従来の格差要因論を批判的に検討して同一賃金論を展開したのは、B・ウ
ェッブである（Report［1919］, Part I, pp.254-308）。彼女は、団体交渉によ
る職種別で男女同一の品位ある生活水準を保障する職務賃率（時間賃率）の
形で、持論のナショナル・ミニマム論の土台の上に同一労働同一賃金論を展
開した。彼女の議論を家族賃金論との関係に限って紹介すれば、第 1 に、家
族扶養義務を理由とする男女同一労働差別賃金を否定した。その理由は、(1)
現実の賃金（職務賃率）は、個人の属性（人種・信条・身長・体重）により
差がないのと同じく、性によって異なる理由がないこと、女子の低賃金の口
実（女子の少ないニーズ、低生産性、低い知的能力）は、個人としては妥当
しても、女子全体に妥当しないこと、(2) 現実には家族扶養義務のない男子、
扶養義務のある女子はほぼ同じ程度に存在し、女子被扶養義務という仮定は、
現実に反し賃金格差の口実にすぎないこと、もし家族扶養義務を問題とすれ
ば、独身男子が雇用上有利となる。従来賃金が扶養義務に比例して支払われ
たことはなく、もしそうであるなら、まさに賃金支払形態の「革命」で
あり、組合の団体交渉や雇用条件規制と矛盾する。また男女のニーズにも差

第 3 章　「同一賃金法」の改正 2──1992 年まで　　241

がない（Ibid., p.225）[6]ということにあった。B・ウェッブは、1917年以来、大家族、低賃金を理由とする労働者の貧困に対処できる男子家族賃金要求と女子の同一労働同一賃金要求との矛盾を国家による家族手当で解決する運動をはじめたE・ラスボン（Rathbone, E.［1917］, Macnicol, J.）とは、国家による家族手当（ウェッブは児童基金）支給という点で一致した。また「家族扶養義務」とは何かを問題とし、「家事労働」自体は重要とみたがそれを行う妻の扶養は問題としなかった。独身男女の場合は、下宿の賄、洗濯など家事労働は購買するか、自分で行う形で自分の賃金で支払っている、との理由による（日本の現行税制上の配偶者特別控除制の問題点の指摘）。

　職務賃率額は、男女ともに品位あるナショナル・ミニマムの生活水準を実現すべきとの彼女の主張は、理想である。何故これが実現していないのかの分析や、JSS形成に関与している雇主・労働組合の性差別的態度の原因の掘り下げはなく、従って対策も提案できなかった。この点はS・ウェッブの方が優っている。だが、問題は残しながらも（Pujol, M. A., pp.89-91）、同一労働差別賃金論を批判する有効な理論的武器を彼女は提供したといえる[7]。

---

1)　ミルは『経済学原理』第14章5「女性の賃金、それはなぜ男子の賃金より低いか」で扱った。彼は、男子と能率の等しい女子がより低賃金である理由として（1）女子の男子への従属という社会的構造に由来する習慣、（2）法的慣習的制限による少ない職域内での女子の過当競争をあげた（末永茂喜訳『経済学原理（2）』380頁）。ミルの女子の経済的自立、男女平等論と男女賃金格差の是認論（女子は単身賃金、男子は妻が働かない地域では家族賃金）の矛盾について水田珠枝（1984）、188-190頁、S・ウェッブについては高島（1994-95）、Pujol, M. A. を参照。

2)　Lewenhak, S., p.91, 高島（1978）、393-394頁。

3)　ディルク夫人は、次のように記している。「私自身の印象では、男女の仕事の価値の差は、普通いわれているよりも、かなり小さく、〔男女の賃金間には〕相当の不公正がある」（Dilke, F. E. S., p.13.〔　〕内は引用者）。

4)　1911年のセンサスでは、54.5％が独身、既婚10.26％、寡婦32.5％であった。Hutchins, B. L., p.79.

5)　女子賃率の存在から、熟練の客観的性格に初めて疑いをもったのは、竹中恵美子氏（1953）であろう。

6)　ドイツの経済学者E・ハイマンも、「ドイツにおける家族賃金論争」（1923年）で、

賃金は競争の中では個人を単位とするものであり、家族扶養手当は、国家などがやるべきことだと主張していた（Heimann, E.）。

7) ウェッブの理論全体については高島（1994-95）を参照。なお1919年のベルサイユ条約は第427条で「男女同一価値労働同一賃金」の原則を提案していた。Lewenhak, S., p.171.

第2節　同一価値労働同一賃金運動の現状と問題──イギリス

1　賃金格差とJSSの改善の現状

　1991年度の機会均等委員会（以下、EOC）年次報告は、JSSの除去と賃金格差解消を目的とした性差別禁止法（以下、SD法）とEP法の20年間の歴史にもかかわらず「なお相当な職務分離が存在」し、賃金格差は4分の3程度にしか縮まらないことを認めた（EOC [1992], pp.7-8）。1991年の平均時間賃金格差は78.8%（残業の影響を除く）、週平均総収入ではまだ70%に止まる（表3.1）。「低賃金」労働者の圧倒的部分は女子労働者であることを考えると、賃金格差の解消には、全国一律最低賃金制も有効な代替策であることを認めているのである（Ibid., p.6）。しかし全国一律最賃制については1970年のEP法制定に関連して労働党政権もコストの点から断念した経緯もある（高島 [1978]）。現在労働党は選挙網領にこれを掲げているが、79年以来の保守党政権は、「最賃制」の段階的廃止を行い、1993年2月末現在、その最後の柱・賃金審議会制度の廃止を盛込んだ法案（Trade Union Reform and Employment Rights Bill, Clause 28）が下院で通過したと報じられている[1]。かかる状況では、JSSの解消が遅々たる現実（Hansard Society, Devine, F., Collinson, D. L. et al.）をみる時、異種労働比較を図る同一価値労働立法に一層女子の賃金の改善の期待はかからざるを得ない。実際、同様な労働の申立てによる、女子労働の格付け引上げによる賃上げよりも、「同一価値労働」（以下、EV）規定利用による賃上げの方が賃上げ率が高いという結果も出されている（Horrell, S. et al. [1989], pp.179-180）。

　同一価値労働立法の制度的枠組みは、各国によって異なり同一価値の用語の相違はその象徴である（equal value〔イギリス〕、comparable worth〔ア

表 3.1　男女賃金格差

(男子＝ 100、全年令)(%)

年次	全労働者		肉体労働者		非肉体労働者	
	時間収入 A	週収入 B	時間収入 A	週収入 B	時間収入 A	週収入 B
1981	72.2	65.0	69.9	61.1	61.7	59.3
1982	71.9	64.1	68.8	59.9	61.0	58.6
1983	72.2	65.0	69.6	61.2	61.4	59.0
1984	73.4	65.5	69.9	61.2	62.1	59.5
1985	73.9	65.7	70.9	61.9	62.4	59.5
1986	74.1	66.1	70.6	61.6	62.1	59.5
1987	73.4	66.1	71.2	62.1	61.2	59.1
1988	74.8	66.8	70.8	62.6	62.2	59.7
1989	76.0	67.6	71.5	61.9	63.1	60.2
1990	76.6	68.2	72.0	62.4	63.5	60.7
1991	78.1	70.0	71.7	63.3	66.5	63.0

出所：NES, Part A, 1981-1991.
注 1．A は残業の影響を除く数値、B は影響を含む数値。

メリカ〕、pay eqity〔カナダ〕）。けれどもその理想的あり方は、極力性差別を排した統一的な職務評価制度（以下、JES）に基づく一国の職務全部についての再評価であることは疑いない。けれども、それは膨大なコスト・日数を含め既成の賃金構造の革命的変更を要し、資本主義下では不可能である。そこで各国は、労資関係思想や賃金決定機構に沿った規定を有している。

　ともあれ国際的には、3 つの関連規定、（1）1951 年の ILO100 号条約、（2）1957 年の EEC のローマ条約第 119 条、（3）1975 年 EEC の指令（EEC Directive, no.75/117）がある。イギリスなど EC 加盟国にとっては、（2）と（3）は国内法に優先するし、国内法の不備を補完する役割をもつ。

　同一賃金立法の目的は、第 1 に、同一労働（類似な労働、全く同一の労働）を行う男女間の同一賃金による賃金格差の解消、第 2 に、異種労働間における女子の職務賃金の相対的に低い社会的評価という形での性差別に基づく賃金格差の解消（＝同一価値労働同一賃金の実現）を目的とする。国によっては、双方を初めから目的としたところと、第 1 の目的を実施する過程で、第 2 の方法もとり入れることになった国に分れる。各国に一様にみられる JSS の現実からみて、第 1 の方法の対象としてその恩恵をうける女子が少数派であることから、男女賃金格差の解消手段としては限界があることが実施の過程で明確になったからである。アメリカ、オーストラリア、カナダなどは、後者であり、第 2 目的の実現には、女性労働者の強力な運動が必要であった[2]。イギリスの EP 法は、不完全だが前者に属した。

2　イギリスの同一価値規定の全面的適用への改正、その機能と問題点

　イギリスの EP 法は、成立当初から、同一労働について以下の定義を有した。同一労働（the same work）、類似な労働（broadly similar work）、職務評価制度（JES）がある企業で、同一価値労働（equal value of work）と評価された労働である。しかし、JES の存在を前提にしたことは、この規定の対象を、JES がある主に大企業で働く一部女子労働者に限定することになった。このことが、EP 法が 1975 年の EEC 指令違反として女子労働者から EC 裁判所に訴えられ、イギリス政府は同裁判所により全労働者に適用するよう改正を命ぜられる原因となる。EP 法は 83 年に改正（Equal Pay〔Amendment〕

第 3 章　「同一賃金法」の改正 2──1992 年まで　　245

Regulations）され、84年1月から実施された[3]。

1983年EP法改正令の内容は以下の通りである。

1．対象。JESのない組織や企業など、企業規模、雇用形態を問わず、全女子労働者。

2．同一労働の定義は、（1）同様な労働（like work ― the same work, broadly similar work）、（2）適切なJESの下での同一価値労働、（3）職務の労苦の観点からみた同一価値労働。

3．「同一価値労働」の定義と申立て資格。同一価値労働とは、「女子に求められている諸負担に関して（たとえば、努力〔effort〕、技能〔skill〕、決定〔decision〕などの点で）、同一雇用（the same employment）の男子と「同一価値の労働に従事する場合」をさす。但しその場合、女子が「同様な労働」や、JESの下で「同等と評価された労働」でない労働に従事している場合に、「同一価値労働」（EV）規定で申立てができる。

4．雇主が男女の賃金格差を正当化できる、性以外の事由（抗弁）。改正前の「真に実質的相異」（genuinly material difference ―以下、GMD）の場合よりも範囲を拡大し、真に「実質的要因」（genuinly material factor ―以下、GMF）という概念を新たに導入し、「市場力」という経済的要因（熟練労働者不足、団体交渉力など）が含まれる可能性を認めた。以前のGMD要因は、個人の行う職務内容や個人の資格に関する個人的、内部的要因であった。しかし、GMFは、職務とは関係のない外部要因で（D. E.〔1989〕, para.18）、以前は除外されていた。EP法が是正しようとした男女賃金格差自体は、本来、市場力（交渉力）の男女差を主因としてきたという認識があるからである。だから、GMFを抗弁として承認することは、EP法の趣旨と矛盾するとして労働党は反対であった[4]。

5．労働審判所（以下、IT）の手続きを改正し、濫訴防止のためと称して予備審問制度を導入し、申立て手続きを複雑化した[5]。

6．職務評価のため、独立の職務分析専門家への委託制度を導入した。

3　賃金格差縮小策としての同一価値規定制度をめぐる諸問題

では、EV規定は実施上、どのような問題を抱えているか。第1は、主に

法規定自体にかかわる問題である。第 2 は、イギリスの賃金構造からみた EV 規定の限界である。第 3 は、労使とくに雇主の対応の問題である。

　1984 ～ 91 年までの申立件数を示したのが表 3.2 で、6443 件である。イギリスの制度は個人申立制で、アメリカのように勝訴の影響力が大きい集団訴訟（class action）を認めない。だから同一雇主を対象にした同一申立内容が多いので、実際の件数は対象雇主 490 人と、ほぼ同じとみて大過ない。この数は、個人申立制や女子労働者の大半が男子と異種労働をし、性別職務分離状況にあることからみると、非常に少ないと考えられる。このうち申立が受理され、職務評価専門家に委託されたのは 105 件、結果の出たもの 46 件、うち 30 件だけが同一価値労働と認められた。この他、EV であることは否定されたが、団交で賃上げを獲得して決着（要求貫徹）したもの 3 件がある。成功率は約 65％（3 件を含むと 72％）で、申立に伴う困難を考慮すると成功率は高いとはいえない[6]。これ以外に、結果をまたず団交で要求貫徹したもの 14 件がある（EOR, no. 44, 1992）。申立についての問題点をみてみよう。

　1.　申立資格がかなり制限され、申立に抑制的に作用していることである。申立資格は、(1) JES がない場合、(2) JES があっても欠陥がある場合（非分析的、差別的で、職務により異なる JES を用い、職務記述が不正確、時代遅れのもの等）、(3) JES が一見、分析的、非差別的な場合、JES に欠陥があることを示す、かなり重い挙証責任が申立人側に課せられている。そこで、IT での予備審問段階で却下されてしまうケースが少なくない。有名なフォード社の女子ミシン工の場合、JES は分析的で性差別がないとして受理されず、予備審問の段階で却下された[7]。

　2.　比較される男子は、「同一または関連雇主の下にある事業所」（the same establishment）、「共通の雇用条件」（in common term and condition）にある男子に限定され、企業の枠を超えて EV 規定は適用されず、比較する男子がいない場合、申立ができない。

　3.　しかも比較対象は、実在の男子（理論上の男子は駄目）である必要がある。高度に男女が分離している職場では――男子は skilled、女子は unskilled と格付けされているが、実際は女子は semi-skilled に近い場合でも、同一職場に semi-skilled の男子がいないというよくある状況の場合――女子

表3.2　労働審判所への同一価値についての申立件数

年度	申立件数	雇主数
1984	229	30
1985	382	68
1986	1,481 [1]	62
1987	1,738 [2]	179 [3]
1988	140 [4]	35 [5]
1989	757 [6]	9
1990	403 [7]	32
1991	1,313 [8]	45
合計	6,443	490
専門家委託	723 [6]	105

出典：EOR, no.44, July/Aug. 1992.
- [1] British Coal の従業員 1,115 件を含む。
- [2] 言語治療士の 1,395 件を含む。
- [3] 126 の district health authority, board を含む。
- [4] 50 件の言語治療士を含む。
- [5] 15 の district health authority を含む。
- [6] Lloyds Bank 従業員の 498 件、Vauxhall Mortors 従業員の 149 件を含む。
- [7] Lloyds Bank 従業員の 227 件、Barclays Bank 従業員の 56 件を含む。
- [8] 北アイルランドの 4 health boards に対する 740 件、Thomas de la Rue への 275 件、Vauxhall Mortors への 135 件を含む。

が低く評価されていると見做される場合でも、比較できる男子がいないため、semi-skilled であるとの申立ができない。つまり EV 規定は、適用が企業の枠内に止まるので、JSS の結果として、女子の低賃金を打破する効果には限界がある。つまり、現行法では JSS の解消の方が、低賃金解決にはより大きな効果をもつ所以である。

4. 現在までの判例をみると、雇主に格差正当化の抗弁として多くの GMF、すなわち、merit pay（業績給）、グループ別の賃金構造、レッド・サークル措置、資格・経験、市場力、フレキシビリティ、先任権などを認め、雇主に多様な回避策を承認している。GMF の数が多いほど、EV 規定の効果は乏しくなる[8]。

5. イギリスの訴訟制度は個人主義で、勝訴しても申立人しか影響せず、同一企業内の他の同じ条件だが申立をしない労働者に影響しない。差別が制度化されている当該企業の賃金構造に影響力が少ない（アメリカの集団訴訟と効果上大きな差）。だが、団体交渉で個人的申立の成果を同じ条件の労働者に拡大することは可能であり、当初から EV 規定を利用して団体交渉をした方が、短期で解決し、費用も少なく、影響力も大である。申立の場合、勝訴は団交を有利にするが、敗訴は不利にするから、法的手段は両刃の剣ではあるが（Stinson, M. et al., p.35）。先述のフォード・ミシン工も、申立失敗後、最終的には団交で解決した。

6. 裁判は、法律が複雑なため解釈をめぐって IT で見解が分かれ、上告で長期化しやすい。最初の EV 規定による申立、ヘイワード事件では、最高裁まで争い（1984 〜 88 年）、企業との最終決着まで 5 年を要した。現在、平均 17 ヶ月かかるとされている（EOR, no.44）。だから莫大な費用がかかり、Fox et al. v. Lloyds Bank 事件の場合、約 10 万ポンドを銀行は支払ったと EOC はみており（Ibid., p.27）、この複雑さを「法律家には楽園、女子には地獄」と批判している（EOR, no.35）。個人主義にもかかわらず個人の経済力では不可能である（少ない申立、高い取下げ率〔91 年度は EP 法全体で 55％〕、ACAS［1992］、専門家付託は 105 件中 11 件、EOR, no.44）。しかも IT 段階では、法的援助は得られない（控訴審判所レベルから可能）。個人では、法律専門家を立てる企業とは太刀打ち不可能で、組合や EOC の援助が不可

第 3 章　「同一賃金法」の改正 2──1992 年まで　　249

欠である。仮に勝訴しても、当人には精神的にも負担で、職場の男子との関係も悪化し、昇進上も不利となることは避けられない。つまり、多大の犠牲を払っての勝利（pyrrhic victory）なのである（Stinson, M. et al., p.27）。

7. 女子の申立にむしろ同情的で理解がある IT 審判員の女子は少ない（1990年現在、総数 1861 名中、その比率は 22.6％、少数民族は 2.7％、Employment Gazette, April, 1990）。

8. 職務評価専門家に関する問題。EV ケースの場合、彼らの役割は決定的である（その資格は、雇主、組合員、学者、前 ACAS〔仲裁・調停・助言サービス機関〕職員などで、1988 年現在、16 人で構成されている）。職務分析の仕方をみると、評価要素項目は 6 つ（肉体的努力、知的努力、技能 skill と知識、労働環境、物や人への責任）の場合が多い。各要素内の等級別は、3 または 4、5 の簡単なもの（たとえば、high, medium high, medium, medium-low, low）で、当初は当局からの指針がなかった（漸く 90 年に ACAS が指針を出す）。専門家の職務分析を調査した 86 年の報告によれば、専門家の権限と評価のプロセス、その評価には重要な欠陥があることが指摘されている[9]。最も問題なのは、専門家により「同一価値」の解釈が異なることである。84 〜 86 年の 24 ケースを調べた別の研究によると、比較する男子と同じ点数（％）を付けられた職務でも、一方のケースは同一価値、他方はそれを否定する判断が下されていることである[10]。

EV 規定の効果を制約している条件の第 2 は、企業が採用している賃金構造、賃金制度の性格である。複数の賃金構造の並存、賃金の支払形態の複雑さ、EV 規定の実施には不可欠な JES の採用企業が少ないことなどがあげられる。EOC に委託され、男女賃金格差の解消傾向の鈍い原因として企業の賃金構造に注目し、それを調査した一研究（IRS）は、民間・公共部門の賃金構造制度が女子労働者に不利に作用し、格差解消を阻む要因となっていることを明らかにした。

まず、企業に統一的賃金制度のある場合は少なく（8％）、平均 2 つ以上のグループ別の賃金構造をもっており、むしろ JSS 強化の方向にある。既述のようにこのことは、格差正当化要因であり、GMF の 1 つとして認められている。さらに賃金の支払形態が複雑で、メリット給、ボーナスその他の付加

給付は、下位の職位が多い女子には、恩恵が及ばぬ性質のものである。多様なこの種の支払項目の存在は、職務給たる基本給の賃金収入全体中の比率の低下となる（TUC［1991］）。またメリット給は、とくに、上司の査定に基づき、主観的要素が強く性差別が入りやすいだけでなく、雇主の抗弁、GMFの1つでもあり、低いステータスの女子は対象外である。第3に、JESについては、EV規定の改正後8年を経てもなおこの規定を賃金構造にとり入れる努力をしている企業は少なく（多くの女子を雇用している企業316社中、8.3％、IRS）、JESを導入している企業は57.9％（Ibid.）だが、1990年の2061事業所の調査では26％にすぎず、EV規定導入の84年から比べて僅か5％増に止まる（Millward, N. et al., Table 7. 22. 1987年の雇用センサスに基づく調査）。アメリカから1950～60年代に導入されたJESのイギリスでの普及率は今もって低い。

　イギリス企業は、競争力をつけるため、企業利益（支払能力）に弾力的な賃金政策の傾向を強め、全国交渉から脱退し、企業別賃金交渉を重視しつつある。それは個人の生産性、メリットを査定し、賃金の個別企業的性格と賃金の個別化をはかる傾向にある。

4　雇主の対応

　なぜ、使用者側の対応は否定的なのか。雇主は当然のことながら、EV規定が、利潤極大化を目的とする企業の労務管理の重要な手段である賃金構造や賃金政策に介入し、ビジネスの能率を阻むものであるとして、反対してきた。CBI（イギリス使用者連盟）は、だから既成の賃金構造に破壊的作用をもたらす申立てを引き起こす事態を、できるだけ避けるよう助言をしてきた。しかし、それには賃金構造をいち早く見直し、問題のない統一的なJESを設けることが重要である。また、マネジャーからの助言を求められたTMS Management Consultants社は、性別職務分離を避け、労働条件を統一化し、性別格差を解消して問題を企業内で解決し、敗訴によって、外部が企業の賃金構造や労働条件を決定する危険を、できるだけ避けるようにと助言もした（Stinson, M. et al., p.30）。だが、これらの助言は多くの雇主には馬の耳に念仏の感がある。いま対照的な例として、20万人の女子を下級職種に多く雇

用する銀行業界の４大銀行の２例がある。

1. ミッドランド銀行は、経営側のイニシアティブで、1986 年に JES 改革に踏み切った。関係組合との同数の労使代表による交渉で、人員のフレキシブルな雇用を目的に 500 職務を僅か 5 等級の賃金構造に統合する統一的な JES 協定を締結した。結果は、現行の職員給与の 1％増である（Arthurs, A., pp.132-133）。やはり女子の職場であるスーパーの大手・センズベリー社も JES 改革を行い、勘 定 係 の 16％賃上げ実施で申立を回避した。

2. 女子秘書、タイピストが男子メッセンジャーボーイとの同一価値を申立たロイド銀行の場合（Todd v. Lloyds Bank, 1989, 9）、1989 年に敗訴したが、かかった裁判コストは 500 万ポンド位と想定されている（Stinson, M. et al., p.27）。

そのため、一旦告訴された場合には、企業は莫大な費用を恐れて多様な回避対策を試みている。(1) 法の抜け穴探し（Pickston and others v. Freeman PLC case, H. L. 1988, 6, 労働者勝訴）、(2) 法の狭い解釈で争う方法（Hayward v. Cammell Laird Shipbuiders Ltd. case〔the same employment の解釈〕1989 年 1 月最終決着、労働者最初の勝訴）、Leverton v. Clwyd County Council case〔common term and condition の狭い解釈〕H. L. 1988, 12 15, 労働者敗訴）、(3) 比較されそうな男子の賃金を下げる、など[11] の方法である。

しかも特に EP 法に関しては、雇主は申立て後も依然差別的態度を変えないか、却って悪くさえなっている（Chambers, G. et al., Table 5）。判例解釈の方向については、別な機会に譲りたい。しかし、最も注目すべきは既述の「市場力」の抗弁をどこまで認めるかの解釈である。言語治療士と薬剤師の比較を問うた Enderby v. Frenchay Health Authoirty（[1992] IRLR 15）では、控訴審は労働力不足という「市場力」を格差の一部としてみることの当否を EC 法廷に付託した。その判決の行方が注目される（EOR, no.44, pp.12-13）。「市場力」の解釈が広い程、EV 規定の格差縮小力は弱まる。

最近の注目される JES 例として、Save Children Fund 社のものがある。職務評価要因は、職務の複雑さ（予想できぬ事態への対応など）・人間関係・判断と積極性・責任・基本的技能・肉体的活動・特殊条件の 7 つで、これにより、最も待遇が改善されたのは 5 歳以下の幼児を扱う大半が女子の労働者（以前は、大きい子を扱うものよりも賃金は低かった）や、事務労働者の組

織内で圧倒的に軽視されてきた秘書、肉体労働者である。その特徴は、人間関係要因の導入によって、以前は低く評価された女子の職務である育児や秘書、基金の募金・受付け業務等を重視したことである（IRS Trend［1989］448, p.11）。より公平な JES とは、女子職務特有の「人間関係要因」にもっとウエイトを与えることである（Horrell, S. et al.［1990］, p.214）。

　JES は労務管理の一環であり、主観的要素の混入を排除することは絶対に不可能である。だから JES は公開され、労働者にとってその制定と運用方法が明確でより公平となることが重要と思われる。この問題では、デンマークのダンフォス社のメリット給に対する EC 裁判所の判決（Danfoss case）が、今後の強制力のある指針となるとされている。とくに、賃金制度が透明度を欠き、比較的大きな集団の女子の平均賃金が同じ集団の男子のそれより低い場合、その制度が非性差別的だと示す挙証責任は雇主にある、と裁定した。これは、JES の運用が明確である必要をも示唆するものである[12]。また各評価要素に与えられるウエイトによっては、間接的・直接的性差別が発生すること（Bromely & others v. H. Quick Ltd.）も警告されている（［1987］IRLR 447）。

　では、労働組合の対応はどうか。特に女子労働者を組織している組合は積極的に対応した。個別組合や TUC は企業内にできるだけ性差別のない JES を設けるための詳細なガイダンスを出した。TUC のそれは、新 JES による女子職務の等級づけの見直しと是正を推奨し、新たな JES 設置委員会の機構と運営が性差別的でないことを保証するため留意すべき点に関する具体的なマニュアルと申立ケースを例示した。その内容は、（1）とくに評価委員会に女子の代表をその比率に比例して最低 1 人は出すこと、女子職務分析者自身が、女子の労働者と面接して正確な職務内容を把握することや、職務記述書には職務担当者の署名による同意を必要とする。（2）制度のデザインは、組織全体（manual, non-manual）を対象とし、少数の広い要因、しかし集団が異なる場合は異なる二次的要因の同一制度が望ましい。コンサルタントによるデザインは組合代表の参加がないので好ましくない。要因数については、女子の職務の重要な特徴を欠落させているものは差別的である。結果を公表し苦情申立制度を設ける。（3）職務内容の変化に対応するため有効期限を設

定する、などである。EV 規定の申立ては、ほとんどが組合（時には EOC と共同）の援助による[13]（TUC, sec.8, pp.13-18）。

　メリット給については、EOC が職務賃率を掘り崩し、制度によっては単にマネージャーの個々人への主観的見解や判断に過ぎず、偏見が入りやすいこと、極秘性のため差別発見が困難であるので、組合情報公開の権利を行使して、組合が基準を明確にさせ、勤続年数など、女子に不利とならぬよう警告・助言を与えている。

5　むすび

　以上のような問題点に対し、EOC は 1989 年の諮問文書（EOR, no.24）をへて、90 年 11 月に改革案を出した。その内容は、JES に関する申立てに妥当な理由の有無の判断を IT が決定する権利の廃止、中立の主任職務評価専門家の任命と数人のフルタイム化、雇主の JES は EV 申立てを妨げない、GMF の抗弁は一機会にのみ限定し、EV 労働の事実判明後に抗弁を認める、成功した事例の判決を同一労働を行う全従業員に自動的に適用、バックペイと損害への法的制限の廃止である（EOR, no.38, EOC［1992］, The Equality Agenda）。労働党も、EP 法、SD 法、EC 指令を統合した「性平等法」（Sex Equality Act）の制定、挙証責任の雇主への転嫁などを打ち出したが、92 年の総選挙の敗北で、改革の見通しは当面なくなった。しかし、EEC の「男女同一賃金・同等待遇での挙証責任に関する指令」草案、「基本的社会的権利に関する共同体憲章」草案の 2 つの領域で、EC 共同体がイギリスの「同一賃金法」改正に影響を及ぼす可能性は皆無ではない。

　EV 立法が、女子の職務の再評価により、低賃金を引上げ、男女賃金格差の縮小にどれだけ有効かは、国により異なる。賃金構造における一般的構造的な賃金差別の存在を認識し、その廃止自体を目的とするか（カナダ、アメリカ）、差別は例外的とみて個人的差別廃止を目的とするか（イギリス）。比較対象となる男子を同一企業内に止めるか（イギリス）、州レベルにまで及ぼすか（アメリカ、カナダ）、再評価が個人単位か集団単位か、職務評価の仕方が性差別を排除することを保障する仕組みが確立しているか、など多くの要因が作用する。潜在的影響力が最大なのは、カナダのオンタリオ州方式

ではなかろうか。この方式をいま十分に検討をする資料も余裕もない。別の機会をもちたい（高島［1994-95］）。

　ともあれ、1987年のPay Equity Actは、86年の年給与の男女格差は68%であるが、その実額の25～33%は、女子職務の過小評価による、との認識を土台にその不平等の是正を目的としている（PEC, p.5）。とりわけ、93年春成立予定のPay Equity Act改正法案は、イギリス法の失敗の経験と1987年法の実施経験を活かしたものである。上告なしの短期解決（平均15日、PEC, p.29）、10人以上の公共・民間部門の全組織体の期限付き（公共部門は95年末完了）の職務評価見直しと賃金調整プランの作成と実施、詳細なJESのガイダンスなど、州政府の改革意欲が確認できるものである。

　とりわけ、JSSの事実を前提に、同一事業所に比較できる男子クラスがいない女子労働者層42万人を新たに対象として適用範囲拡大を目的とする改正法の2つの新規定、proportional value概念（公共・民間部門で、直接比較できる十分な男子のいない場合、男子の職務価値と賃金との比例関係を女子賃金に適用して女子賃金を上げる）、proxy comparison概念（公共部門で、ある組織体の女子クラスの賃金を、同様な労働をしている他の組織体の賃金と比較し引上げる。とくに看護婦、ホームヘルパーなどのday care centreが主対象）は注目される。改正案を導入した労働相の言、「政府は、女子に対する公正を権利として認める」は、州政府の姿勢を伝えている（PEC, Newsletter, vol.3, no.5）。しかし、賃金格差解消には、その基盤であるJSSの解消がより重要で有効であることはいうまでもない。だが、イギリスなど女子のパート労働の一層の拡大が予想される国では、その解消の速度は停滞的である。またとくに国際競争力の低下が著しく、1930年代以来初めてという10%を超える高い失業率、守勢にたつ労働組合の勢力低下に悩むイギリスの経済環境の中では、賃上げよりも雇用の確保、女子の労働権が問題であろう。かかる現在、賃金コスト増が必至であるEV規定のみならず、EP法全体の前途は楽観できない。だが先進国の若年労働力不足、出生率の低下の中で女子労働力の活用の必要性が高まるという女子に有利な状況を背景に、女子労働の社会的価値の見直し（より公正な搾取）を迫る同一価値労働運動は、欧米では1990年代の大きな問題となることは疑いない。

同一価値労働同一賃金運動は、性別分業を土台とする労資の賃金意識（男子は家族賃金、女子は単身者・家計補助的賃金）の改革、女子労働の社会的評価の引上げ、男子労働のそれの相対的低下を迫るものである。同一価値労働の実現にあたっては、男性優位社会で既得権を享受してきた労資双方の男性の根強い性差別意識の克服、全体の賃金を底上げする形での企業の賃金構造の再編が最終的には必要である。だが、グローバルな国際競争が激化の一途にある資本主義経済の枠内で一体どこまでそれは可能であろうか。

---

1) Guardian Weekly, Feb. 28, 1993, p.6.

2) 高島（1978）が英の、Kessller-Harris, A., Kahn, P. et al., ホーン・川嶋瑤子などがアメリカの運動に触れている。1991年9月、ロンドン大学でEOCの援助を得て「全国公正賃金運動」（NPEC）が国際会議を開き英連邦各国の現状について情報交換を行った。その一連のペーパー（NPEC [1991], Winning Pay Equity: Developing A National Campaign）が有益である。各国の賃金制度とEV問題については Cf. Rubery, J.（1992）.

3)4) 改正の経緯については高島（1985）、とくに225-226頁参照。

5) これについて当時の最高裁判事デニング卿の批判がある。EV規定の申立手続きの複雑さについては TUC, section 2, p.44 の「手続き図解」がよく示している。EOC（1984）, pp.13-16.

6) 申立人が複数の場合、EVを認められた者と認められない者がある。この場合認めたものと計算。

7) すでに JES があり、一見分析的・非差別的である場合、挙証責任のある申立人が評価に異議を申立てることは困難である。フォード・ミシン工の場合、団体交渉でEV評価を獲得。

8) レッド・サークル措置（red circling）とは、病気、剰員などで低い賃率の職場に移ったものに前職の賃率を支払って保護する制度。

9) 問題点とは主に、専門家には企業に対し職務評価に必要な資料を期間を限って要求する権限があるが、マネジャー、弁護士が非協力的なため時間がかかること、専門家の評価は1人が行い、組合参加によるチェックがない職務記述には事実の記述がない、事実判断と価値判断の区別がなく当事者たる労働者からの事情聴取がない、など杜撰という批判である。Working Time Analysts Ltd., pp.10-12.

10) 対比較者の点数に比べ、申立人のそれが79〜98％でもEVとみなさないケース、別の場合には79％でEVの判断をしている。Pulmer, A.（1992）.

11) EV規定の特に重要なケースの判旨は、1984年以降の IRLR（Industrial Relations Law Reports）各号を参照。その事例の一覧表は EOR, no.38, no.44, 支援組合が明

記されているのは、TUC（1991）である。最初の勝訴、ヘイワード事件の詳しい記述は、ヘイワード自身の説明（NPEC［1991］）をみよ。

12) Cf. [1989] IRLR 532, IRS (1991), p.49.

13) 主要組合が援助したケース、多額のバックペイ、賃上げ成果については TUC（1991），EOR, no.38, no.44 が詳しい。支援組合の中には、日本の企業別組合と類似な銀行の企業別の職員組合も入っている。

[引用文献]

ACAS（Advisory, Conciliation and Arbitration Servies）(1992), Annual Report 1991.

Barrett, M. et al. (1980), The family Wage: Some Problems for Socialist and Feminism, Capital and Class, no.11.

Beechey, V. (1987), Unequal Work, Verso.

Benenson, H. (1984), Victorian Sexual Ideology and Marx's Theory of Working Class, *International Labour and Working Class History*, 25.

Black, C. ed. (1915, 1983, rep.), Married Women's Work; being the report of enquiry undertaken by the Women's Industial Council with new introduction by Ellen F. Mappen, virago.

Bowley, A. L. (1921), Earners and Dependants in English Towns in 1911, *Economia*, 12.

Bradley, H. (1989), Men's Work, Women's Work, Polity Press.

Cairnes, J. E. (1874), Some Leading Principles of Political Economy, Newly Expounded, Macmillan and Co.

Chambers, G. et al. (1990), Promoting Sex Equality, The role of industrial tribunals, Policy Studies Institute.

Cockburn, C. (1983), Brothers, Technical Change and Male Dominance, Pluto Press.

Collinson, D. L. et al. (1990), Managing to discriminate, Routledge.

Coyle, A. (1982), Sex and Skill in the organization of the Clothing Industry, J. West ed., Work, Women and Labour Market, Routledge & Kegan Paul.

CSEU (Confederation of Shipbuilding and Engeering Unions) (1949, 1975 ed.), Handbook of National Agreements, CSEU.

Devine, F. (1992), Gender Segregation in the Engineering and Science Professions: A Case of Continuity and Change, *Work, Employment & Society*, 6-4.

Dex, S. (1988), Gender and Labour Market, D. Gallie ed., *Employment in Britain*, Basil Blackwell.

Dilke, F. E. S. (1893), The Industrial Position of Women, Womens' Trade Union League.,

EOC (1984), Equal Pay for Work of Equal Value, A Guide to the Amended Equal Pay Act, EOC.

EOC (1992), Annual Report 1991, EOC.

Fawcett, M. G. (1892), Mr. Sidney Webb's Article on Women's Wages, *Econ. Jour.* IV.

Ditto, (1918), Equal Pay for Equal Work, *Econ. Jour.* XXVIII.

Hansard Society (1990), The Report of Hansard Society Commission on Women at the Top, Hansard Society for Parliamentary Covernment.

Hartmann, H. (1976), Capitalism, Patriarchy, and Job Segregation by Sex, Sign, 1-3, part 2, Women and the Workplace, The implication of Occupational Segregation.

Heimann, E. (1923), Family Wage Controversy in Germany, *Econ. Jour.* XXXIII.

Horrell, S. et al. (1989), Unequal jobs or unequal pay?, *Industrial Relations Journal*, 20-3.

Ditto, (1990), Gender and Skill, *Work, Employment and Society*, 4-2.

Humphries, J. (1977), The Working Class Family, Women's Liberation, and Class Struggle: The Case of Nineteenth Century British History, Rev. R. P. E, 9-3.

Hutchins, B. L. (1915, rep.1978), Women in Modern Industry, With New Forward by Linda Perks, EP Publishing Ltd.

IRS (Industrial Relations Services) (1991), Pay and Gender in Britain: 1, EOC/IRS.

Kahn, P. et al., ed. (1992), Equal Value / Comparable Worth in the UK and the USA, Macmillan.

Kessller-Harris, A. (1990), Woman's wage: historical meanings and social consequences, University Press of Kentucky.

Land, H. (1980), The Family Wage, Feminist Review, 6.

Lewenhak, S. (1977), Women and Trade Unions: An Outline History of Women in the British Trades Union Movement, Ernest Benn Ltd.

Macnicol, J. (1980), The Movement for Family Allowances, 1918-1945, A Study in social Policy Development, Heinemann.

Marshall, A. (1892, rep.1964), Elements of Economics of Industry, Macmillan & Co. Ltd.

Mill, J. S. (1848), Principles of Political Economy with Some of their Applications to Social Philosophy. [末永茂喜訳 (1960)『経済学原理 (2)』岩波文庫。]

Mill, J. S. (1869), The Subjection of Women. [大内兵衛・大内節子訳 (1957)『女性の解放』岩波文庫。]

Millward, N. et al. (1992), Workplace Industrial Relations in Transition, Dartmouth.

Morris, J. (1986), Women Workers and the Sweated Trades, The Origins of Wage Legislation, Gower.

National Pay Equity Campaign (1991), Conference Report held on 14 & 15, Sep.1991.

PEC (Pay Equity Commission) (1992), Annual Report 1990-91.

Pujol, M. A. (1992), Feminism and Anti-Feminism in Early Economic Thought, Edward Edg.

Pulmer, A. (1992), Equal Judgements: Objective Assessment or Lottery?, Warwick Papers 40, IRRU.

Rathbone, E. (1917), The Remuneration of Women's Services, *Econ. Jour.* XXVII.

Report (1890), Final Report (1890). 上院の「苦汗労働特別調査委員会」報告。

Report (1919), Report of the War Cabinet Committee on Women in Industry, Cmd.135, HMSO.

Roberts, E. (1984), A Women's Place: An Oral History of Working-Class Women 1840-1940, Macmillan.［大森真紀他訳（1990）『女は「何処で」働いてきたか（イギリス女性労働史入門）』法律文化社。］

Rubery, J. (1992), The economics of equal value, EOC.

Smart, W. (1892), Women's Wages, *Proceedings of Philosophical Society of Glasgow*, 23.

Stinson, M. et al. (1989), Equal Pay 1968-1989, WEA, Studies for Trade Unionists, 15-60.

Thompson, P. (1983), The noture of work, Macmillan.［成瀬龍夫他訳（1990）『労働と管理』啓文社。］

Turner, H. (1962), Trade Union Growth Stucture and Policy, A Comparative Study of the Cotton Union, Allen & Unwin.

Webb, B. (1914), Personal Rights and the woman's Movement, v. Equal Remuneration for Men and Women, *The New Statesman*, 1 Aug.

Webb, S. (1891), The Alleged Differences in Wages to Men and Women for Simillar Work, *Econ. Jour.* 1.

Working Time Analysts Ltd. (1986), Independent Expert and Equal Value Cases, A critical view.

K・マルクス、向坂逸郎訳（1969）、『資本論（2）』岩波文庫。

高島道枝（1978）、「イギリスの『同一賃金法』（Equal Pay Act 1970）の成立と問題点」『経済学論纂』19 巻 5・6 合併号。本書第 1 巻第 1 部第 1 章。

高島道枝（1985）、「イギリスの雇用平等立法をめぐる最近の動向」『社会政策叢書』第 9 集、啓文社。本書第 1 巻第 1 部第 2 章。

高島道枝（1992）、「賃金委員会法（Trade Boards Act, 1909）の成立（二）」『経済学論纂』33 巻 3 号。本書第 2 巻第 1 部第 4 章。

高島道枝（1994-95）、「女子労働・女子賃金と経済理論――同一労働同一賃金論史」（一）（二）（三）（四）（『経済学論纂』34 巻 5・6 合併号、35 巻 1・2 合併号、35 巻 3 号、35 巻 5・6 合併号。本書第 4 巻第 3 部第 1 章。

竹中恵美子（1953）、「同一労働同一賃金の原則について」『経済学雑誌』29 巻 3 号。

竹中恵美子（1989）、『戦後女子労働史論』有斐閣。

津田美穂子（1991）、「女子の賃金問題」竹中恵美子編『新女子労働論』第 5 章、有斐閣。

ホーン・川嶋瑤子（1987）、『女たちが変えるアメリカ』岩波新書。

水田珠枝（1984）、『ミル「女性の解放」を読む』岩波書店。

[I]
1970 年イギリス「同一賃金法」(Equal Pay Act 1970)の成立と課題

補論 2

同一価値労働同一賃金政策の新たな試み

カナダ・オンタリオ州の公正賃金政策
(Pay Equity Act of 1987)

はじめに

　第二次大戦後、先進各国の労働市場での女子比率の増大を背景に、雇用上の男女平等を保障することが各国の労働政策の１つの柱となってきており、とりわけ 1979 年の国連の女性差別撤廃条約の成立以降、この動きに一層の拍車がかかってきた。雇用平等実現の課題は、労働市場における水平的・垂直的性別職務分離の解消と、男女賃金格差の縮小にあることは敢えていうをまたない。このうち男女賃金格差の原因は、賃金決定要因の国別相違を別とすれば、主として、(1) 性別職務分離、(2) 同一、類似労働における賃金の性差別、(3) 異種労働を行う男女の場合、肉体的・精神的労苦に比較して、「男子職務」に比べ「女子職務」の相対的な低賃金（女子の労働の社会的な過小評価）、という国際的にほぼ共通な理由に求められる。19 世紀中葉から、女子労働に関心を寄せたイギリスの少数の経済学者たちは、賃金の男女格差の原因が主として上記の 3 要因にあることを認識していたといってよい[1]。

　上記の (1) 性別職務分離という労働市場における職業分布の現実を前提

補論 2　同一価値労働同一賃金政策の新たな試み　　261

すれば、（2）を対象とする同一賃金政策には限界がある。賃金格差の解消には（3）の是正を図る男女同一価値労働同一賃金政策が最も効果的である。

　男女賃金格差の是正を目的とする同一賃金法は、「同一労働」（equal work）の概念を、最も広い「同一価値労働」（work of equal value）に拡大しない限り——性別職務分離の現実の前には——賃金格差縮小に果す役割は乏しいことは、たとえば、1983 年の改正前のイギリスの「同一賃金法」（Equal Pay Act of 1970）が明らかにしてきた。女子労働者の約 3 分の 2 は、男子とは異種の労働に従事していたため、法の恩恵をあまりうけなかったからである。EC 裁判所の命令で、83 年に法改正されて同一価値労働規定が全女子労働者を対象に導入された[2]。けれども、同法下での 70 年から 94 年までのイギリスにおける男女賃金格差解消の程度は、——毎年 4 月施行の New Earnings Survey によれば——フルタイム労働者（18 才以上）の平均時間賃金で 63.1％から 79.5％で（残業の影響を除く）、24 年間に約 16％の改善をみたに過ぎない[3]。週総収入でみた場合にはこの格差は、より開く（1994 年、72.2％）。なぜこの程度の改善に過ぎないのか。

　同法の格差縮小効果を減殺している様々な欠陥がこれまで指摘されてきた[4]。その最たるものは、差別の挙証責任を伴った個人による申立と、申立人への差別是正の限定、要するに差別是正の方法の個人主義的性格にある。イギリス法は、賃金の性差別は個人的偶然的なものという認識に立ち、賃金の性差別について制度的な認識に欠けている。

　ところが、実際には企業や役所など組織における賃金は、団体交渉による共同決定か雇主の一方的決定かいずれにせよ、一般に一定の賃金制度の形態をとっており、賃金上の性差別は、個人的偶然的なものではあり得ない。

　イギリスの Equal Pay Act のこの個人主義的限界を取り除き、雇主自身の責任による賃金の制度的性差別の除去を明確に視野に入れた点で注目される方策として、カナダ・オンタリオ州の Pay Equity Act of 1987（のち、改正法が 1993 年 6 月に成立、7 月 1 日実施）がある（PEC, Newsletter［1995］, vol.6, no.3, p.1）。同法にはイギリスはもちろん、日本を含む他の諸国からも関心が寄せられ、オンタリオ州当局もまた、北アメリカで最先端を行くものであり、世界からも注目される先進的なものと自負している。

同法は、女性職で働く女子労働者の賃金にみられる「制度的性差別」（systemic gender discrimination）の是正を法の目的として真正面に掲げ（Pay Equity Act ―以下略、s.4(1)）[5]、雇主自体が一定の期限内に性に中立な職務評価制度（同法では、職務比較制度：JCS）によってその組織体の賃金構造における異種労働間（女性職、男性職との間）の性差別を再検討し是正する義務を課せられている。この意味で、最も積極的な同一価値労働同一賃金政策である。賃金には、制度的な性差別が存在するという大前提に立って、その除去の方策が講じられていることが、イギリスとの決定的な違いである。しかし同法も、女子労働者の賃上げ、賃金コストの増大を招くからには、オンタリオ州での資本の利害関係との妥協の産物であり、幾つかの限界や問題があるのは避けられない。

　小論の目的は、この Pay Equity Act の内容や実施過程をフォローすることにより、その問題点を明らかにし、とくに要（かなめ）の地位を占める、「性に中立な職務評価」とは何かについて、オンタリオ州の試みを紹介し、同一価値労働同一賃金問題における職務評価制度のもつ意味や、同一価値労働政策の意義を考察することである。

第 1 節　Pay Equity Act of 1987 の成立とその内容

1　成立の経緯

　カナダにおける「同一賃金法」の歴史と経験は、むしろイギリスよりも長い。1977 年には、同一賃金の規定は全ての州に人権立法や労働基準法の形で存在した。77 年には、連邦議会は平等を求める女性の長期にわたる闘いを背景に、大胆で新しい要素を導入した「カナダ人権法」を制定し、同時に人権委員会が設立された。同法は、性を含むあらゆる差別を一般に禁止したが、その「大胆な新しい要素」というのが、第 11 条の「同一価値労働同一賃金規定」である（Hunter, F. C., pp.41-43）。これは、労働者の 11％を占める連邦公務員など、連邦が管理をする部門を対象とし、人権委員会は、この規定に関して Equal Wage Guidelines を出し、労働の価値の測定基準として

技能（skill）・努力（effort）・責任（responsibility）・作業条件（condition of working）を定めた（Ibid., p.44）[6]。さらにケベック州（1975年）、ユーマン州（1987年）に同一価値労働法制が成立する。

　これらの諸立法にもかかわらず、1987年におけるカナダの男女賃金格差は、40％（男子100に対し60）あり、このうちの10～15％は男子職務に比較して女子職務が制度的に低く評価されていることに原因が帰せられた（Skipton, S. M., p.11）。

　そしてこれらの格差の存続の理由は、それまでの同一価値労働立法の申立てによる是正方式にあると見做された。なぜなら、カナダ人権委員会が受付けた同一価値労働に関する申立ては、1978年の同委員会設立以来83年まで60件に過ぎず、しかもその内22件は却下または撤回され、極めて少数の雇主のみが人権法を遵守するに止まり、従来の職務評価や賃金制度を再検討しなかったからである。

　現行立法の失敗に対応して、1985年にマニトバ州は、申立てによる是正方式がもつ根本的な欠点を克服する企ての口火を切った。差別除去のためのイニシアティブを被差別者個人から、差別をする雇主の側に移した。つまり公共部門の雇主に、性に中立な職務比較制度を用いて賃金構造を再審査し、同一価値労働規定を実施する法的義務を負わせる、画期的、積極的な方策を採用したのである（Ibid.）。

　ところで、オンタリオ州は、カナダ連邦の中では最も早く同一労働同一賃金を実施した州である。1951年に女子労働者衡平報酬法（Female Employees Fair Remuneration Act of 1951）が制定された。それは、同一事業所内で同一任務を行う男女労働者に同一の賃金を支払うことを求めたもので、1950年代には最もラディカルな見解をとっていたのである（SPR Associates Incorporated/National Mail Surveys Incorporated ─以下、SPR, p.1）。

　1987年のPay Equity Actは、州内の同一価値労働立法獲得目的で結集したフェミニストや労働運動など、幅広い運動組織Pay Equity Coalitionが76年に設立されて以来（PEALS. Clinic, p.1）、10年以上にわたる長年の運動で実現したものである。それは前記マニトバ州の積極的な立法を、さらに民間部門にも拡大することに成功した成果であるが、その実現の背景には運動に

有利な政治的状況の出現と、景気回復という経済的条件があった。Pay Equity Coalition は、フェミニスト達の研究の成果として賃金格差が構造的性差別の産物であるとの認識を有したが、これが 1987 年法（Pay Equity Act）の目的を掲げた第 4 条に反映されたのである（Armstrong, P. & H., pp.33-34）。

　オンタリオ州は、カナダ最大の人口を擁する工業州で、雇用労働者 495 万、うち女性労働者は 44.4％の 220 万、その 79.6％の 175 万人がこの法の対象と見做された。1986 年のフルタイム女子労働者の平均サラリーは 20.710 ドル、男子の賃金の 64％であり、この 25 ～ 33％が女子が支配的な女性職の過小評価に起因すると推定されていた。この是正が同法の狙いである（PEC, Annual Report 1990-91, p.5）。pay equity の用語は、雇主自らが女性職の賃金構造にみられる構造的差別を再調査して取り除く義務を負う積極的な方法を意味する（McColgan, A.［1994］, p.13）。

2　1987 年の Pay Equity Act の内容

　同法は全体 37 条からなるが、その主な内容は、以下の通りである。

　1. 対象となる雇主は、全公共部門と、10 人以上を雇用する民間部門の雇主である。9 人未満の雇主は適用除外される。

　2. 適用除外となる労働者は、臨時労働者。ただし、フルタイム労働者の労働時間の 3 分の 1 以上働く労働者や季節労働者、3 分の 1 の労働時間でも定期的継続的に働く者は対象となる（s.8(4)）。1 年を通じて働く学生は、雇用人数の算定に含まれる（PEC［1992］, vol.1, p.11）。

　3. 実施義務。表 補2.1 の I に示すように、公共部門の雇主と、民間部門で、100 人以上の雇主は pay equity plan（以下、プラン）の公表と、プランに従って賃金調整または是正を行う義務が、その開始および完了期間を含めて規定されている。ただし、民間の 10 人以上 99 人未満の雇主は、プランの作成、公表の義務はないが、賃金是正の実施義務はある。

　しかし、公正賃金委員会（以下、PEC）など監視機関に対する雇主のプラン届出の義務はなく、実施義務を保証する機構がない。労使の一方の申出に基づいてのみ PEC は介入する。従って法の実効性は、雇主の誠意と労働組

表 補2.1　規模別、方法別、賃金公正化実施スケジュール

I　job to job comparison method の場合（1987 年法）

規模		プラン提示期限	最初の調整	完了期限
民間部門	500 人以上	1990 年 1 月 1 日	1991 年 1 月 1 日	
	100 ～ 499 人	1991 年 1 月 1 日	1992 年 1 月 1 日	
	50 ～ 99 人	1992 年 1 月 1 日	1993 年 1 月 1 日 [1]	
	10 ～ 49 人	1993 年 1 月 1 日	1994 年 1 月 1 日 [2]	
公共部門		1990 年 1 月 1 日	1990 年 1 月 1 日	1998 年 1 月 1 日

II　proportional value comparison method の場合（1993 年改正法による）

規模		提示期限	遡及する時期	最初の調整	完了
民間部門	500 人以上	1994 年 1 月 1 日	1993 年 1 月 1 日	1994 年 1 月 1 日	年 1%
	100 ～ 499 人	1994 年 1 月 1 日	1993 年 1 月 1 日	1994 年 1 月 1 日	年 1%
	50 ～ 99 人	1994 年 1 月 1 日	1993 年 1 月 1 日	1994 年 1 月 1 日 [3]	年 1%
	10 ～ 49 人	1994 年 1 月 1 日	1993 年 1 月 1 日	1994 年 1 月 1 日 [4]	年 1%
公共部門		1994 年 1 月 1 日	1993 年 1 月 1 日	1994 年 1 月 1 日	1998 年 1 月 1 日

III　proxy comparison method の場合（1993 年改正法による）

雇主性格	提示期限	最初の調整
より広い公共部門	1994 年 1 月 1 日	1994 年 1 月 1 日 [5]

出所：PEC, Annual Report 1993-94, pp.11-13.
（1）従業員数は平均人員。
（2）公正賃金はプランが提示されない場合でも、達成せねばならない。
（3）プラン提示しない選択をした雇主は、1993 年 1 月 1 日まで遡及して達成せねばならない。
（4）プラン提示しない選択をした雇主は、1994 年 1 月 1 日までに完了。
（5）賃金調整は 1994 年 1 月 1 日まで遡及し、公正賃金達成、また前年の賃金総額の少なくとも 1%は毎年支払う。

合の意欲と団体交渉力に依存し、労使の自治（self-management）に委ねられている。これも政治的妥協の産物である（McColgan, A.［1993］, p.283）。

4. 実施単位。プランの実施は、事業所が単位。事業所とは、ある地理的区分内（geographic division）にある事業全体をさす。雇主は、本部と工場のように2つ以上の地理的区分を統合して1つのプランを作成してもよい（PEC, Pay Equity Implementation Series ─以下、Series、#4, p.4）。

5. プランの策定。

（1）まず比較できる男性職務クラス（male job class ─以下、男性職）・女性職務クラス（female job class ─以下、女性職）を明確にせねばならない（s.1 (1)）。職務クラスとは事業所内で類似の任務（duty）、責任を有し類似の資格を必要とし、類似の採用手続きで雇用され、同一の賃金表・賃金等級（grade）、または同一範囲の賃金率を有する地位をいう（s.1(1)）。女性が60％以上を占める職務を「女性職」、男子が70％以上を占める場合「男性職」という（s.1 (1)）。たとえば秘書・タイピスト・受付係は女性職、修理工・コンピューター操作係、社長は男性職である（cf. PEC, Series #15, p.16）[7]。

（2）比較対象の選定。雇主は、労働に関する補償や価値の点からみて、同一事業所内の女性職と男性職との価値の比較を行い、賃金における組織的な性差別を確認せねばならない（s.4(2)）。その労働の価値の決定基準は、技能（skill）、努力（effort）、責任（responsibility）、作業条件（conditions under which it〔the work〕is performed）の総合で測られる（s.5(1)）。

（3）賃金是正の達成。同一事業所で比較対象となる女性職の職務賃率が、労働が同等または同等価値であるような男性職の職務賃率と少なくとも同等である時に、公正は達成されたことになる（s.6(2)）。

その際、比較できる男性職が2つ以上ある場合には、①同等価値の男性職の中で最低の職務賃率である職務の額に是正するか、②より低い価値だが、最も高い職務賃率である男性職の額に調整するときに公正は達成（s.6(3)）。このことは、人種差別など何らかの理由で低い男子職務賃率がある場合、それを利用して女子賃金の是正コストを低く抑える意図による（山田省三、15頁）。

また、比較すべき男性職が同一事業所にない場合、女性職の職務賃率が同

補論2　同一価値労働同一賃金政策の新たな試み　267

じ事業所の、より低い価値だがより高い賃率の男性職の職務賃率に少なくとも等しい場合、公正は達成されたことになる（s.6(2)）。職務賃率とはその職務の最高の賃率を意味する（s.1(1)）。

（4）職務価値比較制度。男性職、女性職の価値の比較は「性に中立な」職務比較制度が使用されねばならない（s.12）。その方法について手引書では、ランクづけ（ranking）、等級づけ（classification）、点数づけ（point factor）の3つの制度が適切とされる。

職務が評価されたのち、比較できる男性職を選ぶ方法としては次の3つが例示されている。すなわち、①職務群：job clusters. 点数に応じて職務群をつくり、同一点数の職務群にいる男性職と女性職は同等の価値があるとする。②職務点数集団：job point band. 0-25、26-50、51-75など点数集団をつくり、同じ点数集団に属する職務は同等価値と見做す。③女性職同等価値集団：female job class comparison band. 女性職の点数に対し、一定の点数の範囲でその上か下にある男性職は同等価値と見做す（PEC［1992］, vol.2, p.86）。「性に中立な」という要件については、法律では規定せず、PECがガイドラインを出している。これについては、第3節で論じる。

（5）合理的賃金格差として、次の5つの格差要因が認められている。なお、賃金とは、給付（benefit）、ボーナス、コミッションをふくみ、これらは時間賃率に換算して計算される。

①非差別的な正式の先任権制度。組織または交渉単位毎の先任権制度は普通勤続年数が基礎である。先任権の高い者には、昇進、レイ・オフ、再雇用、休暇期間の選択について優先権が与えられる（PEC, Series #13, p.2）。

②昇進のための、男女双方が平等に利用できる一時的な従業員の訓練・教育の割当て（assignment）。

③広く普及している正式のメリット給制度[8]。

④性に中立で、再評価のプロセスで発生するred-circlingとして知られている人事慣行。

⑤雇主が採用困難の結果として、一時的に高い賃金を引き起こしている熟練労働力不足[9]。ただし、雇主は賃上げの前に、その職種の労働力を訓練などで確保する努力を払う必要がある。賃上げは、万策を講じた後の唯一の労

働力確保の手段であることを雇主は証明せねばならない（PEC, Series #13, p.5）。

賃金格差が、以上の要因によることの挙証責任は、雇主にある（s.8(1)）。しかし、一旦賃金の公正が達成された後に格差が発生しても、それは団体交渉力の差であることを雇主が立証すれば、その格差は認められる（s.8(2)）。団体交渉力の差、熟練労働力不足などは、果して完全に性に中立なものか否かは、実は疑問の残る点である。これらの諸格差を認めることは、雇主に抜け穴を提供するものとして Pay Equity Coalition 運動が反対した問題のある規定である（McColgan, A.［1994］, p.65）。

6. プラン作成と労働組合の参加。

オンタリオ法はプラン作成にあたり、労働組合がある場合はその参加を不可欠と明示している。

カナダでは、交渉単位制を採用しているので、雇主は事業所内の団体交渉単位毎に、（1）まず性に中立な職務比較制度について、また、（2）賃金是正プランについて「誠実」に交渉して同意に達することが義務づけられている（s.14(1)(2)）。従ってまず、同一交渉単位内で比較できる男性職との比較を行い、該当職がない場合、他の交渉単位の中にそれを見つけるという順序をふまねばならない。だから雇主は一事業所に複数の交渉単位がある場合、複数のプラン作成が必要であるが、労働者の合意があれば、プランを統合することはできる。未組織労働者の場合には、別個のプランの作成が必要である（s.14(8)）。その場合雇主のイニシアティブで作成されるが、従業員の意見は、プラン提示後、90 日以内に、またそれを経たのちには、PEC に異議申立ができる（s.15(4)-(7)）。

プランは団体協約に優先し、調整された賃金は協約の一部となる（s.13(10)）。同一事業所内で複数のプランが存在するときには、相互の間の整合性の問題があり得る。

7. プランの実施監督機構。

同法の実施機関としては、1987 年、Pay Equity Commission（PEC）が設置された。委員長は女性、スタッフは 93 年度（94 年 3 月末まで）は 80 人、委員会の 93 年度の決算額総計は、約 587 万ドルである（PEC, Annual Report 1993-94, p.17）。

PEC には 2 つの独立した部局、公正賃金局（Pay Equity Office 一以下、PEO）と、公正賃金審査審判所（Pay Equity Hearing Tribunal 一以下、PEHT）がおかれている。委員会は指導原理として、賃金の公正は、賃金慣行から性別偏見を除き、より公正、生産的な職場、男女平等社会の創出に役立つことを掲げている（Ibid., p.4）。

PEO は、法の実施責任を持ち、賃金公正実施状況の調査、政府への報告と勧告、労働組合や労働者、雇主への情報の提供や紛争解決の助言を行う。特に Review Service 部門は、プランへの申立、反対についての調査、調停を行う。申立または反対が PEC に提出された場合、Review Officer が任命される。その任務は事実を調査し、当事者が合意に達するように調停をはかる（self-management）。合意に達しない場合にのみ、Officer は解決案として命令 order をだす。

この命令に異議がある場合は審判所に審査を求めることができる。紛争の解決過程を示したものが図 補2.1 である。1990 年度報告（90 年 4 月〜91 年 3 月末）によれば、最初のプラン提出期限、91 年 1 月 1 日に提出義務のあるもの、公共部門で 8000 以上、民間 7000 以上のうち、大半は自主的に解決し、10％以下が審判所の判決を求めているに過ぎない（PEC, Annual Report 1990-91, p.26）。

Review Officer の調停結果を示したのが表 補2.2、表 補2.3 で、1993 〜 94 年度の解決率は 42.6％である（PEC, Annual Report 1991-92, p.22）。1 年間の終了率は高くないが、終了した場合は、大半が調停で解決している。

PETH は、紛争の最終解決機関で、三者構成の準司法的行政審判所である。審判所の判決は最終的なもの（final and conclusive for all purposes）。審問を短期間にスムーズに行う目的で、1990 年度から事前審問会議（pre-hearing conference）が設けられ、裁判長代理が両当事者に争点、同意した事実を確認する。会議は審問の約 1 〜 4 週間前に設定される。審問開始は申立から 60 日以内に行うことをメドとしているが、実際にはそれより長くかかる傾向にあり、申立から判決にいたる期間は、たとえば 91 〜 92 年度では、審問まで平均 80 日、審問の最終日から平均 91 日、審判期間は——それが判明している 90 年度では、60 日、90 日を要した 2 ケースを除くと——平均

270

図 補2.1 紛争解決の過程

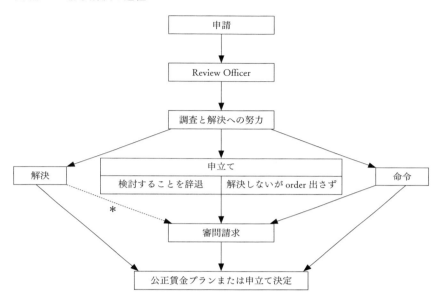

出所：PEC（1989), Series #16, p.7.
 ＊：16条4、2項、非組合プランを準備するにあたり、
　　他の従業員は申立てをすることができる。

補論2　同一価値労働同一賃金政策の新たな試み　271

表 補2.2　Review Services Branch が扱ったケースの要約
　　　　　（「公正賃金達成不能通知」は除く）

年度	前年から持越された件数 (A)	開始された件数 (B)	進行中の件数 (A+B)	終了した件数 (D)	次年度に持越された件数 (A+B−D)	終了率　（%）D/(A+B)×100
1988〜89	0	44	44	19	25	43.2
1989〜90	25	1,108	1,133	192	941	17.0
1990〜91	941	1,028	1,969	540	1,429	27.4
1991〜92	1,429	733	2,162	521	1,641	21.2
1992〜93	1,641	618	2,259	699	1,560	30.9
1993〜94	1,560	523	2,083	887	1,196 [1]	42.6

出所：PEC, Annual Reports 1989-1994.
(1) このうち 114 件に命令（order）が出されている。

表 補2.3　終了したケース（D）の内訳（「公正賃金達成不能通知」は除く）

年度	解決	「命令」発行 [1]	付託 [2]	決定 [3]	合計
1988〜89	17	0	0	2	19
1989〜90	109	79	3	1	192
1990〜91	496	39	0	5	540
1991〜92	440	77	3	1	521
1992〜93	650	43	0	6	699
1993〜94	728	144	0	15	887

出所：表 補2.2 に同じ。
(1)「命令」とは解決しなかったので、review officer が紛争について命令を発行したことを意味している。
(2)「付託」とは雇主または団体交渉者が命令に同意できない場合、そのケースは PEHT に付託されたことを意味（Pay Equity Act, R. S. O., 1990, C. P. 7 as amended s.24(5)）。
(3)「決定」とは解決は効果がないかもしれないが、review officer が命令を出さなかったか、またはケースが PEC の管轄外にあることが判明した場合を意味する（Do. as amended s.23(2) or (3)）。

8 日間で、これから察するとほとんどは申立てから決着まで 1 年未満とみて
よい。イギリスの同一価値労働のケースが、たとえば最初のケース、
Hayward v. Cammell Laird Shipbuilding Ltd. のように、最終審の最高裁ま
で縺れこむと申立てから最終判決まで 4 年（企業の賃上げ決定までは 5 年）
の長期を要したのと比較すれば、一審制の短期間で決着がつく（高島 ［1985］
参照）。

　PETH は、法の実施に関し命令を出す権限がある。プラン作成に失敗した
雇主に対し、Review Officer にプランを作成させる命令、賃金公正問題で従
業員が申立を行って解雇された場合の、補償付きの復職命令などである（s.25
(2)(6)）。

　8. 罰則。

　公正賃金法に関する違法行為の罰金としては、個人には 2000 ドル以下、
組織体の場合は 2 万 5000 ドル以下に処せられる（s.26(1)）。

　プラン実施の賃金調整の財源としては、前年度の賃金総額の 1 ％以上を準
備し、4 年以内に段階的に達成せねばならない（s.13(4)(6)）

第 2 節　法の実施と 1993 年の改正法

1　実施過程

　1987 年法は、1988 年 1 月 1 日から実施された。

　実施状況について、第 1 回のプランの提示期限 1990 年 1 月 1 日（公共部
門全部と民間の 500 人以上）以後、PEC の委託をうけた民間調査機関によ
る調査（90 年夏から秋）が行われた。調査は、法律で決められた期限より
もかなり遅く、公共部門では 46 ％が、また民間部門の 50 ％は 90 年の 9 ～
12 月に提示しており、指定時期までに雇主がプランを提示できない事例が
広汎にみうけられた（SPR, p. ii）。プランを提示した組織体と組合の有無と
の関連をみると、組合がある 1000 人以上の公共部門では 12.2 ％で最も低く（民
間の同規模で 38 ％）、組合不在の 500 ～ 999 人規模の民間部門が最大で 77.1
％（同規模の公共部門で 20 ％）がプランを提示しており、組合との交渉に

補論 2　同一価値労働同一賃金政策の新たな試み　273

時間がとられていることを示している（Ibid., p.17 の display 5 を参照）。

　また、1992 年の民間の 10 ～ 99 人規模企業調査でも、25％が法律について無知であり、零細企業ほどこの傾向が強い（PEC, Newsletter, vol.6, no.1, p.4）。さらに 93 年実施の 50 ～ 99 人の民間企業（92 年 1 月プラン提示、93 年 1月達成予定）を対象とした公正賃金実施状況調査では、75％の企業が公正プランに関して行動を起こしたが、その 3 分の 1 がプランを提示ないし達成したに過ぎない（PEC, Annual Report 1992-93, p.16）。また女性職の 36％は、比較する男性職がないことも判明した（PEC, Newsletter, vol.6, no.1, p.4）。

　法の実施が不十分であることは、プラン届け出の義務がなく（法律のself-management 的性格）、実施を強制する機構がないので、実施の程度は労使の自主的熱意や、労働組合の交渉力に依存していることの当然の結果である。

　先の 1990 年調査で提示要件の遵守状況を女子労働者の適用範囲でみると、公共部門の女子の 20％だけが、また民間部門女子の 60％が提示されたプランの対象となっていたに過ぎない。また、女子労働者の約 3 分の 1、とりわけ、公共部門のソーシャル・サービスや民間のサービス部門の女子の 4 分の 3 は比較する男子がいないため、法の恩恵はうけられないことが判明した（SPR, p.ⅱ, 表 補2.4 を参照）。この時点で調整を実際にうけた女子労働者の比率は一層少なく、民間で 20％弱、公共部門で 40％弱である（表 補2.5）。賃金プラン提示遅延の主な理由は、労働組合の存在である（SPR, ibid.）。そのため職務比較の研究にかなりの時間を要したこと、また、選択した評価制度が「性に中立」かどうかが問題となったことにある。このことは、組合が存在しない場合は、評価制度が性に中立であるかどうかについて、労働者からの異議があまりないことを推測させる。さらにより重要な遅延の理由には、賃金の公正を達成するために必要な財源の問題が指摘されている（McColgan, A.[1994], p.29）。また、小規模の組織体では、公正賃金についての理解が乏しく、公共部門では賃金公正問題は、民間よりも労働者の士気の点でマイナスに作用していることも指摘されている（SPR, p.ⅲ）。

　別の調査が明らかにしたことは、労働組合が男性支配の組織であることから、男子が圧倒的な労働組合では、これまで不利であった女子の公正賃金問

表 補2.4　使用者のタイプ別に見た比較する者がいる女性職と
　　　　それに属する女性従業員の比率 [1]

雇主のタイプ		比較する者がいる 女性職の比率　　（％）	比較する者がいる 女性職の従業員比率（％）
民間部門（500 人以上）		72.5	70.4
公共部門		58.6	58.3
公共部門	地方自治体	74.3	73.7
	公共施設	74.0	75.3
	公安委員会	59.9	60.9
	図書館	56.4	60.4
	教育委員会	84.3	78.4
	カレッジ・大学	91.3	91.0
	病院	86.3	81.2
	介護ホーム	51.1	55.1
	その他の保健組織	60.1	60.6
	ソーシャル・サービス	24.1	24.8
	その他の公共部門	80.3	79.8
民間部門	製造業	82.1	80.3
	小売業	72.5	64.8
	サービス業	27.6	25.9
	金融業	56.1	51.4
	その他の部門	92.4	92.6
規模別	公共部門		
	1 ～ 99 人	45.2	46.4
	100 ～ 499 人	64.2	62.5
	500 ～ 999 人	91.2	86.1
	1000 人以上	89.7	85.9
	民間部門		
	500 ～ 999 人	80.1	76.5
	1000 人以上	67.8	66.3

出所：SPR（1991）, p.29, display 12.
　（1）全体としての測定値の正確度はサンプルの大きさによるが一般にプラス・マイナス 5％以内。

補論 2　同一価値労働同一賃金政策の新たな試み　　275

表 補2.5　賃金調整をうけた女性職の従業員の比率と賃金調整の平均コスト

使用者のタイプ		調整を受けた 従業員の比率　（％）	賃金総額に占める 賃金調整の比率　（％）
民間部門（500 人以上）		17.5	0.6
公共部門		37.5	2.2
公共部門	組織のタイプ		
	自治体	51.2	2.0
	公共施設	56.0	1.2
	公安委員会	54.9	0.9
	図書館	56.1	12.4
	教育委員会	56.1	1.6
	カレッジ・大学	61.2	1.9
	病院	51.2	2.9
	介護ホーム	22.1	2.1
	その他の保健組織	21.6	0.5
	ソーシャル・サービス	9.0	0.8
	その他の公共部門	48.9	2.2
民間部門	主な 500 人以上の民間部門		
	製造業	19.8	0.5
	小売業	27.4	1.6
	サービス業	10.8	0.04
	金融業	7.6	0.6
	その他の部門	27.5	0.6
規模別	公共部門		
	1 〜 99 人	29.3	2.2
	100 〜 499 人	41.7	0.9
	500 〜 999 人	46.5	1.6
	1000 人以上	56.6	1.6
	民間部門		
	500 〜 999 人	20.2	0.6
	1000 人以上	15.7	0.6

出所：SPR（1991), pp.33, 35, display 14, 15.

題にあまり熱心でなく、その成果は保障できないことである（Avebury, pp. ii, 16）。しかも組合のある職場で最も難しいのは、職務評価制度についての合意に達すること（Ibid.）だと指摘されている。この調査は、とりわけ組合の中で女子労働者が少数派の場合、公正賃金実現の鍵である性に中立な職務評価制度の確立が男女職務の既成のヒエラルヒーの変化をもたらすため、組合がどこまで努力を払うか大いに疑問の余地があることを示している。また大抵の組織体では、組合加入集団と未加入集団が併存し、雇主は別の職務評価制度を成立させる場合があり、その両者の調整のための別の職務評価制度が必要であるなど、複雑な問題を抱えていることが指摘された（Ibid., p.12）。

職務評価制度の導入は、男女を含めた職務一般の評価の見直しを招き、職務ランクの逆転などで女子よりも、むしろ男子労働者の賃上げをもたらしたともいわれる（Ibid., p.20）。

なお、法の実施についての民間の援助団体として 1991 年 12 月に、PEALS（Pay Equity Advocacy and Legal Services）クリニックが、Pay Equity Coalition の提案、労働省の基金で設立された（PEC, Annual Report 1991-92, p.24, PEALS, Annual Report 1993-94, p.1）。これは、既存の「法的援助クリニック」の 1 つで、公正賃金を専門とする組織である。オンタリオ州の女子労働者の圧倒的多数は未組織（組織率は 93 年で 27%）であるが、この女子労働者を対象に賃金公正に関してアドバイスや、代理人として弁護士が必要な場合無料で援助する。弁護士費用が高いので、このような援助が必要である。開設以来 120 件を扱い 3 件が解決している。PEALS は 95 年 3 月末までの期限付き援助で活動しており、施設の恒久化が要求されている（居城舜子［1995］参照）。

オンタリオ法は、先進的な政策だけに、種々の妥協の結果として、上述の問題を内蔵しており、見直しが早急に必要であった。法律上は、実施 7 年後の 1995 年には同法とその運用についての包括的な再検討がされることになっていたが（s.37）、すでに実施後の早い段階の 89 年 10 月に、とくに適用対象外となっている女子労働者だけの職場など、比較する男子の少ない職場での女子労働者の公正賃金問題を解決するため、proportional value、proxy comparison を含む 3 つの方法の採用を PEO は政府に勧告していた（PEC,

Annual Report 1989-90, p.10）。だが、この勧告を中心に、PECの監督機能の強化を盛り込んだ改正法案が実際に上程されたのは92年であり、その第2読会は12月、成立したのが翌年の93年6月30日、7月1日発効で、予想よりかなり遅れて成立した。

2　改正法の内容

改正法について労働相は「この州での女性に対する賃金差別反対の闘いは、それが取除かれるまで、継続されるだろう」と指摘し、その趣旨が、公正賃金追求のための2つの新たな手段の提供と、財政緊縮に伴う公共部門でのタイム・リミットの延長にあることを表明したが、同時に「女性労働に対する歴史的、組織的な過小評価は、続けてはならない」ことも強調した[10]。この改正法の主な内容は、以下の点である（PEC, Annual Report 1993-94, pp.14-15)[11]。

1. 新たに、(1) proportional value comparison method（同一事業所内での比較）と、(2) proxy comparison method（他の事業所との比較）を導入し、比較できる男性職が存在しない女子労働者を救済する手段とした（Pay Equity Amendment Act, Part III-1, Part III-2, 表I, II, III, 参照）。

(1)の方法は、同一事業所内の男性職にみられる賃金と職務の価値との一定の比例的関係（賃金線の上がり方）を、女性職の賃金と職務価値にも適用して賃金を是正する方法である。この場合には、従来のjob-to-job comparison methodのように、必ずしも同じ事業所内に、各女性職に対応した同一価値の男性職がなくてもよい。女性職は、男性職が1つでもあれば、その賃金と職務価値と関係を規制している原理（政策・慣行）に基づいて支払われる。だからこの賃金線は「政策線」（policy line）とも、傾向線（trend line）、回帰線（regression line）などと呼ばれるが、その設定の仕方にいくつかの方法がある（図 補2.2 参照)[12]。

(2)の方法は、男性職が全くない事業所（たとえば介護施設、老人ホームなど——seeking employer という）の女性職に公正賃金を実施する場合に適用される方法である。そのやり方は、まず、その事業所で最も多数が従事する重要な女性職（key job）を選び、これと、他の比較される事業所（男

図 補2.2　賃金線図── proportional value comparison method

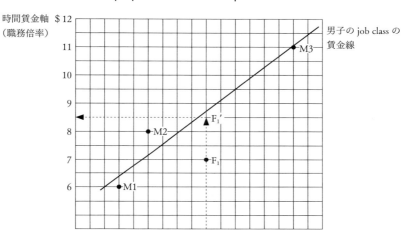

出所：PEC（1992）, Newsletter, vol.3, no.5, p.4.
注1．M1、M2、M3の点は、男性職の職務価値・賃率を示す。
注2．F_1は女性職の価値と現行賃率を示し、F_1'は修正される賃率を示す。

性職が存在する事業所——proxy employer）で、男子との公正賃金に関して調整済みの、類似の女性職（類似の職務がない場合には、女子の職務グループを利用）と同じ職務価値（性に中立な職務評価制度による）から同一の職務賃率を確定する。その後に、男性職がない事業所では、この key となる女性職の価値と賃率との関係を、内部のその他の非 key 職務の価値と賃率の関係に適用し、この key 職務を基準にこれと他の女性職の賃金調整を図る（job to job method または proportional value method を用いて行う）。男性職との調整済みの他の事業所の女性を代理に利用した、男性職との間接的な比較の方法である。この seeking employer にとっては、公正賃金のいわば代理役を果す雇主（proxy employer）は、法律の細則で定められ、自由に選択できない[13]。また、key となる職務が公正賃金とは関係のない賃上げを得た場合には、非 key 職務の賃率は、そのままとする（Cf. Canadian Union of Public Employees, pp.19(a), 23(a)）。

2.「公正賃金達成不能通知」義務規定。

女性職の全てが、job to job comparison method か proportional comparison method を用いて公正賃金を達成できなかった場合、雇主は PEC に「公正賃金達成不能通知」を出す必要がある。そこで review officer は、実際にこの 2 方法が適用できないかどうか確認の上で、広義の公共部門の雇主に対し、proxy comparison method の実施を要求する命令を出す。旧法では、PECが公正賃金を実行していない雇主を把握する機構をもたなかった。この規定は、公共部門での実施状況を報告させ、実行を義務づける規定である。

3. 10 〜 99 人の民間事業所の雇主は、あらたに「公正賃金達成・維持要件通告」を職場に提示する義務がある。

4. 事業を売却または併合した雇主が事情の変化に応じた新プランを作成する義務（s.13.1）および、環境が変化した場合、不適切となったプランを変更することに関する規定（s.14.1、PEC, Annual Report 1993-94, p.15）。新プランは、前プランよりもその額は低くてはならない。

5. Review Officer の権限の拡大（s.24(3)）。環境の変化に伴い必要となったプラン変更を命令し、法の違反者に遵守命令を出すことができる。

6. 従業員への雇主の嫌がらせ、脅迫について、その挙証責任を従業員か

ら雇主側に転稼（s.9(2), s.24(7)）し、雇主の妨害行為の禁止を強化した。なお、違法行為の罰金の上限は、個人に対しては、5000 ドル、組織体に対しては、5 万ドルに引き上げられた（s.26(1)）。

　7. PEHT での事前審問会議が、審問の正式な手続きとして承認された（s.29(2)）。

　8. 公共部門での公正賃金達成期限を 3 年間延期し、1998 年 1 月 1 日までとする（s.7）。

　以上の改正法の内容は、公共部門の賃金調整期限の引延ばしを除けば、旧法の改善を図るものといってよい。

第 3 節　「性に中立な」職務評価制度の要件

　職務評価制度は、オンタリオ法の土台である。もちろん「性に中立な」という条件と、評価の基準として、技能、努力、責任、作業条件の 4 つの要因による分析的方法の採用が法律で規定されている。同一価値労働政策は、一般に職務評価を伴うが、評価の方法は主に、（1）職務に序列をつけたり、または、2 つの職務を比較するような、職務全体を比較する非分析的質的方法と、（2）技能・努力などのように予め決められた要因で行う分析的量的方法に分類される。

　一般に英米では、（2）の方法が提唱され、イギリスでは、技能・努力・決定の 3 要因を用いる分析的方法の採用と性的偏見のない評価が規定されている（EOC, p.12, Kahn, P. et al., p.3, PEC ［1989］, p.22, 高島［1993］、71-72 頁）。熟練・不熟練という一見客観的に思われる概念が、社会的に形成された概念で、社会の性的偏見を反映したものであるように（Cockburn, C., 高島［1993］）、労務管理の手段である職務評価もまた、そのあらゆる段階で性的偏見が織込まれている。だから、イギリスでは、機会均等委員会（EOC）や労働組合会議（TUC）は、性的偏見のない職務評価制度を確保するため、組合役員やマネジャーを訓練しており、アメリカでも、経営側が規制する職務評価には性的偏見が潜在することが認識されつつある（Kahn, P. et al., pp.3-4）。

補論 2　同一価値労働同一賃金政策の新たな試み　　281

オンタリオ法では、「性に中立な」職務評価を保障する条件は、法では規定せずに現場の労使の判断に委ねられた。そこで、この条件が具体的にはどんな基準で測られるかが、この制度の確立を図る労使間交渉の第1の争点となった。女性職である看護婦の労働組合が、雇主の市を相手にこの問題で争った最初のケースについての1991年の判決、Ontario Nurses' Association v. Haldimand-Norfork（no.6）[14] が、この基準を示した。判決は、女子労働の内容を見えるものにし、従来無視されてきた内容を積極的に評価することに焦点を定め、賃金公正化の標準を確立する上で groundbreaking な方法を設定したと評価されている（Cornish, M., p.46）。

　この判決は、雇主の市当局が提案した職務比較制度では、看護婦の仕事を正確に記述、評価し、見えるものにすることはできないと結論し、雇主は看護婦やその交渉者の批判を無視し、その仕事を周知させられなかったとのべ（Cornish, M., p.5）、労働組合が勝訴し、労使双方が示された基準に即して再度職務評価制度の交渉を行うことになった。

　このケースで審判所が示した「性に中立な」要件は、かなり厳格で[15]、いわゆる「性に中立な職務評価制度」（Gender Neutral Comparison System ─以下、GNCS）を獲得すること自体が、手続き的、技術的にかなり複雑かつ困難であることがわかる。

　判決によれば、GNCS は次の4つの部分からなり、各部分が性に中立であることで、全体として GNCS が保障されることになるとした。（1）職務情報の正確で完全な蒐集、（2）職務情報に価値を付与する方法を決めるメカニズムの決定、（3）労働の価値の決定にそのメカニズムを適用する（その仕方）、（4）比較。

　（1）で要求されることは評価の要（かなめ）となる「職務内容」の「全体」についての具体的かつ正確な情報である。とくに女子や少数民族が支配的に占める職務の内容の中で、従来看過されてきた側面をわかるように示すことである。職務を「見えるように」（visible）、しかも男女双方の職務について一貫した同じやり方で示すことを要求している（Cornish, M., pp.7-9, Leighton, M. et al., ed., pp.84-85）。

　判決が依拠している見解は、女性の職務内容が従来低く評価された理由の

1つに、女性職務の技能・責任・努力・作業環境が、長い間女性と結びつき、しかも家庭で賃金を支払われることなく行われてきたことに求めるアームストロングの証言や、雇主がよく利用している職務評価制度である Hay System が性的偏見を含むことを分析したスタインバーグの論文などフェミニストの見解である。とくに看護労働で看過されてきた職務内容として、判決は以下の点をあげる（Leighton, M. et al., ed., p.67）。

技能——人とのコミュニケーションや調整、病状の危機的状況下で人間の感情にかかわる仕事、記録の管理システムの設立と維持、通信文や報告書を書くことや編集に関連した特徴。

努力——集中力や、融通が効かない時間的制限、人をもちあげたり、長時間人の話を聞いたり、座ったり、同時に多様な仕事をこなすことからくるストレス等の特徴。

責任——秘密保持、患者・顧客・入院患者の世話、技術的設備・機器への損害の防止、形式ではなく実際の責任があるなどの特徴。

作業条件——疾病や人間の損耗にさらされていること、感情面での過重な仕事、気むずかしい怒っている患者とのコミュニケーションや開放的な場所での労働、多重の役割要求からくるストレスという特徴。

これまで見落とされてきた（つまり賃金に反映されなかった）以上の看護労働の特徴を、見えるものにしなければ、その価値は過小評価されることになると判決は主張した[16]。職務内容を見えるものにするには、職務担当者への質問の仕方が決定的に重要で、抽象的な用語での曖昧で大雑把な質問（open-ended quetion）の仕方ではなく、限定した具体的な事実についての質問（closed question）をすることが重要である（Cf. ibid., p.85）。

（2）の問題については、それが法で規定する1次要因（技能・努力・責任・作業条件）を用いて価値を決定しているかどうか、選択された2次要因と、その2次要因の程度を示す「レベル」の決め方や点数の付与の仕方が性に中立か、などの検討が有益だとする（Cornish, M., pp.38-40, Leighton, M. et al., ed., p.96）。

（3）の労働の価値決定のシステムの適用の仕方が性に中立である基準は、システムの男女職務双方への首尾一貫した適用、当事者の利害を均衡よく代

表した評価委員会システムの成立、特定の女子労働者が直面している組織的賃金差別を確認できること、など（Cornish, M., p.41）である。判決は、公正賃金は、正確な過程ではないことを認め、法の目的は確認された性差別を除去し、両当事者が賃金格差縮小に向けて積極的行動をとるよう導くことだとのべた（Cornish, M., p.45）。

　以上、性に中立な1次要因、2次要因、レベルの各々の項目（表補2.6の例では全部で16項目）に点数を配当し、最終的に職務全体の点数を合計して、各職務価値を比較する。評価制度は、企業内での「雇主にとっての」各職務がもつ価値の相対的比較を行うもので、PECも「組織の性格に適し、サービス・生産物にマッチした」もの（PEC［1992］, vol.1, p.28）であることを認めている。評価制度は、たとえその構成項目自体は性に中立であっても、点数の配分の仕方に、賃金調整費用最小化の結果をもたらすような経営側の操作の余地は十分あり、現行の男性職優先の職務階層的秩序の維持を望む経営側の意図を、合理的な点数の下に、巧妙に実現することは困難ではない（McColgan, A.［1994］, p.32）。

　表補2.6はある出版社での秘書の評価の例で、器用さ、時間内に仕事を行うプレッシャーへの配慮など項目自体は女性職務特有の内容を評価し、PECのガイドラインを遵守している。マッコーガンは職務価値合計280点の秘書の賃上げを最低にするための合法的な操作方法を例示しているが（McColgan, A.［1994］, pp.34-35）、特定項目の点数がなぜ10点で15点ではないかは、もちろん相対的なもので絶対的ではない。評価制度と評価は経営との交渉であるから、組合側は相当の知識・時間・忍耐を必要とし、それは労使間・男女間の力関係の反映の産物でもある。要は女性の自然の性質と結びつけて、これまで評価されなかった仕事の側面を価値として改めて評価して賃金に反映させることである。すべての諸要因を性差別でないものとし、評価を経営権による従来の一方的決定から労使双方で行うものにかえてGNCSの条件を満たすことである。それが客観性を保障するものでないこと、そもそも「客観的な」職務評価の存在自体に疑問があることは、明らかであろう。

表 補2.6　ある出版社（労働組合不在）の全社 1 つの GNCS の例（100 〜 500 点）

Skill		Effort	
education	10, 20, 30, 40	attention demand	10, 20, 30, 40
creativity	5, 10, 20, 30, 40, 50	people-stress	5, 10, 20, 30
manual quickness	5, 10, 20	pressure of work	10, 20, 30, 40
problem-solving	5, 10, 20, 30, 40	manual effort	5, 10, 20
possible total	150	possible total	130
Responsibility		Working conditions	
cost of errors	5, 10, 20, 30, 40	constant interruptions	5, 10, 20
supervision of others	5, 10, 20, 30	physical environment	5, 10
monetary responsibility	5, 10, 20	stress of mult tiple demands	5, 10, 20, 30
detail	5, 10, 20, 30, 40	time pressure	10, 20, 30
possible total	130	possible total	90

秘書の評価（合計 280 点）

Skill		Effort	
education	30	attention demand	30
creativity	10	people-stress	20
manual quickness	20	pressure of work	20
problem-solving	20	manual effort	10
possible total	80	possible total	80
Responsibility		Working conditions	
cost of errors	20	constant interruptions	20
supervision of others	5	physical environment	10
monetary responsibility	5	stress of multiple demands	20
detail	20	time pressure	20
possible total	50	possible total	70

第4節　オンタリオ法の特徴と問題点

　では賃金上の組織的性差別の除去を目的とする Pay Equity Act のメリットや問題点はどこにあるのだろうか。

　メリットの第1は、イギリス法では、同一価値労働の申立ての権利を個人に置き、勝訴の場合の是正の範囲も一団体交渉でその成果を同一職務の集団に拡大しない限り一個人に止まり効果が小さい。これに対しオンタリオ法は、個人の申立てにまつことなく、従業員の賃金構造に内在する組織的な性差別の是正を、雇主に義務づける。従って1人の訴訟の成果が同一職務グループ全員に影響する、いわば代表訴訟方式的効果があるから、影響は大きい。しかもイギリスでは、訴訟に伴うあらゆる負担が個人に懸かるのであるから、経済的負担だけからみても現実には労働組合の法的、財政的援助なしには個人の申立ては不可能である。

　個人の申立てを阻止する企業や男子労働者からの圧力は、それ自体は違法行為として禁止され、申立権は保護されてはいるが、現実には個人でその圧力を排除できず、申立を断念せざるを得ない情況に追込まれる場合が少なくない。個人申立て方式は、現実には申立てに抑制的に機能しているのである[17]。このことから判断すれば、イギリス法が抱えている限界は、議論の余地がない。労働運動や EOC が早くから、個人訴訟方式から集団訴訟方式への改正を訴えてきた所以である。

　その上、この個人申立を行う上で頼みの綱として重要な役割を期待されている労働組合は、常に申立に協力的とはいえない実態がある[18]。加えてその労働組合も 1979 年サッチャー政権登場以来、失業の増大と反労働組合立法の故でその勢力は後退譜をかなでており、労働組合の雇主による承認が近年、雇主により取消される傾向にある[19]。そこで、イギリス法の欠陥を排除したものとしてイギリスの雇用平等推進勢力が熱い視線を向けているのがこのオンタリオ法なのである。

　メリットの第2は、審制のため申立から解決までの期間が短いことである。この点は特筆されてよい。

第 3 は、労働組合を公正賃金プラン作成に制度的に参加させることで、団体交渉力の弱い女子労働者の賃金是正要求を組織的に支えることを可能にしていることの意義は大きい。もっとも、労働組合が実際にどこまで女子労働者の利益の実現に努力するかどうかは別の問題である。ともあれ、要求を実現しやすくしたことは一応は評価できる。イギリスでは、同一賃金の申立てがされた場合は、既述のように、その事業所に承認された労働組合が存在する事業所だけであるといわれている（Millward, N.）が、仮に事業所に労働組合があっても、全ての労働組合が必ず申立てを支えるとは限らないのである。

　これに対しオンタリオ法の問題点の第 1 は、適用対象外となった 10 人未満の事業所の存在である。オンタリオ州の女子雇用労働者の 13%、50 万人が除外されたといわれる（McColgan, A.［1993］, p.208）。この規定を利用して、賃金調整を回避するため、既存の労働者を contract out したり、下請け契約にして、意図的に事業所の雇用者数を減らすことが可能となった（Ibid., p.16）。これを含むすべての例外に対して、Pay Equity Coalition は、雇主に対して女性労働者に平等に支払うのを回避する抜け穴を提供し、何千もの女性に法の保護を否定するものとして反対した（McColgan, A.［1993］, p.65）が、成功しなかった。

　第 2 は、この法で比較の範囲とされた事業所とは「1 人の雇主の従業員で、ある地理的区分で雇用されているもの」と、極めて狭く規定されていることである。このことは 2 つの問題点を含む。1 つには、女子労働者は、同じ雇主に雇用されている比較できる男性職が、オンタリオ州でも別の区域の事業所にあるかぎり、恩恵をうけられないことになり、同一企業内の男女労働者間の不平等は維持される。たとえば、オタワに倉庫があり、トロントに小売店がある雇主は、男子が支配的な倉庫労働者と、女子が圧倒的な小売店の出納係との比較を不可能にし、両者の賃金の不平等を維持できる（McColgan, A.［1994］, p.15）。これも、「1 人の雇主が雇用するオンタリオ州全体での従業員」を比較対象とすることを要求した National Democratic Party（Pay Equity Coalition 運動の支援政党）の努力が失敗した結果であった。この点は、1993 年改正で、公共部門では、事業所間比較を認めた proxy comparison method の採用で、一定の改善がされた。

　2つめには、事業所単位でのプラン作成は、オンタリオ看護婦労働組合のような産業別組合の場合には、同一職務同一賃率であった女子労働者の賃率が、地域が異なると賃率の相違が生まれ、労働者の産業別連帯の基礎が掘り崩される可能性がある（Armstrong, P. et al., p.46）。

　第3に、1987年のオンタリオ法は、まず、同一価値があると認められた場合にのみ、賃金是正を認め、職務の価値に比例した是正を認めない。この点はイギリス法も同じである。たとえば、ある女性職の150％を支払われている男性職の80％の価値をもつ女性職の賃金は、是正されない。ただし93年の改正に基づく proportional value comparison の方法の採用により、改善された。

　第4の問題は、労働者が「性に中立な職務評価制度」（GNCS）を事業所内に自主的に確立し、公正な賃金を獲得するプロセスがあまりにも複雑すぎることである。公正賃金法の大前提は、伝統的に性的バイアスに満ちた男性に有利な既成の職務評価制度を見直して、新しく GNCS に改革することである。法の成功はこの点に懸かっている。

　先にのべたように、GNCS ではないとして雇主の制度を拒否して審判で争ったオンタリオ看護婦協会が勝訴できたのは、同組合では女性組合員が圧倒的多数であること、ストライキ資金が豊富で、費用の嵩張る裁判に訴えてまで女性労働者の利益を追求できる恵まれた体制があったことが指摘されている（McColgan, A.［1994］, p.42）。この種のケースが同一組合により二度も審判に訴えられていることは、GNCS の問題の発生が一般的であることを意味している。

　このような複雑な職務評価制度を根気よく交渉し、公正賃金を捷ち取れる意欲と力のある労働組合がどの程度あるだろうか。性に中立な制度の確立に多くの企業がどこまで努力しているかが疑問となる。

　調査はこの疑問を裏づけている。たとえば、1990年調査（公共部門と500人以上の民間部門）による表 補2.7 と表 補2.8 が示すように、外部のコンサルタントに大きく依存しており、自ら新制度を開発する努力をした企業は少数派で、旧制度を修正なしに使用する企業が6〜29％、実施にあたり、

表 補2.7　pay equity の実施に伴う使用者による職務比較制度の開発方法
（1990 年夏）

(%)

開発方法	公共部門				民間部門	
	1〜99人	100〜499人	500〜999人	1000人以上	500〜999人	1000人以上
外部のコンサルタントを使用	32	41	24	38	42	46
新制度を購入	14	22	45	18	25	18
現行制度を使用	17	18	20	6	15	29
他の組織体と制度を開発	13	22	2	8	8	3
旧制度を新しく適応させる	12	15	12	3	26	30
企業自身が新制度を開発	11	7	0	3	7	7
労働組合の制度を使用	6	8	14	7	13	6
親組織から制度を導入	5	2	1	0	5	2

出所：SPR（1991), p.23, display 8.
注 1.　パーセンテージは、紛失したデータは除いているので 100 にならない。質問が適用されなかった使用者、回答できなかった使用者は除いてある。

表 補2.8　実施にあたっての協議の形態

(%)

協議の形態	公共部門				民間部門	
	1〜99人	100〜499人	500〜999人	1000人以上	500〜999人	1000人以上
マネジャーと協議	60	73	75	58	75	65
女性従業員と協議	53	57	61	42	50	53
男性従業員と協議	44	52	49	38	47	48
労働組合と協議	29	45	57	65	35	38
その他（委員会）と協議	31	30	33	25	41	26
委員会もなく、協議もなし	15	7	5	8	11	15

出所：SPR（1991), p.27, display 11.
注 1.　パーセンテージは 100 にならない。

補論 2　同一価値労働同一賃金政策の新たな試み　289

全く協議していない企業は5〜15％。1992年調査（対象は民間の100〜499人企業）の38％は新制度を購入し、24％が開発し、12％は現行制度を修正なしに利用していた（McColgan, A. [1994], p.43）。旧制度にはHay Systemが多く使われているが（森ます美 [1995]、43頁）、これは管理職重視型で性差別的で女性肉体労働者には不利であると、欧米ではかなり批判のある制度である（Steinberg, B. J.）。旧制度の性差別的性格には、雇主と労働組合のこれまでの性差別的性格が反映している。だから、同じ組合が女性職の見直しに意欲的かどうか疑問視される。これに対し、イギリスequal value caseの申立てによって行われる独立expertが行う職務評価はもっと単純である。

第5、事業所内に1つ以上の比較可能な男性職がある場合は、適切な比較者は、最も高い職務賃率の者との同一を図るのではない。最も低い賃率の方の比較者との公正を図ることである。つまり下方への公正を実現することになる。従って、ある論者に言わせれば「一体何たる公正か」という批判も生じる（IRS, p.27）。この方法は賃金公正化コストを最小に抑えるための方策である。

第6、しかし旧法の最大の欠陥は、220万人の女子労働者中、120万人しか恩恵をうけられないことであった。比較できる男子のいない女子だけの職場の女子は事実上、法の適用から除外されていたからである。この問題については、既述のように、1993年6月の改正法Pay Equity Amendment Actが、新たにproportional value comparison methodと公共部門の女子だけの職場を対象とするproxy comparison methodの2つの方法を採用することで解決をはかり、新たに42万人の女子労働者が公正賃金法の対象内に取り込まれた。この点では、同一価値規定は、男子が全くいない事業所では不可能であるイギリス法よりも優れている。

第7に、賃金公正は一度確立されれば、それが維持されるかどうかの保障はない。何故なら、団体交渉力の差による格差は正当とされているからである。

最後に、この法律の意図である男女賃金格差の改善効果という点ではどうか。

表 補2.9　オンタリオ州の男女労働者の平均年間収入格差の改善（フルタイム）

年度	男子（A） （ドル）	女子（B） （ドル）	B/A × 100 （%）
1975	14,560	8,443	58.0
1981	23,305	14,682	63.0
1986	32,120	20,710	64.5
1989	37,417	25,205	67.3
1992	42,201	30,356	71.9
1993	42,235	31,051	73.5

出所：Statistics Canada, Earnings of Men and Women, Catalogue, 13-577（1975, 1981）. Catalogue, 13-217（1986-93）.

　イギリス法に比較し劇的な賃金の改善をもたらしたといわれている。改善された個々の事例をあげることは容易である[20]。しかし即時実施ではなく段階的実施により、しかも男子の賃金は引下げない形でできるだけ抵抗を最小限にする目論見であり、その上、公務員は達成期限が1998年まで延期されたので、その効果は数字の上では低く現れているといわねばならない。表補2.9で、オンタリオ州の平均年収の男女格差をみると、法律実施前の86年の女子の賃金格差が男子の64.5％であったことと比較すると、93年の73.5％、7年間で9％の格差縮小のスピードはイギリスと比較すればかなり大きいというべきであろう（残業の影響を排除した平均時間賃率の比較ではなく年間総収入の比較では、この9％の縮小が、どこまで法律の効果であるのか、はっきりしないが）。それは何よりも、雇主自体に賃金構造を見直す義務を課したオンタリオ法のメリットとみるべきである。

　また、公正賃金の獲得は労働組合の団体交渉力に依存する点が大きいことから考えると、労働組合員であることが何よりも重要である。この点からいえば、組織率の高い大企業の女子労働者は恩恵にあずかる可能性はより高く

補論2　同一価値労働同一賃金政策の新たな試み　291

なる（Armstrong, P. et al., p.52)。

　女性労働の制度的過小評価を陽の目に曝し、公正賃金を実現させるための王道は、第1に、女子労働者の組織化（McColgan, A.［1993］, p.286)であり、第2に、労働組合で女性の利益が追求されるためには、交渉者の地位に女性が就くことである。同法は組織化を促進する役割を果したであろうか。

　1993年現在のオンタリオ州の男女労働者の組織率は、各々35.6％、27％で、女子の組織率は高くない。80年の女子組織率、約25％（Armstrong, P. et al., p.32)と比べると、この法律が女子労働者の組織化をとくに促進する役割を果したとも思えない（CALULA, Labour Unions Annual Report Part II ─ Labour unions 1992, Ottawa: Supply and Services 1992)[21]。男子に比し組織化が困難な原因は、根本的には女子労働者の性別役割分業にあると考えられる。

むすび

　マルクス主義社会学者アームストロングは、GNCS は不可能という立場から、オンタリオ法が、職務評価制度を根底に据えて賃金公正を図る方法に批判的である。つまり、オンタリオ法は、2つの誤った仮定、(1)男子はその価値によって賃金を支払われてきている、(2)職務の価値は性に中立な方法で客観的に測定できる、に立っていると主張する。

　彼の主張の根底には、男子の賃金は、生産手段へのアクセスや技術への支配力の基礎の上に立った賃金交渉力・闘争の結果であるという見解がある（Armstrong, P. et al., p.39)。事実、オンタリオ法の実施過程はこの見解を1面では立証したといってよい。なぜなら、この過程で賃上げを獲得した男子労働者も少なくなかったこと、また、GNCS の「客観性」に依拠したオンタリオ法は、その実効性を労働組合のある職場では労使の団交に委ねることで、(1)職務評価制度や職務価値の政治的性格や、(2)賃金やその基礎となる職務評価は、労使の交渉力、相互の力関係の結果であるから、女子労働者にとって自己に有利な職務評価制度を獲得するためには、女子労働者の組織

力の強化と彼女らが組合の交渉者の立場を占めることこそが公正賃金獲得の基礎であることを明確にしたからである。

すなわち「性に中立」な、「客観的な職務評価」概念の幻想性を暴露した。しかしこのことは、職務評価による同一価値労働同一賃金要求の正当性や有効性を否定することにはならない。

確かに「性に中立」で「客観的」な職務評価は、1つの幻想だとしても、重要なことは、男子労働を基準とした性差別的な従来の基準に基づいて行われてきた男性職、女性職の企業にとっての相対的評価を、男女同一の物指しや基準で、その職務を行う労働者の参加をはかりながら見直すことであり、その見直しによって女性職の相対的評価を引上げ、結果として女子の賃金を引上げたことである。また、この職務再評価の過程は、とくに女子労働者の自らの職業についての意識改革的効果を伴うものであった。

同一価値労働同一賃金要求は、労働者の性・人種・婚姻身分・国籍など個人の属性を一切排除した同一労働同一賃金（a rate for the job）を、性的偏見をできるだけ排除した職務評価に基づいて、同一価値と査定された異種労働にも拡大させ、そのことによって女性職が長い間、被ってきた社会的な低い評価とその結果としての低賃金を引上げる手段に過ぎない。

ここでいう同一価値労働の「価値」とは、当該企業にとって相対的重要性を測る常識的な概念である。あくまでも企業内の職務の階層的秩序の中での職務間比較を行なう手段である。従ってマルクス経済学でいう労働の「価値」とは直接の関係はない。全く同じ労働（たとえば看護労働）でも所属する組織体の目的や異なった職務評価制度によっては異なった価値（点数）が付与され、組織体の賃金水準に応じて別々の賃金に結果する。

だが、同様の労働をしていながら、性・勤続年数・学歴・婚姻身分など個人の属性の違いによって賃金が異なる日本の年功賃金のように、同一労働同一賃金（職務給）が成立していない差別賃金の最たる不合理な制度からみれば、同一労働同一賃金要求とその拡大化である同一価値労働同一賃金要求は、男子労働者の賃金は引下げないで、女子労働者の団体交渉力の弱さを利用した企業の不合理な搾取に対して、労働の内容に則したより合理的な搾取を求めているものではあるが、その意義は大きい。

補論2　同一価値労働同一賃金政策の新たな試み　293

男女の職務分離を目前にして、性別賃金格差解消の現実的手段として、同一価値労働同一賃金規定の有効性に期待が寄せられてきた。しかしこの方式としては最も期待されるオンタリオ方式による改善も、労働組合によるGNCSの交渉に決定的に依存している以上——フレキシブルな職務内容の変化が追求されている現状への機敏な対応が困難であるなど職務評価制度自体がもつ問題を置いても——その実現は決して容易でない。

　同一価値労働規定は、直接には支払われない家事労働の延長線上にあるいわゆる「女の職業」や女性が支配的な職業に対する社会的な過小評価の改善を行う意味では、確かに重要である。だが、逆に女性職の過小評価が是正されることで、職務分離の現状の固定化の役割を果すことがあってはならない。賃金の公正化は、男性が歴史的に占有し維持してきた職種や職位の壁を打破する努力と平行して行われる必要がある。

　オンタリオ法の現実は、逆説的ではあるが性別賃金格差の改善の王道は、何よりも、同一価値労働規定を必要とする条件である現実の性別職域分離自体の縮小、すなわち職域の拡大や昇進、そのための訓練機会の男女平等と、男女が対等に働けるための社会的条件の獲得であることを改めて想起させた。男女が横にも上下にも同様な職域に就くこと、価値評価に論議の余地のない同一の職務の労働に男女が就く機会が実質的に平等であり、職務の担い手の属性でなく、職務内容と労働時間だけが品位のある生活を可能にする賃金の決定要因であるような社会システムの実現こそが賃金格差縮小の本来的道筋である。

　（本稿は1992年度の中央大学特別研究費の成果の1部である。なお、この研究に関係して、資料の点で、昭和女子大学の森ます美さんにお世話になった。記して感謝申し上げる。）

---

1)　　J・S・ミルをはじめとする経済学者の女子賃金論については、高島道枝（1994-95）を参照。

2)　　Equal Pay Act of 1970には、同一労働の概念のうちに同一価値労働も含めていた。しかし、この規定の恩恵をうける女子労働者は、企業が職務評価制度を実施してい

る場合（主に大企業）に限られ、実質的にはこの恩恵をうけることはなかった。この規定が実質的に全女子労働者に拡大されたのは、1983 年の改正によってであり、それを利用して賃上げを獲得した最初のケースが、Hayward 事件（1988 年結審）である。これらについては高島道枝（1985）、浅倉むつ子（1991、1994、1995）を参照。

3) Cf. New Earnings Survey, Part A, 1970-94.

4) 高島道枝（1978、1979）を参照。

5) Government of Ontario（1987）, Pay Equity Act 1987, p.12.

6) カナダ人権委員会の同一価値労働を実施する機能は、主に、労働者、労働組合の申立に対応して行われた。それらのケースは、大規模な雇主にする制度的差別で、何千人もの労働者にかかわるものであった。人権委員会が採った戦略は、労働組合を巻き込むことである。pay equity による変更を団体協約にとり込むことを労使双方に確認させ、労働審判所に訴訟が持ち込まれる前に解決する方が費用も安く、能率的であると委員会は考えていた。また職務価値の測定は、労働市場の条件を基礎におくよりは、使用者のために行われる労働の価値によって規定されることを強調した。そこでは、賃金格差の合法的要因として、メリット給、先任権、レッド・サークル、労働市場、訓練など 7 つの要因が認められた。Hunter, F. C.（1986）, pp.44-46. オンタリオ州の Pay Equity Act は、この人権委員会の経験を批判的に継承し、この要因数を減らしている。

7) ただし、現在は 50% 以下でも、過去に 60% であれば、女性職とみなす。これは男性職の場合も同じである。Cf. PEC, Series #7, p.3.

8) 正式とは文書で協約に書かれている場合をいう。Cf. PEC, Series #13.

9) 1977 年のカナダ人権法第 11 条の同一価値労働同一賃金規定の実施の当事者によると、当初、合理的格差要因の中には、労働市場要因は除かれていたが、その後、労働力の需給要因を考慮せねばならなくなり、委員会は、市場の偏見が組織に入り込むことを阻止する努力を払った結果、雇主が賃上げをしなければ、必要な男子労働者を確保できなかったことを挙証する責任を課した上で、労働市場要因を認めた。Hunter, F. C.（1986）, p.46. オンタリオ州も、この方法を引きついでいる。PEC, Series #13, p.5. ただし、熟練不足が緩和された暁には、格差は正当化されない。

10) Cf. Newsletter（1993）, vol.5, no.1, pp.1-2, 7.

11) Cf. Canadian Union of Public Equal Opportunites Department（1993）, pp.1-37（a）.

12) Cf. PEC（1991）, Pay Equity Guide, How Wage Lines Can Meet the Proposed Proportional Value Requirement of Equity Act, Part Ⅰ: Introduction to Wage Lines, p.27, ditto, How to Meet the Proportional Value Comparison Requirements Using Wage Lines Part Ⅱ, p.42. 具体的な運用の仕方については、PEC（1993a）が詳しく説明している。

13) Cf. PEC（1993b）, Appendix 1 Shedule, pp.31-33（Ontario Regulation 396/93 made under the Pay Equity Act, Schedule）. たとえば、女子だけのランドリーの雇主（seeking employer）は、代理雇主（proxy employer）としては、ランドリー施設のある病院が、また女子のみのリハビリセンターには、リハビリ施設のある病院が proxy

employer に指定されている。

14) この判決については、コーニッシュの紹介文書（Cornish, M.［1991］）や、同じ問題が争点となった Ontario Nurses' Association v. Women's College Hospital の判決（Leighton, M. et al., ed.［1992］, vol.3, pp.63-116）がある。後者を主に参照しながら本文で紹介する。後者のケースは、同時に法が規定する雇主の「信頼に基づいて交渉する義務」（bargaining in good faith）とは何かについても判断を求めていた。これについては、労働組合による評価制度の検討に必要な情報の企業による提供や、一方的なプランの実施を企業が行わないなどが含まれることを明らかにした。Cf. PEC, Annual Report 1991-93, p.30.

15) PEC の職務評価制度のガイドラインでは、スキルの 2 次要因は、知識・判断・人との交流のスキルの 3 つ、責任は、人的資源・資金・情報・資源に対する責任の 4 つ、全部で 10 の 2 次要因や、性に中立な評価の仕方の具体例が示されている。Cf. PEC, 1992, ff.3.

16) PEC のガイドラインによれば点数制の職務評価は、伝統的に工業生産職務の男性職用に開発され、それが事務職にも適用された。元来男性職査定のための第 1 次、第 2 次要因なので、性的偏見がある（PEC［1989］, p.25）。女性職務内容での性的偏見を具体的に示すと、スキルについては、犬の世話人（男子）は、子供の世話人（女子）より高く評価されるのは、女子は生来子供を扱い慣れているから、と見做すからであり、忘れられているスキルとしては、病人・子供・老人など特別の世話を要する人を扱うスキルがあげられる。また労苦については、男子労働者の肉体的労苦のみが重視され、女子労働に特有な精神的労苦は配慮されない。その例は運搬人（bag boy）は出納係より高い賃金である。また体全体を動かす労働は、手先を繰返し使う労働よりも高い評価である。責任については、設備に対する責任や交渉は高く評価され、人への責任や相談や調停は評価されない。作業条件では、屋外労働は高く屋内労働は低い評価である。Ibid., pp.37-38.

17) Labour Research Department and Public Law Project, p.4.

18) イギリスの 25 人以上の職場を対象とした最も包括的な労使関係調査で、1990 年に実施された「職場労使関係調査」のデータを利用してなされた最近の EOC の研究報告 Targeting Potential Discrimination（Millward, N.［1995］）によれば、近年、労働組合の経営への規制が弱まり、経営権強化への志向が強まっており、性差別や人種差別など不公平な扱いの潜在的可能性が大きくなっている。かような労使関係を背景に、労働者 72％を雇用している調査対象事業所の 82％が、同一価値労働の申立が生じる可能性のある事業所（つまり職務評価制度が全くないか、あっても好ましくないとされている非分析的な職務評価制度を採用している事業所で、性差別の可能性がある）であり、民間部門で事業所が 1 つしかない会社の 96％が、この範疇に属することが明らかになっている。だが調査によれば、過去に女子労働者からの同一賃金申立を受けたと回答を寄せたマネジャーは 1％以下で、その申立は、大企業に限定され、また、労働組合がかかわっていた事業所でのみ申立が行われたことが明らかにされている（Ibid., pp.iv, 46）。

19) 1990 年度実施の職場労使関係調査によれば、承認された労働組合がない職場の比

296

率は、84 年の 34% から 90 年には 47% に増加し、民間製造業では、56%（1990 年）だという。Cf. McLoughlin, I. et al.（1994）.

20) 具体例については、Cf. PEC, Annual Report 1989-90, Equal Opportunities Review（1991）, p.26. オンタリオ州は、1990 年 1 月、賃金調整に 9600 万ドルを支払い、女性職従業員の 90% が賃上げを獲得、あるものは 28% の引上げを得たという。市事務職員（女子）はボイラー製造工と、警察の発送係（女子）はラジオ技術主任と、データ入力主任はガレージ主任と比較され、賃上げを得たという具合である。

21) この数値は、PEC の Ms. A. Fowler の提供による。

[引用文献]────────────────

Armstrong, P. & H.（1990）, Lesson for Pay Equity, *Studies in Political Economy*, 32.

Avebury Research & Consulting Ltd.（1991）, What works..., Experiences with Implementation of the Pay Equity Legislation Final Report, Presented to: Pay Equity Office, Feb.

Canadian Union of Public Employees Equal Opportunities Department（1993）, Explanation of "An Act to Amend the Pay Equity Act", CUPE.

Cockburn, C.（1983）, Brothers, Technical Change and Male Dominance, Pluto Press.

Cornish, M.（1991）, Standards for making visible and positively valuing women's work ─ review of jurisprudence under Ontario's Pay Equity Act（mimeo）.

EOC（1993）, Equal Pay for Work of Equal Value, A Guide to the Amended Equal Pay Act, EOC.

Equal Opportunities Review（1991）, Pay in Ontario, no.40, Nov/Dec, EOR.

Evans, S. M./B. J. Nelson（1992）, Public Employees in Minnesota, Kahn, P./E. Meehan ed., Equal Value/Comparable Worth in the UK and the USA, Macmillan.

Government of Ontario（1987）, Pay Equity Act 1987, Statute of Ontario, 1987/Chapter 34, January.

Hunter, F. C.（1986）, Equal Pay for Comparable Worth, the Working Women's Issues of the Eighties, Praeger.

Industrial Relations Review and Report（IRRR）（1991）, Pay Equity ─ Lessons from abroad, no.448, Oct. 18.

Industrial Relations Services（IRS）（1991）, Pay and Gender in Britain: 1, EOC/IRS.

Kahn, P./E. Meehan ed.（1992）, Equal Value/Comparable Worth in the UK and the USA, Macmillan.

Labour Research Department and Public Law Project（1991?）, Class Action and Equal Pay, *Discussion Paper Prepared for Joint Publication Project/Pay Equity Campaign Seminar at Institute of Advanced Legal Studies*, March.

Leighton, M. /M. A. Mckellar ed.（1992）, Pay Equity Reports, vol.3.

McColgan, A.（1994）, Pay Equity ─ Just wage for Women?, Institute of Employment.

Ditto (1993), Legislating Equal Pay?, *Industrial Law Journal*, vol.22.

McLoughlin, I. et al. (1994), Enterprise without Unions, Industrial Relations in the Non-Union Firms, Open Univ. Press.

Millward, N. (1995), Targeting Potential Discrimination, EOC Research Discussion Series, no.11, EOC.

Pay Equity Commission (PEC), Annual Reports 1989-90, 1990-91, 1991-92, 1992-93, 1993-94, PEC.

PEALS. (Pay Equity Advocacy and Legal Services) Clinic (1994), Annual Report 1993-94, PEALS.

PEC, Newsletter.

PEC (1988), Pay Equity Implementation Series #1-#18, PEC.

PEC (1989), How to do pay equity job comparisons, PEC.

PEC (1992), Step by Step to Pay Equity Guide for Small Business: vol.2, Job Evaluation System, PEC.

PEC (1993a), Step by Step to Pay Equity: Using the Proportional Value Comparison Method, vol.3, PEC.

PEC (1993b), A Guide to the Proxy Comparison Method, PEC.

Skipton, S. M. (1991), Equal Value; Alternative Approach, Employment Relations, 13-1.

SPR Associates Incorporated/National Mail Surveys Incorporated (1991), An Evaluation of Pay Equity in Ontario, the First Year, April.

Steinberg, B. J. (1990), Genderd Instructions, Culturallag and Gendered Bias in the Hay System of Job Evaluation, Work and Occupations, 19-4, Nov.

浅倉むつ子（1991）、『男女雇用平等法論―日本とイギリス』ドメス出版。

浅倉むつ子（1994、1995）、「イギリスの同一賃金法研究」上、下『都立大学法学会雑誌』35-2、36-1。

居城舜子（1995）、「アメリカ・カナダの最近のペイ・エキュティの現状」『常葉学園短大紀要』25 号。

木村愛子（1991）、「労働の質の公正な評価と男女平等―男女同等価値労働同一賃金をめぐる国際的動向」日本労務学会年報、21 回大会。

桑原昌宏（1991）、『男女雇用平等と均等法、日本・カナダ・アメリカの比較』総合労働研究所。

高島道枝（1978、1979）、「イギリスの『同一賃金法』（Equal Pay Act 1970）の成立と問題点」（一）（二）『経済学論纂』19 巻 5・6 合併号、20 巻 1・2 合併号。本書第 1 巻第 1 部第 1 章。

高島道枝（1985）、「イギリスの雇用平等立法をめぐる最近の動向――同一賃金法（Equal Pay Act）の改正に寄せて」社会政策叢書第 9 集『婦人労働における保護と平等』啓文社。本書第 1 巻第 1 部第 2 章。

高島道枝（1993）、「男女の賃金格差と『同一価値労働同一賃金』運動」社会政策学会年報 37 集『現代の女性労働と社会政策』御茶の水書房。本書第 1 巻第 1 部第 3 章。

高島道枝（1994-95）、「女子労働・女子賃金と経済理論」（二）（三）（四）『経済学論纂』35
　　巻1・2合併号、35巻3号、35巻5・6合併号。本書第4巻第3部第1章。
森ます美（1995）、「コンパラブル・ワース、ペイ・エクイティの旅——アメリカ＝ワシン
　　トンDC、カナダ＝オンタリオ州を訪ねて」『女性労働問題研究』第27号（『賃金と
　　社会保障』）。
山田省三（1994）、「カナダにおけるペイ・エクイティ法」『賃金と社会保障』No.1140、
　　10月下旬号。

初出一覧（第1巻）

第1章　「イギリスの『同一賃金法』（Equal Pay Act 1970）の成立と問題点」（一）（二）
　　　　完（『経済学論纂』19巻5・6合併号、1978年11月、20巻1・2合併号、1979
　　　　年3月）

補論1　「イギリス『同一賃金法』（Equal Pay Act）の研究——その機能と問題点」上・
　　　　中・下（総合労働研究所『季刊労働法』112号、1979年6月、113号、1979
　　　　年9月、114号、1979年12月）

第2章　「イギリスの雇用平等立法をめぐる最近の動向——同一賃金法（Equal Pay
　　　　Act）の改正に寄せて」（『社会政策学会研究大会社会政策叢書』第9集、啓文社、
　　　　1985年）

第3章　「男女の賃金格差と『同一価値労働同一賃金』運動」（『社会政策学会年報』37集、
　　　　御茶の水書房、1993年）

補論2　「カナダ・オンタリオ州の公正賃金政策（Pay Equity Act of 1987）について
　　　　——同一価値労働同一賃金政策の新たな試み」（『経済学論纂』36巻4号、
　　　　1995年10月）

人名索引

（人名は網羅的に拾い、明らかに同一人物とわかるものだけはまとめた。）

●アルファベット

A・L・ボーレイ　239
A・スミス　238
A・マーシャル　240
A・ワイズ　61
Alan Fisher & Bernard Dix　65
Audrey Hunt　35
Audrey Wise　65, 136
B. Chiplin　130
B・ウェッブ（→ベアトリス・ウェッブ）
C. Larsen　115
C・ブラック女史　238
D・ジャクスン夫人（IRSA）　55
E・ノートン　213
E・ラスボン　242
F・カズンズ（TGWU 書記長）　39,
　50, 151
Frank Field　66
G. M. Edelman　35
Huw Beynon　51
Jean Coussins　65
John. E. Buckley　130
Judith Hunt　35
J・E・ケアンズ　239
J・S・ミル　238
J・オコンネル女史（DATA）　40

J・バトラー夫人（労働党議員）　43,
　96
L. Mackie & P. Pattulo　65
Lucy Middleton　13
M・ヴュイチ（GMWU 代表）　49
M・フォーセット　241
Norbert C. Soldon　35
Otto Kahn-Freund　71
P. J. Slone　130
P・ローレイ　213
R. I. Hawkesworth　130
Robert B. McKersie　51
R・ベル（保守党議員）　96
Sheila Lewenhak　13
S・ウェッブ　238
W・スマート　241
W・ハミルトン議員（労働党）　96

●あ行

アームストロング　292
赤松良子　4
アン・ローリン（TUC）　12, 143
ウイルスン首相　44
ウッドコック女史　161, 163
エンゲルス　240
大羽綾子　6
大森真紀　13

●か行

カー議員（保守党）　76
カースル女史（→バーバラ・カースル）
ギュンター労相　40
熊沢誠　42
栗田健　35
クリップス蔵相　35
クレメンティア・ブラック（女子労働組
　合連盟の書記）　6
甲賀邦夫　4
ゴーリー伯　230
小林勇　135
小林巧　35

●さ行

佐藤共子　96
サマースキル夫人（労働党議員）　43
シアー女史（議員）　95
シークス女史　191
下山房雄　4
ショート夫人（労働党下院議員）　71,
　117, 162
スキャンプ卿　43
スキャンロン（AEU）　50
スタフォード・クリップス卿（労働党）
　11

●た行

ターナー　240
ターナー夫人　190
高崎愛子　5
高橋克嘉　35
竹中恵美子　114
田中議員　4
チプチェイス女史（NWAC 書記）
　55, 162
チャーチル首相　12

デニング判事　224
ドルトン蔵相　15

●は行

バーバラ・カースル（雇用・生産性相）
　7, 64, 150, 151, 162, 163
ハーマン女史　230
パタースン夫人（NWAC 議長）　76,
　170
バトラー蔵相　33
ハント夫人（ASTMS）　40
ビアトリス・ウェッブ（→ベアトリス・
　ウェッブ）
樋口幸子　96
藤本武　65
フレイザー雇用省次官　90
フレッチャー夫人　177
フローレンス・ハンコック議長（NWAC）
　35
ベアトリス・ウェッブ　9, 143, 241
ヘイリー女史（EOC 教育部長）　129,
　200
ヘイワード嬢　232
ベヴァン労働保健相　11
ベン技術相　44
ポーセリ夫人　214
ホブスン　239

●ま行

マッコーガン　284
マルクス　240
メアリー・マッカーサ（婦人労働者連盟）
　13

●や行

安川悦子　96, 163

人名索引　303

●著者…………

高島道枝（たかしま みちえ）

1932年広島県呉市で生まれる。1961年東京大学大学院社会科学研究科博士課程単位取得退学。1961年中央大学経済学部に助手として着任、1977年から中央大学経済学部教授に就任し、「労働・賃金における男女平等」をテーマに、イギリス・日本の労働運動や労働政策の検討を行ってきた。しかし、1997年に脳卒中で倒れ、2001年に中央大学を退職、2015年に83歳で永眠。

●編者…………

高島千代（たかしま ちよ）

1964年生まれ。名古屋大学大学院法学研究科博士課程修了。関西学院大学法学部教授。

高島道枝選集　雇用・労働における男女平等をめざして
［第1巻］第1部 賃金の平等へ（上）

●…………2019年7月25日　第1版第1刷発行

著者………高島道枝
編者………高島千代
発行所……株式会社 日本評論社
　　　　　　〒170-8474　東京都豊島区南大塚3-12-4
　　　　　　電話 03-3987-8621（販売）　振替 00100-3-16
　　　　　　https://www.nippyo.co.jp/

装幀………レフ・デザイン工房
印刷所……平文社
製本所……牧製本印刷

© TAKASHIMA, Chiyo　2019
ISBN978-4-535-58719-9

JCOPY 〈(社) 出版者著作権管理機構委託出版物〉

本書の無断複写は著作権法上での例外を除き禁じられています。複写される場合は、そのつど事前に、(社) 出版者著作権管理機構（電話 03-5244-5088、FAX03-5244-5089、e-mail: info@jcopy.or.jp）の許諾を得てください。また、本書を代行業者等の第三者に依頼してスキャニング等の行為によりデジタル化することは、個人の家庭内の利用であっても、一切認められておりません。

高島道枝選集
雇用・労働における男女平等をめざして

（全4巻）

〔第1巻〕第1部 賃金の平等へ（上）

〔第2巻〕第1部 賃金の平等へ（下）

〔第3巻〕第2部 雇用の平等へ

〔第4巻〕第3部 賃金格差の理論など

日本評論社